FRAU FREITAG

# CHILL MAL, FRAU FREITAG

Aus dem Alltag
einer unerschrockenen Lehrerin

Ullstein

Besuchen Sie uns im Internet:
www.ullstein-taschenbuch.de

Die in diesem Buch geschilderten Begebenheiten entsprechen den Tatsachen. Alle Namen der genannten Personen und Orte des Geschehens wurden anonymisiert. Etwaige Übereinstimmungen oder Ähnlichkeiten wären rein zufällig. Alle Dialoge und Äußerungen Dritter sind nicht zitiert, sondern ihrem Sinn und Inhalt nach wiedergegeben.

Originalausgabe im Ullstein Taschenbuch
1. Auflage April 2011
15. Auflage 2012
© Ullstein Buchverlage GmbH, Berlin 2011
Konzeption: HildenDesign, München
Umschlaggestaltung: semper smile, München
Illustration: semper smile
Satz: KompetenzCenter, Mönchengladbach
Gesetzt aus der Berkeley
Papier: Pamo Super von Arctic Paper Mochenwangen GmbH
Druck und Bindearbeiten: CPI – Ebner & Spiegel, Ulm
Printed in Germany
ISBN 978-3-548-37399-7

# 1.
# Setzt euch mal hin, wir wollen anfangen

# Das Handy ist kein
# Herzschrittmacher!

»Niemand nimmt mir mein Handy ab! Niemand!«

»Aber wenn Frau Schwalle sagt, du sollst ihr das Handy geben, dann musst du das auch machen!«, sage ich – betont ruhig. Frau Schwalle steht neben mir vor dem Lehrerzimmer. Sie hat Samira nach ihrer Stunde mitgeschleift, um sich bei mir zu beschweren. Frau Schwalle unterrichtet in meiner Klasse Physik und bekommt einfach kein Bein auf den Boden. Das Klingeln von Samiras Handy – mitten in der Stunde – war nur der Tropfen, der das Fass diverser Physikkatastrophen endgültig zum Überlaufen brachte.

»Ich geb mein Handy aber nicht ab. Mir egal. Ich brauche mein Handy immer bei mir. Ich kann ohne mein Handy nicht leben!«

Frau Schwalle: »Ich hatte Samira zum Direktor geschickt, weil sie sich weigerte, das Handy abzugeben.«

»Samira, warst du beim Schulleiter?«, frage ich. (Was soll sie da?, frage ich mich.)

»Nein. War ich nicht.«

»Warum nicht?«

»Was sollte ich denn da?«

»Tja, also …?« Ich weiß es auch nicht so genau.

Frau Schwalle triumphierend: »Über das Handyverbot sprechen und über deinen Verstoß gegen die Schulordnung!«

Samira: »Ich gebe mein Handy niemandem. Nicht mal dem Schulleiter! Ist mir doch egal, was in der Hausordnung steht.«

Ich gucke Frau Schwalle an, dann Samira: »Also pass auf. Du hast zwei Möglichkeiten: Entweder du gibst jetzt Frau Schwalle das Handy und wenn du dich in der nächsten Stunde gut verhältst, bekommst du es vielleicht zurück.« Ich grinse kurz Frau Schwalle an, die ist mittlerweile versteinert. »Oder der Schulleiter muss dich in der nächsten Stunde aus dem Unterricht holen und dir dein Handy abnehmen. Das hat dann natürlich weitere Konsequenzen: Suspendierung, Anruf zu Hause, Tadel.«

Samira guckt auf den Boden. Grimmig. Wer Samira besser kennt, würde ihr nie ein Handy oder überhaupt irgendetwas abnehmen. An ihr kann man kein Exempel statuieren. Sie ist stur und eigensinnig und man darf sie nicht zur Feindin haben. Ja, man will es gar nicht und muss es auch nicht. Samira ist eigentlich ein sehr vernünftiges Mädchen. Cool und stark, sehr ehrgeizig, aber eben auch stur.

»Ich gebe mein Handy nicht ab«, sagt Samira und geht ohne uns noch einmal anzusehen.

»Tja, Frau Schwalle, was nun?«

Ich bezweifle, dass der Schulleiter Samira in der folgenden Stunde aus dem Unterricht holen wird. Wenn das in seiner Arbeitsplatzbeschreibung stünde, dann müsste er wahrscheinlich den ganzen Tag durchs Schulgebäude rennen. Da habe ich wohl etwas zu hoch gepokert, aber etwas Besseres fiel mir einfach nicht ein. Warum ist Frau Schwalle auch so unsensibel und lässt sich auf diesen doofen Streit ein. Jeder Konflikt mit Handys ist echt nervenaufreibend.

Als wir uns gerade umdrehen wollen, um ins Lehrerzimmer zu gehen, steht plötzlich Samira vor uns. Sie sieht uns nicht an, steckt mir wortlos das Handy in die Jackentasche und rennt weg. Ich überreiche es glücklich strahlend Frau Schwalle: »Wenn Samira sich jetzt in der nächsten Stunde benimmt, kannste ihr das Handy ja wiedergeben. Würde ich jedenfalls machen, aber das musst du entscheiden.«

Zufrieden gehe ich eine rauchen. Manchmal kommt es eben doch anders, als man denkt.

## Der schönste Beruf der Welt

Ich bin Lehrerin und ich bedauere jeden, der nicht Lehrerin sein kann. Früher, als ich noch studierte, bin ich abends tanzen gegangen oder auf Partys, immer in der Hoffnung, dass etwas Großes, etwas Aufregendes passieren wird. Und obwohl eigentlich selten etwas Außergewöhnliches geschah, stand ich jeden Freitagabend wieder im Badezimmer und bereitete mich auf das Wochenende vor.

Das brauche ich jetzt nicht mehr. Die Wochenenden verbringe ich horizontal auf meiner Couch und bin froh, wenn die Filme im Fernsehen möglichst ereignislos und vorhersehbar sind. Diskos und Wochenendtrips gibt es für mich nicht mehr. Partys sage ich regelmäßig ab, denn mein Bedarf an Action ist am Freitagnachmittag bereits gedeckt. Ich bin Lehrerin, und ich kann nur jedem, der sich nach einem Action-Alltag sehnt, raten, in der Schule zu arbeiten. Dort tobt das Leben. Dort passiert an einem Vormittag mehr als an allen meinen jugendlichen Wochenenden zusammen. Hätten wir Musik im Klassenraum, käme jede Unterrichtsstunde einer Tanzveranstaltung in einer Großraumdisko nahe – zwischen zwei und vier Uhr am Samstagmorgen. Die Vormittage sind ein Extrakt des Lebens, in dem sich alles wiederfindet: Freund- und Feindschaft, Liebesdramen, Eifersucht, Hass, Ein-, An- und Aussichtslosigkeit, Gemeinschaft, Einschluss, Ausschluss, Mobbing, alle Arten geistiger Verwirrung, Sympa-, Empa- und Antipathie. Hier entstehen

Modetrends, seelische und körperliche Leiden werden durchlebt, hier kann sich jeder jeden Tag neu erfinden – und mittendrin ich und mein Versuch von Unterricht. Mehr Action kann ein einzelner Mensch gar nicht verarbeiten.

Ihr erlebnishungrigen Extremsportler, vergesst den Nordpol und den Mount Everest, hört auf, euch mit Rasierklingen zu ritzen, wenn ihr Action braucht und euch mal so richtig spüren wollt, dann kommt und arbeitet in der Schule. Am Ende werdet ihr sagen: Na, langweilig war's nie und leben konnte man davon auch.

Mein Lieblingstag in jeder Arbeitswoche ist der Montag. Sonntagabend kann ich gar nicht abwarten, ins Bett zu kommen, und gehe darum immer schon sehr früh auf die Couch – zur *Lindenstraße* –, denn Montag darf ich wieder hin. Zur Schule!

Ich liebe die Montage, weil da die Schüler immer so gut drauf sind. Leider habe ich montags nur vier Stunden. Ich beneide meine Freundin Fräulein Krise, die montags gleich sieben Stunden mit den ausgeruhten und wissbegierigen Kindern verbringen darf. Meine Montage sehen so aus:

Ich schlendere um zwanzig nach sieben durch den Verwaltungstrakt und schmettere jedem, den ich sehe, ein fröhliches »Guten Morgen« entgegen – vor der offenen Schulleitertür immer besonders laut, damit man bemerkt, dass ich schon so früh zur Arbeit erscheine. Um viertel vor acht gehe ich in meinen Klassenraum und bereite den Unterricht vor. Die Tafel muss blitzen, Bücher aus dem Schrank – die Schüler sollen nicht so schwer schleppen –, Klassenbuch auf den Tisch, meine Unterrichtsvorbereitung dazu, ich überfliege noch schnell die Verlaufsplanung, die Sach- und die Bedingungsfeldanalyse, überprüfe die Lernziele und lüfte.

7.50 Uhr. Jetzt können sie kommen, die kleinen Racker. Ich

bin bereit. Kommt her und lernt! Auf dem Gang: Totenstille. Dann Schritte, ah, jetzt geht's los ... Nein, ein Schüler der Parallelklasse.

7.55 Uhr: Fenster wieder zu – wegen des Straßenlärms.

8.00 Uhr: Mit dem Klingeln kommt Ronnie durch die Tür und lässt sich erschöpft vor mir auf einen Stuhl fallen.

»Guten Morgen, Ronnie. Na, hattest du ein schönes Wochenende?«

»Ergr.«

»War nicht gut? Na ja, hol erstmal dein Buch.«

8.07 Uhr: Drei gackernde Teenagermädchen fallen gemeinsam durch die Tür. Kein »Sorry, I'm late«. Oder wenigstens ein dahingemurmeltes »Tschulljung«. Bis 8.20 Uhr öffnet sich die Tür in rhythmischen Abständen, und nach und nach tauchen fast alle Teilnehmer meiner Stunde auf – der letzte um 8.40 Uhr.

Ich habe mit der Zeit gelernt, meinen Unterricht in sich wiederholenden Zeitschleifen abzuhalten. Wie beim Tanzen: zwei Schritte vor und einen zurück. Klappt schon ganz gut. Während ich den neu Dazukommenden Seitenzahlen im Englischbuch nenne, beschreibe, was wir gerade machen und was wir nun schon seit mehreren Stunden machen, verwickle ich die zwei Leistungsträger des Kurses – besonders viel haben die nicht zu tragen – in ein zähes Frage-Antwort-Spiel. Ins Klingeln hinein rufe ich die Hausaufgabe für die nächste Stunde. Keiner schreibt sie auf, aber das ist egal, denn es wird sie eh niemand machen. Auch das habe ich schon gelernt. Wenn du keine Hausaufgaben aufgibst, kann auch keiner die Hausaufgabe nicht machen. Ich liebe diese Montage. Auch weil sie immer genau gleich beginnen.

Nein, das stimmt nicht ganz, die Reihenfolge, in der die Schüler zu spät kommen, kann sich jede Woche ändern. Nur

Ronnie kommt immer als Erster und hat auch jeden Montag schlechte Laune.

Besser als die Montage sind eigentlich nur Vertretungsstunden. Man weiß nie, was da so kommt. Und meistens kommt zunächst gar keiner. Dann trudeln so nach und nach doch einige Schüler ein. Die Mädchen setzten sich erstmal mittig hinten ans Fenster und polieren ihr Make-up auf. Eine gibt 'ne Runde Handcreme aus, dann wird gepudert und geeyelinert. Interessiert betrachte ich, mit welcher Routine sie sich die Gesichter bemalen. Ein Beleg dafür, dass regelmäßiges Üben den Lernerfolg steigert. Würden die sich nur mit halb so viel Energie um die Schule kümmern, wären wir schon längst ein Elitegymnasium.

Dann kommen die Jungs. Die wollen sich alle in die letzte Reihe setzen. Da das nicht geht, sitzen sie am Ende darwinistisch gestaffelt. Die Alphatiere ganz hinten und die Deppen ziemlich nah bei mir.

»So, Leute, schön dass ihr da seid. Ich habe mir was überlegt für diese Stunde. Ihr habt doch nächste Woche alle eure mündliche Prüfung in Englisch, und ich dachte mir, dass wir heute noch mal schnell dafür üben könnten.«

Die Begeisterung hält sich in Grenzen.

»Okay. Also, ich mache euch jetzt drei Vorschläge: Ihr könntet für die Englischprüfung üben, Hausaufgaben machen oder was ausmalen.«

»Jaaa, ausmalen!«

Ach, süß, wie diese späteren Stützen der Gesellschaft da sitzen und Kreise ausmalen – so ordentlich und so konzentriert. Vielleicht sollten sie aber trotzdem für die Englischprüfung lernen. Wenn die alle durchfallen, deshalb keinen Realschuabschluss bekommen, später keinen Ausbildungsplatz und keine Arbeit finden, dann bin ich schuld. Wer zahlt dann meine Rente?

»Hat eigentlich schon jemand einen Ausbildungsplatz?«

Schweigen.

»Na, was wollt ihr denn werden?«

»Medizinische Fachangestellte.« – »Einzelhandelskauffrau.« – »Autolackiererin.«

»Und die Jungs? Was ist mit euch? Habt ihr schon was?«

»Kann man eigentlich 'ne Ausbildung zum Zuhälter machen?«

»Ich werd Dealer, da verdient man gut.«

»Ich mach Frauenarzt oder Schönheitsoperation.«

»Du meinst, Arzt für plastische Chirurgie.«

»Ja, geil, kann ich Titten operieren.«

## Partytalk

»Und was machst du so?«

»Ich bin Lehrerin.«

»Echt? Wo denn?«

»An einer Gesamtschule.«

»Häää, Gesamtschule? Was ist das denn? Ist das wie Gymnasium?«

»Nö. Ist wie Gesamtschule. Da geht die gesamte Jugend hin. Mit Hauptschul-, Realschul- und Gymnasialempfehlungen. Da kann man auch das Abitur machen.«

»Ach so. Und was machst du da den ganzen Tag so?«

»Na, hauptsächlich bin ich Klassenlehrerin. Meine Klasse ist in der Neunten.«

»Da sind die ja schon recht erwachsen. Das ist dann bestimmt nicht besonders anstrengend.«

»Sollte man meinen, aber meine Klasse ist betreuungsintensiv.«

»Was sind denn da so für Schüler in deiner Klasse?«

»Ach, da gibt es alles Mögliche. Samira zum Beispiel: Die trägt zwar ein Kopftuch, benimmt sich aber meistens wie die Axt im Walde. Oder Christine, die stresst mit ihrer depressiven Art. Und wenn ich an Abdul oder Mehmet denke ... ach, hör auf. Lass mal über was anderes reden.«

»Nee, du, ich finde das total spannend. Da unterrichtest du also den ganzen Tag diese Klasse, oder wie?«

»Zum Glück nicht. Ich gebe auch noch Fachunterricht in vielen anderen Klassen. Da mache ich Englisch und Kunst. In Englisch sind die Klassen in Kurse aufgeteilt.«

»Häää, wie Kurse?«

»Ja, Mann, so Kurse halt. Die Schlauen kommen in den einen und die nicht so Schlauen kommen in einen anderen Kurs. Nennt man äußere Differenzierung. Wenn du Glück hast, unterrichtest du den besseren Kurs. Da machen die noch mit. In den Hauptschulkursen ist das echt mühsam.«

»Okay, verstehe. Aber dafür kannst du mittags nach Hause, und Otto-Normal-Mensch muss da noch arbeiten.«

»Mittags, ha, ich komme immer erst nachmittags raus. Wir sind eine Ganztagsschule.«

»Ganztagsschule? Was soll das denn sein.«

»Oh Lord, wo bist du denn zur Schule gegangen. Ganztagsschule: Da gehen die Schüler den ganzen Tag zur Schule und die Lehrer eben auch. Ist für uns alle auch GANZ anstrengend.«

»Krass, den ganzen Tag und immer Unterricht. Wie halten die Schüler das denn aus?«

»Hallo!? Die haben doch nicht den ganzen Tag Unterricht. Die haben auch Pausen und Freizeit.«

»Und da müsst ihr euch auch noch um die kümmern?«

»Um Himmels willen, nein. Dafür gibt es die Erzieher. Die

haben da so einen Freizeitbereich. Da können die Schüler Billard und Tischtennis spielen und über ihre Probleme quatschen.«

»Klingt ja toll.«

»Findest du?«

»Hm.«

»Ist eigentlich eine ganz normale Schule. Schüler, Lehrer, Unterricht … mal ne Pause hier, mal ein Schulfest da. Eigentlich wie überall. Ich glaube, an den Schulen hat sich gar nicht so viel verändert, wie man denkt. Ich jedenfalls mache noch genau den gleichen Frontalunterricht, den ich schon als Schülerin erlebt habe.«

»Frontal – was?«

»Ach, lass mal. Wollen wir mal was trinken? Guck, ich glaube, die haben das Buffet jetzt eröffnet. Ich hab voll Hunger.«

## Money and Bitches

Unterricht in meiner Klasse. Englisch.

»Money, money, money, must be funny – in a rich man's world. Aha-ahaaa, all the things I could do …«

Ich schalte den CD-Player ab. »Hat irgendjemand irgendwas verstanden?«

»Geht um Geld und Bitches«, sagt Emre.

»Geld ja, Bitches habe ich jetzt nicht gehört. Aber wir lesen den Text gleich noch mal.«

Es folgt ein schlimm-stockendes Vorlesen und ein mühsames Übersetzen.

»Okay, wie will die Frau aus dem Lied denn an Geld kommen? Sie nennt zwei Möglichkeiten.«

»Jackpot, in Las Vegas.« – »Und einen reichen Typen heiraten.«

»Genau. Und sind das gute Pläne? Abdul? Emre?«

Emre: »Also, ich finde nicht. Ich würde schwarzarbeiten.«

Esra meldet sich: »Emre will elf Kinder und dann vom Kindergeld leben.«

»Ja, aber da muss er erst mal eine Frau finden. Emre, findest du das denn gerecht, wenn du schwarzarbeitest und dann noch vom Kindergeld lebst? Überleg mal: Was wäre denn, wenn alle so denken würden wie du? Wie würde dann die Welt aussehen?«

Emre grinst: »Ich glaube, dann würden auf der Straße so Rehe rumlaufen.«

»Na, ich denke eher, dass es dann überhaupt nichts mehr gibt, weil niemand mehr Steuern zahlt. Und dann würdest du auch kein Kindergeld bekommen. Woher denn? Wer sollte das denn dann bezahlen?«

Abdul: »Frau Freitag, warum macht Deutschland das eigentlich, mit dem Kindergeld und dem Hartz 4?«

Ich erkläre den Sozialstaat. Wie immer sage ich dazu, dass nicht jedes Land auf der Welt sich so etwas leistet. Irgendwann unterbricht mich Abdul: »Eigentlich müsste man Deutschland die Füße küssen.«

»Da hast du recht. Aber es würde schon reichen, wenn ihr später einen legalen Job hättet, Steuern zahlen und die Schulbücher nicht kaputt machen würdet. EMRE, NICHT DIE SEITEN SO KNICKEN, DAS BUCH KOSTET 20 EURO!«

Wir reden wieder über Steuern. »Was wird denn alles von den Steuern bezahlt?«, frage ich. Ahnungslose Gesichter. Nach langem Nachdenken sagt Ronnie: »Schulen.«

»Ja, genau, Schulen, der Strom hier, die Schulbücher und auch die Gehälter der Lehrer.«

Abdul: »Greifen Sie denn auch dem Staat in die Tasche?«

Noch mal schnell den Unterschied zwischen legaler und illegaler Arbeit erklärt, dann frage ich die Schüler wieder: »Aber was wird denn noch bezahlt?«

Sabine: »Essen?«

Esra: »Strom?«

Ich bringe sie auf die richtige Spur: »Polizei, Straßen …«

Emre: »Supermärkte?«

Esra: »Die Banken?«

Ich werde den Bund der Steuerzahler mal um eine genaue Auflistung bitten. Mit den Banken haben sie ja nicht mal unrecht, aber in dieser Stunde schaffe ich es einfach nicht mehr, die Bad Banks zu erklären. Wir schweifen ab zur Tabaksteuer. »Emre, wenn du Zigaretten kaufst, dann geht mindestens die Hälfte deines Geldes an die Steuer.«

Emre: »Ich kaufe mir gar keine Zigaretten. Ich rauche gar nicht richtig.«

Ich sage: »Na, ich zahle jede Menge Tabaksteuer.«

Abdul: »Danke, Frau Freitag.«

Sarah: »Wenn Sie rauchen, warum sind dann Ihre Zähne so weiß?«

Ich: »Putzen.«

Abdul: »Sie bleicht Zähne.«

Ronnie: »Sind Ihre Finger schon gelb vom Tabak?«

Ich halte ihm beide Hände unter die Nase: »Na, ihr kennt euch ja gut aus.«

Sarah: »Warum sind Ihre Lippen nicht blau? Vom Rauchen werden doch die Lippen blau.«

Ich: »Ja?«

Dann klingelt es.

# Opferlehrer

Gerne werde ich bei Gesprächen über meinen Beruf von Nicht-Lehrern gefragt: »Macht dir das Spaß?« Spaß? Warum wollen die immer wissen, ob mir das Spaß macht? Frage ich den Finanzbeamten als Erstes, ob ihm sein Beruf Spaß macht? Wird der Polizist nach dem Spaßfaktor gefragt? Danach kommt in der Regel das Unweigerliche: »Na, ich könnte das nicht.« Musst du ja auch gar nicht. Aber warum verlaufen diese Gespräche immer so? Ich sage doch auch nicht: »Oh, du arbeitest beim Fernsehen, macht dir das Spaß? Na, ich könnte das nicht.«

Glück hat man allerdings, wenn man auf Referendare trifft. Mit denen kann man sich stundenlang über die Schule unterhalten. Die hängen mir an den Lippen, weil sie glauben, dass ich ihnen genau die heißen Tipps geben kann, die sie aus ihrem Elend befreien. Am liebsten würden sie jedes Wort mitschreiben.

Diese armen Referendare, sie haben mein ganzes Mitgefühl. Ich leide geradezu stellvertretend, wenn ich sie sehe. Und Erinnerungen werden wach an all diese herrlich bescheuerten Unterrichtsbesuche. Besuche, ha, wenn ich das schon höre, is ja wohl reine Ansichtssache, ob das ein Besuch ist. Klar, der Seminarleiter kommt zu Besuch und eventuell werden ihm noch Kaffee und Kekse gereicht, aber man selbst hat ja wohl eher das Gefühl, zu seiner persönlichen Selbstbewusstseins-Kastration zu gehen. Gut vorbereitet, etwas übermüdet, aber hoffnungsvoll geht man rein. Und völlig zerstört wird man wieder ausgespuckt: »Dies war nicht richtig, jenes war falsch, hier was vergessen, wieder falsche Medien gewählt, keine klaren Arbeitsanweisungen, schon wieder nicht, keine Alternativen, hier hätten Sie so machen, da lieber nicht so machen sollen, in der zweiten Phase standen Sie zu weit links, in der Reflexion haben Sie falsch geatmet und vor allem: SIE HABEN DAS LERNZIEL NICHT ERREICHT!«

Die Todsünde! Die Schüler werden sterben! Lernziel nicht erreicht: Richtet diesen Nichtskönner-Referendar hin! Stellt ihn ins Lehrerzimmer an den Lehrerzimmerpranger – hängt ihn ans Schwarze Brett, mit einem Schild um den Hals: LERNZIEL NICHT ERREICHT! Aber halt, es geht noch schlimmer: Lernziel erreicht, aber Lernziel zu leicht. Die UNTERFORDERUNG der Schüler ist der direkte Weg in die Hölle. Vierteilt den, der sich das erlaubt. Und zwar hier und jetzt!.

Ihr lieben armen Referendare, das eine kann ich euch versichern: Später ist das einzige Ziel einer Stunde, sie rumzubringen. Und am Anfang reicht schon: Keiner gestorben – Ziel erreicht.

Wenn man dann irgendwann anfängt, ein richtiger Lehrer zu werden, fängt man ganz unten an. Man denkt, nun habe ich die harte Zeit des Referendariats hinter mich gebracht, jetzt wird alles besser. Aber nichts da!

Die erste Position, die man als neuer Lehrer an jeder Schule einnimmt, ist die des Opferlehrers.

Opferlehrer sind Opfer, in jeder Klasse und in jedem Unterricht. Das wird erst mal auch nicht besser, sondern eher schlimmer. Man denkt, man unterrichtet, aber eigentlich wird man geopfert. Das Schlimme ist, dass man sich niemandem anvertrauen kann, denn man will ja an der neuen Schule nicht gleich als Loser dastehen. Man will ja vermitteln, dass man alles im Griff hat, schließlich hat man bei der Einstellung noch großspurig gesagt, dass »Chemie fachfremd« und »Ethik, 8. Klasse« gar kein Problem seien. Und dann steht man da und leidet. Immerhin kommt einem da der überproportional ausgeprägte Hang zum Masochismus zugute, den jeder Lehrer in sich trägt.

Im Lehrerzimmer tuschelt man hinter deinem Rücken, als du erzählst, dass du gleich in der 8b Unterricht hast. In der Klasse stellst du dich vor, keiner hört zu, oder, auch gut möglich, alle wiederholen, was du sagst – die ganze Stunde lang, jedes einzelne Wort. Du drehst dich an die Tafel – ungünstig, weil du hinten noch keine Augen hast –, wirst beworfen. Drehst dich zur Klasse, keiner war's. Zurück zur Tafel, wieder wirst du beworfen. Dieses Spiel spielst du fünfundvierzig Minuten, gehst dann mit hochrotem Kopf ins Lehrerzimmer und sagst: »Ja, war okay.«

Das geht jede Stunde so, nur die Wurfgeschosse ändern sich. Abends weinst du. Meine Freundin Frau Dienstag wurde mit Plastikflaschen beworfen. Ich nur mit Papierkugeln, Bleistiften und diesen Teilen zur Wasserspeicherung in den Blumentöpfen. In der Schule erzählst du niemandem davon. Zu Hause will es nach einigen Wochen auch niemand mehr hören. Du verlierst Gewicht.

Es sollte klar sein, dass du den Schülern in deinen Stunden überhaupt nichts beibringst. Opferlehrer tun zwar in jeder Stunde so, als unterrichteten sie, aber in diesen Stunden unterrichten nur die Schüler. So lange, bis du es gelernt hast: Du bist der Opferlehrer! Nach dem Bewerfen kommt die Phase des miesen Fertigmachens. Hast du einen ungünstigen Nachnamen, wirst du damit verarscht. Erfahren die Schüler deinen Vornamen, vergessen sie deinen Nachnamen. Hast du körperliche Eigenarten, unverwechselbare Kennzeichen oder siehst irgendwie anders als normal aus – zu dünn, zu dick, zu klein, zu groß, dann ziehen dich die Schüler damit auf. Bist du normal, dann denken sie sich Gemeinheiten aus: »Sie haben Ratten in der Unterhose«, »Ihre Haare sehen aus wie bei einem Eisbären unten rum« oder »Sind Ihre Klamotten vom Müll?«.

Wochen vergehen. Und plötzlich stellst du fest, dass die

19

Schüler doch etwas gelernt haben. Nämlich, dass sie bei dir machen können, was sie wollen. Im ersten Berufsjahr von Frau Dienstag hat Michael mit dem Kartenständer die Decke durchbohrt, die Heizungsrohre aus der Wand gerissen und den Wasserhahn abgetreten. Bei mir hat ein Schüler mit der Faust die Fensterscheibe kaputtgeschlagen. Bei Frau Dienstag haben Siebtklässler im Unterricht geraucht.

Und was kann man dagegen tun? Da gibt es nur zwei Möglichkeiten: Entweder du gewöhnst dich langsam daran, bis es nicht mehr weh tut, oder du wehrst dich, und zwar mit jeder einzelnen Faser deiner Person.

## Wir sind halt eben Ausländer!

Aber schon nach ein paar Jahren intensiven Leidens wird alles besser. Souverän schlendert man in den Unterricht und lässt sich nur noch selten aus der Ruhe bringen. Man kann sich endlich auf die Schüler konzentrieren. Und vor allem im Kunstunterricht lassen sich die relevanten Themen des Alltags bearbeiten.

»Und was bekommt Ronnie auf sein Bild?«

»Bestimmt doch wenigstens eine Vier, oder?«, nuschelt Ronnie schon leicht genervt.

»Nee, ist sogar eine Drei«, antworte ich großzügig lächelnd.

Raifat stößt Abdul an und flüstert: »Klar, weil er Deutscher ist.«

»Ihr wollt doch nicht im Ernst sagen, dass ich rassistisch bin, oder? Ich gebe doch dem Ronnie nicht eine Drei, nur weil er Deutscher ist!«

Immer wieder dieses Ausländerding! Wer von meinen Schülern ist denn eigentlich Ausländer? Die wohnen alle hier in Deutschland und sind doch auch alle hier geboren.

Am ersten Tag mit meiner Klasse habe ich ein Kennenlernspiel gemacht. Alle sitzen im Stuhlkreis, ich sage etwas, und derjenige, auf den das zutrifft, soll aufstehen: »Alle, die gerne spät ins Bett gehen, sollen aufstehen! – Alle, die Ferien mögen, sollen aufstehen! – Alle, die *Simpsons* gucken, sollen aufstehen!« Dann übergebe ich die Fragerolle an einen Schüler: »Alle, die *Facebook* sind, sollen aufstehen.« Und so weiter. Irgendwann: »Alle, die Ausländer sind, sollen aufstehen.« Fast alle springen auf. Ich übernehme wieder und sage: »Alle, die hier geboren sind, sollen aufstehen.« Die gleichen Schüler springen auf, und als ich frage, wessen Eltern hier geboren sind, setzt sich auch niemand wieder hin.

Also was denn nun? Hier zur Welt gekommen und trotzdem Ausländer sein wollen? Zwei Drittel der selbsternannten Ausländer besitzen einen deutschen Pass und kennen ihr »Heimatland« nur aus dem Fernsehen oder von Kitschpostkarten.

»Warst du denn schon mal im Irak oder in Syrien oder in Palästina?« Nö! War natürlich kaum einer. Aber im Kunstunterricht finde ich doch wieder auf jedem Bild die kurdische Flagge oder den weißen Halbmond mit Stern, auf jedem dritten Namensschild prangt die libanesische Tanne und Koransuren lassen sich auch in jedes Thema einarbeiten.

Natürlich gönne ich meinen Schülern die Sehnsucht nach der perfekten Heimat, aber sich in meinem Unterricht als Ausländer zu bezeichnen und vor allem jeden Grammatikfehler damit zu entschuldigen, das kann ich nicht tolerieren.

Sagte doch neulich der Referendar Herr Rau, der seit einem Jahr mit meiner Klasse kämpft: »Na ja, die Südländer, die hinten sitzen, haben sehr gestört.«

»Südländer? Die wohnen alle in der Neustadt, und das ist eher im Norden.«

Jeden Donnerstag führe ich im Kunstunterricht mit Aygül aus der 10. Klasse das gleiche Gespräch. Aygül ist lieb und nett, sitzt immer in der ersten Reihe, sie hat nur ein Problem: Man scheint ihr nirgends Zeichenmaterial verkaufen zu wollen. Und das schon seit drei Jahren.

»Frau Freitag, Bleistift?«

»Bleistift?«

»Frau Freitag, kann ich Bleistift?«

»Klar, wenn du den Satz korrekt sagst, mit Artikeln und allem drum und dran.«

»Aber wir sind Ausländer, wir sprechen halt so.«

»Also, erstens hast du ja wohl einen deutschen Pass und bist deshalb Deutsche, vielleicht noch türkische Deutsche oder deutsche Türkin, und zweitens ist das doch wohl keine Entschuldigung, so bekloppt zu sprechen. Wenn du in der Öffentlichkeit so redest, denken die Leute: Die ist ein bisschen dumm. Und wenn du dann in einer Arztpraxis arbeitest, denken die Patienten: Na, wenn die Arzthelferin dumm ist, dann ist bestimmt auch der Arzt schlecht, und gehen wieder. Und alles nur, weil du keine Artikel benutzt.«

»Ach, so habe ich das noch nie gesehen. Könnten Sie mir jetzt bitte trotzdem einen Bleistift ausleihen, ich habe meinen nämlich leider vergessen.«

»Klar. Hier. Bitte.«

## Integration fetzt

An meiner Schule haben wir mit der Integration überhaupt kein Problem. Fröhlich integrieren wir seit Jahren und sind damit sehr erfolgreich. Beim letzten Ramadan übergab sich Susi in der Mathestunde, weil ihr vom Fasten schlecht geworden war, und Rainer kam im März vor dem Unterricht auf mich zu: »Ich heiße ab jetzt Mohamed.« Stoisch reagierte er nicht mehr auf seinen Kartoffelnamen, spielte unentwegt mit seinem Gebetskettchen und las ständig in einer deutschen Übersetzung des Korans.

Deutsche heißen in unserer Schule übrigens grundsätzlich Kartoffeln. Die Schüler nennen uns zwar nicht dauernd so, aber wenn jemand sagt: »Das war die Kartoffel in Ihrer Klasse«, dann weiß jeder, dass der Schüler keinen Migrationshintergrund vorweisen kann.

Mein Kollege Herr Werner sagte neulich: »Ich bin der einzige Deutsche in meiner Klasse.« Also, ich weiß gar nicht, was alle haben. Integrieren ist doch easy. Der Trick ist einfach, eine moslemische Mehrheitsgesellschaft zu schaffen.

7. Klasse, Vertretungsunterricht. Ich lasse die Schüler was zeichnen. Ein Gruppentisch ist ziemlich laut. Ich höre mehrfach die arabischen Wörter »Chara« (Scheiße) und »Scharmuta« (Hure). Irgendwann reicht es mir. Ich stürze an den Tisch und schreie »Challas!« (lass das!). Die Jungen gucken mich verwirrt an. Ich sage: »Istrele!« (arbeitet).

Keiner reagiert. »Was ist, verstehst du das nicht?«, frage ich den einen und gucke sehr böse. »Ich kann kein Arabisch, ich bin Kurde.«

»Aber du«, wende ich mich an den Nächsten. »Du verstehst das doch.«

»Nee, ich bin aus Polen.«

Der Dritte war Türke, und dann saß da noch ein Junge mit einer thailändischen Mutter, der jedoch nur Deutsch sprach. Aber auf Arabisch fluchen, das geht. Wenn wir die Schüler nicht da abholen, wo sie sind, dann machen das eben die Mitschüler. Und irgendwie ist es doch auch schön, wenn sie was lernen. Wie könnte ich als Fremdsprachenlehrerin nicht begeistert sein, wenn sich meine Schüler freiwillig mit anderen Kulturen auseinandersetzen?

Mein Türkisch wird von Tag zu Tag besser und mit dem Arabisch – na ja, ich arbeite dran. Is auch schwer, *vallah*! Diese ch-Laute sind eher was für Schweizer. Elterngespräche auf Türkisch klappen aber schon ganz gut. Übersetzt gehen die ungefähr so:

»Öretmen Erhan.« (Ich Lehrerin Erhan.)

»Erhan hayir cok güzel Englisch.« (Erhan nein sehr schön Englisch.)

»Erhan immer Handy.« (Handy ist universal verständlich.)

»Erhan Kunst cok güzel.« (Erhan Kunst sehr schön.)

»Erhan Englisch hayir, hayir.« (Erhan Englisch nein, nein. »Schlecht« kenne ich noch nicht.)

Ich mache ein trauriges Gesicht. Mutter Erhan auch.

»Aber Erhan guter Junge.« (Ersguterjunge heißt Bushidos Plattenlabel.)

»Memnum oldum Erhan.« (Sagt man eigentlich zur Begrüßung und heißt so viel wie »ebenfalls angenehm«.)

Mutter wieder happy. Frau Freitag auch happy. Erhan auch happy. Fertig.

Man kann sogar mit noch weniger Wörtern ein zufriedenstellendes Elterngespräch am Telefon führen. Als Derya, ein Mädchen aus meiner letzten Klasse, wieder einmal schwänzte, rief ich wütend bei ihr zu Hause an und hatte gleich ihren Vater an der Strippe: »Efendim.«

»Guten Tag, hier spricht Frau Freitag, ich bin die Klassenlehrerin von Derya. Ich wollte fragen, warum sie nicht in der Schule ist.«

»Derya?«

»Ja, Derya, Ihre Tochter.«

»Derya Schule!«

»Nein, Derya nix Schule. Hier ist die Schule. Ich bin Schule.«

»Derya Schule!«

»Derya nix Schule!«

Der Vater stockt kurz:»Derya nix Schule?«

»Nein.«

Vater:»Danke.«

Zufrieden denke ich: Na, das lief doch wunderbar. Der Vater hat doch genau verstanden, was ich ihm mitteilen wollte. Und tatsächlich kam Derya am nächsten Morgen wütend auf mich zu:»Toll, Frau Freitag, vielen Dank! Nur weil Sie gestern angerufen haben, lässt mein Vater mich jetzt nicht mehr mit auf die Klassenfahrt.«

Deryas Vater dazu zu überreden, sie doch mitfahren zu lassen, war dann allerdings noch eine ziemlich schwierige Angelegenheit.

Ein Schüler hat mir neulich »Inshallah tmout« beigebracht. Das heißt:»Hoffentlich stirbst du.« Mal sehen, wie ich das in das nächste Elterngespräch einbauen kann.

Elterngespräche sind überhaupt das Highlight des Lehrberufs. Da viele meiner Schüler Eltern haben, die nicht arbeiten, kann man sich die Erziehungsberechtigten nach Lust und Laune in die Schule einbestellen. Aus Zeitmangel beschränkt sich der Durchschnittslehrer allerdings darauf, die Eltern kommen zu lassen, wenn es Probleme gibt.

Bei jedem Elterngespräch höre ich Ähnliches, wenn es mit dem Kind nicht so richtig läuft:»In Grundschule war alles okay, nie Probleme, aber dann Oberschule. Wir wollten ja nicht hier Schule, aber bei uns gab's nur Gymnasiumschule. Und dann hier, hat er falsche Freunde gehabt.«

In den Bildungsprogrammen fragt dann der Jugendcoach, die Supernanny oder der Superlehrer: »Und wie kam es, dass du zwei Jahre nicht mehr zur Schule gegangen bist und jetzt dreißig Strafanzeigen hast?«

»Hab ich mit falsche Freunde rumgehangen.«

Ich frage mich: Wer sind diese falschen Freunde und was sagen diese falschen Freunde, wenn sie mit ihren Eltern zum Elterngespräch in die Schule gehen? »Ich war einer dieser falschen Freunde«? Sicher nicht.

Jeder Vater und jede Mutter gehen immer ganz selbstverständlich davon aus, dass ihr Kind ein harmloses Lamm ist und nur durch den schlechten Einfluss ... Da meckern die Türken über die Araber, und die Kroaten, Albaner und Russen sagen, die Moslems seien kein guter Umgang.

Mit solchen Gedanken sitze ich im Bus und quäle mich. Bei uns gibt es viele falsche Freunde. Was würde denn ein richtiger Freund sagen?

»Mach das lieber nicht! Klau nicht, das darf man nicht!« – »Komm, wir gehen lieber zum Unterricht und nicht zu Lidl.« – »Lass uns mal lieber für die Mathearbeit üben, statt noch mehr Handys abzuziehen.«

Wo findet man denn solche Leute? Bei uns nicht. Trotzdem komisch, dass alle Eltern denken, gerade ihr Kind sei der reinste Engel.

## Das Lehrerzimmer

In jeder Schule ist dies der schönste Ort: das Lehrerzimmer. Dorthin drängt es den gebeutelten Lehrer nach jeder Unterrichtsstunde. Dort fühlt er sich geborgen, dort wird er verstanden, da findet er Ruhe und Kaffee.

Als Schüler darf man nicht ins Lehrerzimmer. Man darf höchstens an der Tür stehen und irgendwelche wichtigen Dokumente reinreichen. Mit ernstem Gesicht geben die Schüler uns ihre Hausaufgaben, Hefter oder Atteste, als wären es Todesanzeigen: »Frau Freitag, können Sie das bitte bei Frau Kriechbaum ins Fach legen?« Dabei lehnen sie sich weit in den Raum hinein, um möglichst viel von der Lehrerzimmerszenerie mitzukriegen. In diesem, für sie verbotenen Raum, wo es von Lehrkräften nur so wimmelt, von Lehrern und Lehrerinnen, die dort rumsitzen, vorm Schwarzen Brett oder am Kopierer stehen, selbstgeschmierte Pausenbrote essen, Kaffee trinken, nicht rauchen und die ganze Zeit reden und viel lachen. Auf die Schüler wirkt der Lehrer im Lehrerzimmer anders, neu, unbekannt, ja, geradezu unheimlich menschlich und dadurch umso skurriler. Was geht da ab? Was machen die Lehrer da? Sie sind dort irgendwie zu entspannt … Aber wovon der Schüler nichts ahnt, das sind die unausgesprochenen Verhaltensregeln im Lehrerzimmer.

Die kann man schon morgens vor der ersten Stunde beobachten. Wer ist zuerst da? In jedem Kollegium gibt es die Sehr-früh-Erscheiner, die Dann-Eintrudler und die Auf-den-letzen-Drücker-Kommer. Da ich zur ersten Fraktion gehöre, kann ich die Ankunft der anderen Gruppen immer genau verfolgen. Wir Sehr-früh-Erscheiner haben unsere Seht-wie-organisiert-ich-bin-Routine. Die geht so: Gang zum Fach, alles rausnehmen, sofort sortieren, und »Muss ja, muss ja« stöhnen, dann der Blick auf den Vertretungsplan, ein Interesse geheucheltes: »Ach, Frau Frenssen fehlt ja immer noch. Muss ja doch was Ernsteres sein.« Dabei noch die lustigen Sprüche der Kollegen kommentieren, wie etwa: »Na, heute hitzefrei?« oder »Steh ich nicht auf dem Plan? Dann kann ich ja gehen.« Diese Sprüche kommen vor allem von den Dann-Eintrudlern, denn die geben sich betont lässig. Die Sehr-früh-Erscheiner sind währenddessen damit beschäftigt, sich zu organisieren, denn sie gehören automatisch zu den Ich-hab-alles-im-Grifflern. Ihre Aufgabe ist es allerdings auch, auf die dummen Sprüche etwas wie »Er nun wieder« oder »Herr Johann – du hier und nicht in Hollywood?« zu erwidern.

Die Dann-Eintrudler gehen auch nicht direkt zu ihren Fächern, sondern holen sich erst mal einen Kaffee und berichten lautstark aus ihrem spannenden Privatleben, denn sie wollen sichergehen, dass man sie als Ich-könnte-auch-was-ganz-anderes-Macher wahrnimmt. Und kurz vorm Klingeln oder auch kurz danach erscheinen die Auf-den-letzten-Drücker-Kommer. Abgehetzt hechelnd stürzen sie nur ins Lehrzimmer, um gleich hinten wieder raus zum Unterricht zu rennen. Immer tragen sie Hefter, Bücher oder sonst was im Arm, während sie alle Fragen mit: »Tut mir leid, ich hab grad gar keine Zeit« abwehren. Sie haben nie Zeit, sie vermitteln einem den ganzen Tag das Gefühl, dass sie irgendwie mehr Stunden unterrichten würden als man selbst. Von ihnen hört man viel über »die da oben«, sie klagen und jammern am meisten. Leiden ist ihr Ding.

Um 8.10 Uhr sind alle weg außer ein paar Sehr-früh-Erscheinern, die erst zur zweiten Stunde haben und deren Bewegungen sich nun so sehr verlangsamen, dass man fast meinen könnte, sie seien erstarrt. Sie schleichen von ihrem Fach zum Kopierer, zurück zum Schwarzen Brett, lesen sich dort alles ganz genau durch: »Das kann ich hier doch abmachen, oder? Die Gesamtkonferenz war ja schon vor zwei Wochen.«

In den Pausen füllt sich die Lehrerlounge wieder mit Leben. Und jetzt greifen die ungeschriebenen Gesetze der eigentlich nicht, aber irgendwie doch festgelegten Sitzordnung an den zu wenigen Tischen. Für neue Kollegen ein Spießrutenlauf, ein Fettnäpfchen-Slalom allererster Güte. Für alle anderen ein Zuhause, ein Ort des Lebens mit all seinen Facetten.

Ich liebe das Lehrerzimmer so sehr, dass ich auch nach Unterrichtsschluss gerne noch stundenlang dort abhänge. Es ist Café, Club und Wohnzimmer zugleich. Ich denke ernsthaft darüber nach, mir in meiner Wohnung ein eigenes Lehrerzimmer einzurichten.

Neulich waren wieder Schulfremde im Lehrerzimmer. Also Leute, die keine Lehrer sind, aber trotzdem irgendwie in der Schule arbeiten wollen. Gerne sind das nicht so ganz erfolgreiche Künstler, besonders engagierte Eltern oder Menschen, die mal früher Lehrer werden wollten, aber dann doch keine Lehrer geworden sind. Jedenfalls tummeln diese Leute sich gerne an unseren Schulen und bringen mitunter den gewohnten Trott durcheinander. Diese Schulfremden erkennt man sofort. Sie sind irgendwie ganz anders als wir Lehrer. Der größte Unterschied: Sie sind immer voll gut drauf. Sie haben immer viel zu erzählen, meistens haben sie wahnsinnige Projektideen, die sie mit unseren Schülern durchführen wollen: »Und, meinst du, wäre das möglich, wegen Gender und so, diese Doku über lesbischen Sex zu zeigen?«

Ich: »Klar, vielleicht nicht in der Siebten, aber mit der Achten sicher.«

Die Schulfremden sind sehr interessiert, immer neugierig und voll offen: »Ach, und du würdest dich also als Gangsta bezeichnen.« – »Ach, und du rappst, spannend, kann ich das mal hören? Und dieses Gangbang – erzähl mal.«

Sie lieben es, einfach mal mit in den Unterricht zu kommen: »Ach, kann ich einfach mal mitkommen? Geht das?« und dort kann man sie dann nach Lust und Laune mit ein paar Sprüchen und ein wenig Unterricht voll begeistern oder extrem schockieren.

Eines haben sie allerdings nicht. Sie haben kein Timing. Sie bewegen sich sehr langsam, das mit den Pausen kapieren sie nie, und versuch mal einem Schulfremden die Anfangszeiten der Schulstunden beizubringen. Einen ganzen Schultag so einen an der Backe zu haben schlaucht total: »Ach, hat es schon geklingelt? Geht es jetzt gleich weiter? Ich wollte noch mal aufs Klo …«

Sie schleichen dir den ganzen Tag hinterher und wollen alles immer sofort erklärt bekommen: »Und wie läuft das hier mit dem blabla und der blabla?« Aber vor allem sind sie heiß auf Schülerkontakt: »Ihr könnt ›du‹ sagen, so alt bin ich ja noch nicht.« (By the way, wer über neunzehn ist, steht für die Schüler schon mit einem Bein im Grab.)

Und die Schüler, die lieben diese Schulfremden, denn endlich hört ihnen mal jemand zu. Plötzlich sind sie voll wichtig. Sie werden beobachtet, befragt, und was sie sagen wird, sogar notiert. Manche Schüler spielen sich auf, als wären sie Superstars, wenn Schulfremde da sind. »Wir können das Interview ja auch in der nächsten Stunde weiterführen, da hab ich bloß Mathe, is nicht so wichtig.«

Aber wehe, die Schulfremden wollen mit den Schülern arbeiten. Wenn die von ihnen auch nur das kleinste bisschen Einsatz verlangen, dann heißt es schnell: »Kommt heute die Frau wieder? Is scheiße mit der Frau. Die Frau soll nicht mehr kommen.« Und plötzlich ist der stinknormale Unterricht bei Frau Freitag doch nicht so schlimm.

# Ich war Arzt

Schlimm wird es bei Frau Freitag jedoch, wenn man nicht macht, was sie sagt, oder wenn man gar nicht erst kommt. Wären wir ein Betrieb, ich hätte nur noch einen Angestellten. Alle anderen schwänzen, dass es nicht mehr feierlich ist. Meine Klasse besteht aus chronisch kranken Nichtsaushaltern, die außerdem ständig ganz wichtige Termine auf jedem nur erdenklichen Amt haben. Natürlich immer donnerstags, denn da haben sie zehn Stunden.

Freitag, zweite Stunde: »Mehmet, wo warst du gestern?«

»Ich hab Entschuldigung. Ich war Ausländerbehörde.«

»Behörde« und »Amt« – ihre Lieblingswörter, ach ja, und natürlich »Arzt«. Aber irgendwann reicht's auch mal.

»Mehmet, gib mir mal die Telefonnummer von der Ausländerbehörde.«

»Hä?«

»Ich will da anrufen und mich beschweren, die dürfen dich nicht zehn Stunden festhalten. Das ist ein Skandal!« Mehmet gibt zu, dass er nur am Vormittag dort war. Mittlerweile weiß ich, auf welchen Ämtern man »voll lange warten musste, ich schwöre«, und wo man einen Termin braucht: »Wir haben drei Stunden gewartet und dann mussten wir wieder gehen, weil wir keinen Termin hatten.« Und natürlich der Arztbesuch. Den lieben sie. Warum sagte nie jemand in der mündlichen Prüfung für den Realschulabschluss: »My favourite hobby is football and Arztbesuch«?

Die lieben Kleinen bevölkern die Wartezimmer. Meine Klasse – ein Rentnerverein.

Ich glaube, ich war in meiner eigenen Schulzeit vielleicht dreimal beim Arzt – von Zahnarztterminen und Kieferorthopädenbesuchen mal abgesehen. Auch Arzttermine liegen bei den

Schülern meiner Klasse grundsätzlich donnerstags und dauern dann den gesamten Vor- und Nachmittag.

»Warum gehst du nicht Montagnachmittag nach der Schule?«

»Da muss man so lange warten.«

Und da meine Klasse nachmittags ja so viel zu tun hat – wahrscheinlich warten da noch viele weitere Behördengänge auf sie –, können sie sich ihre Arzttermine nur auf die Vormittage legen.

Natürlich bin ich für eine ärztliche Rund-um-die-Uhr-Betreuung von Schulkindern. Mir geht es dabei auch gar nicht um die Kosten für die Allgemeinheit – ein beliebtes Thema im Lehrerzimmer. Lehrer haben ja eigentlich zwei Jobs – im Klassenraum sind sie Lehrer, aber im Lehrerzimmer sind sie vor allem Steuerzahler und Kostenüberwacher. Schön, dass sich meine verbeamteten Kollegen so um die gesetzliche Krankenkasse sorgen, denn ich bezweifle, dass meine Schüler privat versichert sind.

War ein Schüler nicht beim Arzt oder bei einer Behörde, heißt das noch lange nicht, dass er nicht trotzdem fehlen kann. Und die selbstverfassten Entschuldigungen sind doch sowieso schöner als diese nichtssagenden Atteste. Da gibt es die starken Kopfschmerzen, gefolgt von Bauch- und Magenschmerzen, aber auch Schwindel, Übelkeit und natürlich das hohe Fieber. Herrlich auch die Bein- und Handschmerzen oder der starke Sonnenbrand. Meine absoluten Favoriten sind allerdings die schon im Voraus angekündigten Ferienverlängerungen.

»Frau Freitag, wir fahren aber schon am Montag Türkei.«

»In die Türkei. Aber Emre, da sind doch noch gar keine Sommerferien.«

»Is doch egal.«

Und es geht auch mitten im Schuljahr. Reinhold, der mit seinen Eltern als Spätaussiedler nach Deutschland gekommen ist, erzählte mir mitten im ersten Halbjahr: »Ich fahre morgen drei Wochen mit meinem Vater nach Russland.«

»Aber Reinhold, wir haben doch gar keine Ferien.«

»Na und?«

Wenn die Schüler dann wieder in der Schule auftauchen, kommen sie mit den schärfsten Entschuldigungen: »Mein Vater hat unsere Pässe geklaut und versteckt, und wir mussten zur Botschaft, und wir haben keinen Rückflug aus Russland nach Deutschland bekommen.« Und immer wieder gehen verschiedenste Fluggesellschaften pleite.

Schön auch: »Ich habe nicht unentschuldigt gefehlt. Ich habe verschlafen. Was kann ich dafür?« Dann gibt es natürlich noch den Scheißbus, die Scheiß-U-Bahn, meine Tasche hier liegengelassen und meinen Pulli dort vergessen. Oder der Schlüssel und die Geschwister, die immerzu irgendwohin gebracht oder abgeholt werden müssen. Und das berühmte: »Ich musste was klären.« »Was klären« heißt nie etwas Gutes. Meistens werden Differenzen mit den Fäusten »geklärt«, und darüber möchte man als Lehrer eigentlich nichts Genaueres wissen.

Meine armen Schüler, die haben so viel zu tun. Ich wäre dafür, ihnen die Anzahl der Wochenstunden zu kürzen. Oder sie sollen einfach mal sagen, wie es wirklich ist: »Frau Freitag, ich schwör, ich hatte echt kein Bock auf Schule.«

Fehlzeitenspitzenreiter in meiner Klasse ist Emre. Er ist eigentlich öfter nicht da als da. In den letzten Jahren hat er nie irgendeine Entschuldigung abgegeben und dementsprechend sah auch sein Zeugnis aus. Da er ziemlich schlau ist, schafft er trotzdem immer mit Ach und Krach die Versetzung. Dieses Jahr habe ich ihn endlich so weit, dass ich für die Hälfte seiner Absentien eine schriftliche Entschuldigung erhalte. Er schreibt sie, und Mama setzt ein krakeliges Geschmiere drunter. Emre gehört zu den Coolen meiner Klasse. Er schreibt immer mit schwarzem Fineliner und bewegt sich in Zeitlupe. Er denkt, er sei Tony Montana aus *Scarface.*

Am Mittwoch und Donnerstag war er nicht in der Schule. Freitag kommt er in der ersten Stunde wortlos auf mich zu und überreicht mir einen zehnmal gefalteten Zettel. Ah, denke ich, die Entschuldigung für gestern und vorgestern. Aber weil ich mit dem Unterricht beginnen möchte, stecke ich den Zettel erst mal ungelesen in die Hosentasche.

In der Pause entfalte ich ihn und erwarte einen ausführlichen Bericht, warum es Emre nicht möglich war, das Bildungsangebot in den letzten zwei Tagen wahrzunehmen. Emre nimmt es mit seinen Erklärungen immer sehr genau, und die Entschuldigungen können sich schon mal über ein DIN-A4-Blatt erstrecken.

Ich lese und lese, aber statt der üblichen »Bauchschmerzen, Schwindel, hohes Fieber« entziffere ich in Emres typischer Fineliner-Schrift einen Entwurf für einen Raptext. »Nicht mit mir« – eine Abrechnung mit Möchtegern-Rappern, die namentlich genannt werden, mir aber unbekannt sind.

Ich lese den Text dreimal. Nichts reimt sich. »Scheine« und »bleibe« ist doch kein sauberer Endreim. Kein klassisches Reimschema *ab ab* oder *aabb.* Alles *abcdefgh* und dann *jgkadftu.* Wie will er das denn vortragen? Geht Rap auch ohne Reime? Sind die Reime in der Mitte der Zeilen versteckt und erschließen sich nur bei bestimmter Betonung? Ich lese den Text noch mal laut. Wippe mit dem Kopf, leider habe ich keine Beats. Dann klingelt es, und ich stecke den Zettel erst mal wieder ein.

Abends habe ich Besuch, ein Haufen Lehrerfreunde kommt zum Essen. Als wir vollgefressen am Tisch rumhängen, fällt mir der Text wieder ein, und ich zeige ihn meinen Freunden. Zum Glück sind auch Musik- und Deutschlehrer dabei. Nachdem wir den Inhalt ausführlich analysiert haben, wird wild über moderne Reimformen diskutiert: »Emre fehlt noch der HOOK!« stellt der Musiklehrer fest. Der Deutschlehrerfreund nimmt sich einen Stift und verbessert die Rechtschreibfehler: »Ich nehme grün, das wirkt nicht so demotivierend. Mach ich immer so.« Der Musiklehrer schlägt auf dem Esstisch einen Beat und versucht immer wieder, den Text zu rappen: »Da stimmt was nicht mit der Silbenanzahl. Vielleicht sollte man die letzten beiden Wörter in der ersten Zeile weglassen.« Nach einer Stunde haben wir das Lied fertig. Stolz lassen wir es vom Musikkollegen vortragen. Wir sind mit unserem Ergebnis sehr zufrieden. Emre wird sich freuen.

Fräulein Krise fragt: »Ob er schon gemerkt hat, dass ihm sein Text fehlt?«

»Bestimmt«, antwortet der Deutschlehrer. »Der sitzt jetzt zu Hause und rappt seinen Entschuldigungszettel.«

## Ab zur Analyse

Ohne Fräulein Krise und Frau Dienstag wäre ich schon längst in einer Burn-out-Klinik. Seit Beginn des Referendariats laufe ich hochtourig, im oberen Bereich meiner persönlichen Leistungsgrenze. Sobald irgendetwas passiert, was nicht geplant oder bedacht wurde, gerät mein gesamtes System ins Schleudern. Der Motor hakt, es entstehen komische Geräusche, und in diesen Momenten wende ich mich immer an Frau Dienstag und Fräulein Krise – zur Analyse.

Fräulein Krise schwört auf paradoxe Intervention und Frau Dienstag liebäugelt mit: »Hart bleiben, da sag ich einfach nein, die Zügel erst mal anziehen.« Ich glaube, Frau Dienstag träumt wie ich davon, den Unterricht als ein zwei Quadratmeter großer

Mann mit tiefer Stimme abzuhalten, der die Schüler durch bloßes Ein- und Ausatmen in Schach hält. Leider gehören wir beide eher zur leptosomen Fraktion, die sich mit anderen Tricks durchsetzen muss.

Frau Dienstag unterrichtet Mathematik und Chemie an einer ziemlich kleinen Schule. Sie schwört auf Struktur und kleine Klassen und kann sogar ihr Auto selbst reparieren. Wir haben uns im Referendariat kennengelernt. Ohne sie hätte diese aufregende Zeit sehr viel weniger Spaß gemacht. Wahrscheinlich waren wir bundesweit die einzigen Referendare, die sich nicht über ihre ersten Sommerferien freuten: »Es könnten doch wenigstens die Seminare stattfinden, wenn wir schon in den Ferien nicht in die Schule dürfen.«

Nie hört man von Frau Dienstag: »Geht nicht, kann ich nicht, versteh ich nicht.« Wenn sie sich nicht gerade in der Produktion von Unterrichtsmaterial, Gebäck, Tiefkühlkost oder kleinen Möbeln befindet, trainiert sie für den Halbmarathon. Den ganzen Marathon würde sie auch schaffen, aber der dauert ihr zu lange. Sie ist immer in Action – vor jedem Schuhkauf wird eine intensive Marktanalyse vorgenommen –, Stillstand wäre ihr Tod. Sie ist eine echte Bereicherung in meinem Leben.

Frau Dienstag entwickelt momentan eine Persönlichkeitsstruktur, mit der sie eine prima Schulleiterin werden könnte. Sie empfindet Gefallen daran, die Kollegen auflaufen zu lassen: »Ich hab die dann nur so angeguckt und ganz ernst gesagt: Bitte nicht in dem Ton.« Sie bewundert die konsequenten Kollegen: »Die entschuldigt das Fehlen nur mit Attest, und zwar VOM ERSTEN TAG an.« Sie geht souverän mit neuen Anforderungen um: »Klar kann ich Physik unterrichten, das lese ich mir im Bus an.«

Ihren Unterricht macht sie vorbildlich. Gut vorbereitet und souverän meistert sie ihren Alltag und hat nur selten Probleme.

Ich vermute bei ihr so etwas wie ein Privatleben, kann mich aber auch täuschen. Und sie weiß auch genau, was sie mit einem Schulleitergehalt anfangen würde. »Guck, guck, das ist genau der Wagen, den Frau Fischer fährt. Ein Jaguar, ist der nicht geil?«

Bei Frau Dienstag kann ich immer jammern und mich bedauern lassen: »Du Arme, achtundzwanzig Siebtklässler, ganz alleine und dann auch noch Linolschnitt.«

Frau Dienstag kennt alle meine Schüler und mein gesamtes Lehrerkollegium aus meinen Erzählungen, das erleichtert die Analyse sehr: »Also, Frau Schwalle war die mit dem Teddypulli, die mit dem Mann, der nach England abgehauen ist, und die nicht weiß, wo sie im Sommer ihre vier Katzen unterbringen soll.« – »Vergiss doch Herrn Johann, der hat doch sowieso nichts drauf.«

Fräulein Krise ist die Pädagogik-Königin. Sie unterrichtet alles. Sie kann, weiß und macht auch alles. Es gibt keine Methode, die sie noch nicht ausprobiert hat, und kein Thema, dass sie nicht geschickt in ihren Unterricht einbauen kann. Gibt es monsunartige Regenfälle in Rumänien, bastelt sie sich daraus eine Kunstunterrichtseinheit. Die Präsidentschaftswahl in Südkorea integriert sie geschickt in den Matheunterricht, und läuft im Fernsehen ein besonders spannender *Tatort*, dann kann man davon ausgehen, dass sie in der nächsten Woche darüber ein Diktat schreiben lässt. Fräulein Krise weiß immer, wie alles geht. Neben ihr sieht jeder Professor blass aus. Sie ist die Grande Dame der Didaktik. Im Gegensatz zu Frau Dienstag und mir schüttelt Fräulein Krise ihre Unterrichtsvorbereitung aufgrund ihrer langjährigen Erfahrung oft einfach aus dem Ärmel. In meinem Ärmel ist gar nichts drin zum Rausschütteln.

Kennengelernt haben Fräulein Krise und ich uns auf dem Raucherhof. Für kurze Zeit unterrichteten wir an der gleichen Bildungsanstalt. Ich war völlig fertig, weil ich nicht wusste, was ich mit den Schülern in der nur noch zwanzig Minuten entfernten Doppelstunde Kunst machen sollte. »Mach doch was mit Keith Haring«, sagte sie mit sonorer Stimme und zog lässig an ihrer Extra-Slim-Zigarette. Keith Haring. Ja, so was mögen die Schüler bestimmt, dachte ich. Eigentlich wollte ich denen die Zentralperspektive beibringen, aber dieses Fräulein Krise hatte recht. Keith Haring war der Schlüssel zum Erfolg. Von dem Moment an war mir klar: Die hat's echt drauf. Heimlich habe ich nach jeder Pause aufgeschrieben, was sie beim Rauchen gesagt hat. Oft konnte ich es direkt in meinen Unterricht einbauen. Das tue ich heute noch. Viele meiner Vorträge im Unterricht fangen mit den Worten an: »Also, eine Freundin von mir meint ja, dass ...«

Obwohl wir alle drei an verschiedenen Schulen arbeiten, denke ich vormittags oft an Frau Dienstag oder Fräulein Krise. Hätte ich nicht lieber das und das sagen sollen? Was kann ich eigentlich machen, wenn der Schüler immer so und so ist? Wie kann ich denen denn das und das beibringen? Ach, ich rufe einfach Frau Dienstag an oder frag Fräulein Krise. »Frau Dienstag, du glaubst nicht, was heute bei uns passiert ist.« – »Fräulein Krise, sag doch mal, was ich machen soll, die sind immer so ...«

Und das Verrückte ist: Die beiden wissen immer eine Lösung. Unglaublich! Ohne sie würde ich nicht nur im Lehrerzimmer vor mich hinmurmeln, extrem zu- oder abnehmen, mich in den Schlaf weinen oder gar nicht mehr schlafen – ich bin mir sicher, ich säße schon im Allgäu in eine Decke gewickelt auf der Terrasse einer teuren Burn-out-Klinik.


## »Deine Klasse wieder ...«

Meine Klasse wurde gelobt! Meine Klasse wurde gelobt! Meine

Klasse wurde gelobt! Am liebsten würde ich sofort Frau Dienstag und Fräulein Krise anrufen.

Ich sitze in meiner Freistunde im Lehrerzimmer, mit einer Kann-ich-mir-auch-den-Deutschunterricht-mal-ansehen-Schulfremden und Kollegin Hinrich. Beide kommen gerade aus einer Doppelstunde in meiner Klasse. Ich will lieber gar nicht erst fragen, wie es war, und rede deshalb übers Wetter. Aber dann die Schulfremde: »Das ist aber eine nette Gruppe, Ihre Klasse.«

Ich verstehe nicht: Hä, meint die mich? Meint die meine Klasse?

»Ja, die sind aber nett miteinander und die haben auch so schön gearbeitet.«

»Na ja, die können auch anders, und der Abdul, der ist ja immer ..., und der Mehmet und die Samira, die macht ja nie«, mischt sich Frau Hinrich ein.

»Jetzt hör doch mal auf, die wurden gerade gelobt, nun lass doch mal!« Ich will dieses Lob, das erste in diesem Jahr, noch eine Weile genießen, bevor die Sportlehrerin gleich reinkommen und mir aufzählen wird, wer wieder nicht am Sport teilgenommen hat. Deshalb wiederhole ich: »Ja, die sind echt nett.« Ich will noch mehr hören, ich will noch mehr Lob! Aber da kommt nichts mehr. Das Thema wird gewechselt.

Ich lehne mich zurück und lasse den Satz durch mein Gehirn wabern: »Das ist aber eine nette Gruppe.« Schön klingt das. Selten, aber sehr schön. Ich finde auch, dass die eine nette Gruppe sind. Ich mag meine Klasse sehr gerne. Alle. Irgendwie sind die alle toll. Sie gehen mir zwar ziemlich auf die Nerven, aber sie sind trotzdem toll. Schade, dass nur ich das so sehe. Bei den Kollegen scheinen sie ihre Tollheit geschickt zu verbergen, denn ich höre sonst nur:«Oh Gott, du gehst in die Freitag-Klasse, na, viel Spaß.« – »Ach, die arme Neue, bei denen Ethik. Na, das kann ja was werden.« – »Deine wieder.«

»Deine« – wie ich das hasse. Ich habe die doch nicht geboren. Und trotzdem heißt es immer: »deine«. Die Kollegen kommen mit ihren Fehlzetteln auf mich zugerannt und zur Begrüßung bekomme ich regelmäßig ein vorwurfsvolles: »Wieder sechs Leute zu spät.« Nie heißt es, zehn Leute waren pünktlich. Ich muss mich immer um die Nicht-so-Angepassten kümmern, die guten Alles-richtig-Macher, über die werde ich nicht informiert: »Nicht gemeckert ist genug gelobt.« Und im Vorbeigehen fällt der Kommentar: »Wie der Herr so das Gescherr«, was ja nichts anderes meint, als dass ich schuld daran bin, dass Abdul, Peter und Sabine wieder zu spät gekommen sind. Haben die vielleicht bei mir geschlafen? Wenn sie das gemacht hätten, dann hätte ich sie pünktlich geweckt!

Mir wird seit zwei Jahren suggeriert, dass meine gesamte Klasse nicht in die Pubertät gekommen wäre, wenn sie einen fähigeren Klassenleiter gehabt hätten. Nun ist es aber zu spät. Alle sind hormonell überdosiert – daran bin natürlich ich schuld, klar – und drehen frei. Sie benehmen sich total daneben, sie kommen zu spät, sie machen keine Hausaufgaben. Und wenn doch, dann schreiben sie die nur von dem Deppen ab, der sie gemacht hat. Sie vergessen jeden Zettel, den man ihnen zur Unterschrift nach Hause mitgibt. Sie haben selten ihr Arbeitsmaterial dabei. Sie passen im Unterricht nicht auf. Sie arbeiten nicht mit. Ihnen fehlt der Ehrgeiz und die Konzentration. Dafür werden sie frech, anmaßend und unverschämt, wenn man sie ermahnt.

Und trotzdem finde ich sie toll. Sie sind witzig und fröhlich. Sie kommen zu spät, weil sie sich so gut verstehen und so viel auf dem Schulhof zu tun haben. Sie müssen auch oft noch aufs Klo oder in die Cafeteria. Sie arbeiten nicht mit, weil sie sich momentan für andere Dinge interessieren. Sie bringen die Zettel mit den Unterschriften nicht mit, weil sie es einfach vergessen, sobald sie zu Hause sind. Sie sind ganz normale Teenager in der schlimmsten Zeit der Pubertät. Sie haben Babyspeck und Pickel und ziehen sich komische Klamotten an. Sie haben alle mehrere Handys und wissen genau, wie man die bedient. Sie schminken sich seltsam, oft sind ihre Gesichter orange. Die Jungen verkleistern ihre Haare mit Gel und die Mädchen finden das süß. Sie bequatschen dauernd ihre Probleme. Sie sind ständig verliebt und dann wieder doch nicht: »Schon laaange nicht mehr mit dem, Frau Freitag.« Sie machen gute Witze und lachen, wenn ich über Kabel stolpere. Sie bringen mir die übelsten Ausdrücke auf Arabisch oder Türkisch bei und versichern mir, das hieße »Guten Tag« oder »Auf Wiedersehen«. Sie sind ständig wie auf Koks, völlig überdreht und zu laut. Ich finde sie wirklich super.

## Wochenende, endlich Zeit zum Krankwerden

Aber nach fünf Tagen geht es irgendwie auch ohne sie. Es ist Sonntag. Wochenende. Und die Arbeit so weit weg, dass ich glatt vergessen könnte, welchen Beruf ich eigentlich ausübe. Neider schreien jetzt empört auf: Was? Hat die schon wieder Wochenende? Und ich sage: Ja! Und zu Recht, denn das habe ich mir verdient. Aber keine Angst, niemand genießt das Wochenende so schlecht wie Lehrer. Jedenfalls gehört Entspannung nicht gerade zu meinen Lieblingstätigkeiten. Ich bin mir sicher, dass es keine andere Berufsgruppe gibt, die so schlecht abschalten kann wie wir. Oder wacht ein Bäcker nachts auf und denkt: Na, die Mohnbrötchen habe ich aber gestern irgendwie nicht richtig hingekriegt. Denkt die Verkäuferin am Sonntag: Morgen kommt die neue Ware, dann werde ich mich mal jetzt

41

schon hinsetzen und aufschreiben, welche Artikel kommen, und sie alphabetisch sortieren? Kein Busfahrer muss sonnabends eine Sachanalyse über seine Route oder eine Bedingungsfeldanalyse über seine Fahrgäste verfassen. Ich dagegen sitze am Wochenende am Schreibtisch und denke mir Stunden aus, konzipiere und zensiere Arbeiten, gebe Statistiken und der Bürokratie ihre Daseinsberechtigung und liege sogar nachts oft wach und denke: Hat Abdul das wirklich gesagt? Hab ich da richtig reagiert? Hätte ich nicht da nicht das sagen sollen und vorher nicht lieber erst mal ... und so weiter. An Wochentagen passiert mir das nicht. Eigentlich geht es mir an allen anderen Tagen besser als am Wochenende. Vielleicht sollte man das Wochenende abschaffen. Wer braucht das schon? Die Geschäfte sind nicht auf, sonntags ist man doch sowieso verkatert und depressiv und der öffentliche Nahverkehr fährt auch nur alle zwanzig Minuten.

Wenn man Glück hat, wird man am Wochenende krank. Dann muss man sich nicht langweilen, sondern kann sich schön um seinen grippalen Infekt kümmern. Meistens werden Lehrer sowieso am Wochenende krank, weil da der Stress nachlässt und man sich plötzlich erinnert, dass man noch einen Körper und nicht nur einen Kopf hat.

Aber krank in die Schule gehen ist scheiße. Manchmal geht es nicht anders. Manchmal fängt das Krankwerden ja auch erst in der Schule an. Neulich war ich krank. Also sage ich den Schülern schon vor Beginn des Unterrichts: »So Leute, bevor ihr mich fragt: Ja, ich habe heute schlechte Laune – sehr schlechte Laune. Hat nichts mit euch zu tun – noch nicht –, aber ich habe heute überhaupt keinen Nerv auf euren Firlefanz. Ich habe Kopfschmerzen, Halsschmerzen und wahrscheinlich auch Fieber.«

»Warum bleiben Sie dann nicht zu Hause?«

Ja, warum bleibe ich eigentlich nicht zu Hause? In dieser 10. Klasse bin ich ja wahrscheinlich die Einzige, die sich schon mal irgendwo beworben hat. Da meine Fehlzeiten auf keinem meiner Zeugnisse erscheinen, falls ich mich noch mal irgendwo bewerben würde, könnte ich, wenn ich krank bin, auch ruhig mal zu Hause bleiben. Der Protestant in mir erlaubt es nicht. Ich gehe pflichtdurchdrungen hin.

»Ich bin nicht zu Hause geblieben, weil ihr heute die Arbeit schreiben müsst.« Für die Schüler nicht nachvollziehbar. »Jedenfalls, Ruhe jetzt und Taschen vom Tisch!«

Robert: »Warum kann ich denn meine Tasche nicht ... ist doch egal, ob ..., und es macht doch gar keinen ...«

»Rooobert, ich sagte bereits, dass ich heute schlechte Laune habe. Sehr schlechte Laune. Also halt jetzt die Backen.«

»Aber ich sag ja nur ...«

»Halt die Backen oder geh raus!«

Ich auf 180, Robert immer noch die Ruhe selbst: »Aber dann bekomme ich null Punkte und ...«

»Und das ist mir dann scheißegal. Und wenn du hier überhaupt keinen Schulabschluss machst, ist mir das auch scheißegal. Es ist mir überhaupt völlig egal, was aus dir wird!«

Plötzlich ist es total ruhig im Raum. Auch Robert schweigt. Nimmt die Tasche vom Tisch. Als er nur den Mund öffnet, schreie ich los: »Reicht dir das noch nicht? Willst du noch mehr von meiner schlechten Laune abkriegen? Kannst du haben. Ich hab noch ganz viel davon!«

Dann schwitzen die Schüler alle über ihrer Arbeit und ich mit meinem Fieber am Pult, bis ich mich irgendwann nach Hause schleppe und mit Grippostad zudröhne. Und das alles nur, weil ich pflichtbewusst, aber krank in der Schule war. Man sieht also, das bringt überhaupt nichts. Vor allem, weil man sich dann, wenn man wieder gesund ist, tagelang für sein schlechtes, unpädagogisches Verhalten bei den Schülern entschuldigen muss.

Gesünder wäre es auch, wenn die zu unterrichtenden Stunden in meinem Stundenplan irgendwie gleichmäßig verteilt wären. Leider ist das nicht der Fall, und deshalb habe ich dienstags und donnerstags immer sieben Stunden hintereinander. Wenn ich dann aus der Schule komme, brauche ich was Rohes.

Völlig unterfleischt stürze ich mit letzter Kraft zur Wursttheke: »200 Gramm Hackepeter, bitte. Brauchen Sie nicht einzupacken, ich ess das gleich hier.«

Manchmal reicht Hackepeter nicht, und ich kaufe Rinder- oder Gemischtgehacktes. Aber am liebsten würde ich mich direkt über die Theke hängen und in ein blutiges Steak beißen oder, noch besser: mir ein Stück Fleisch aus einem Tier reißen. Aber das geht ja nicht, nicht mal bei Kaiser's. Mein Freund macht sich über mich lustig, ich wundere mich: Was passiert da mit mir in der Schule, dass ich nach der Arbeit so ausgehungert bin? Geht es nur mir so? Ist das typisch für den Lehrerberuf? Sind das die Vorboten des Burn-outs?

Gibt es Untersuchungen zum Eiweißverbrauch während des Lehrens? Warum wird so was nicht erforscht? Die messen und testen doch ständig. Dauernd werden die Schüler überprüft, und man stellt immer wieder fest, dass sie noch genauso ahnungslos sind wie im Vorjahr. Durch das ganze Testen werden die auch nur bedingt schlauer. Also wäre mein Vorschlag, statt der Schülerleistungen ruhig mal den Energieverbrauch der Lehrkräfte zu untersuchen. Und die Erkenntnisse aus diesen Untersuchungen sollten dann bitte in die Stundenplangestaltung integriert werden.

# Ich geh einfach mal nicht hin

Wenn es mit der Energie gar nicht mehr geht, dann könnte ich mich am Schülerverhalten orientieren. Ich könnte ja auch mal nicht hingehen. Also, nur mal angenommen, ich schwänze.

Es ist 8.02 Uhr, und ich sitze am Computer. Aber nicht in der Schule, sondern zu Hause. Ich hätte in den ersten Stunden eine 10. Klasse. Aber die 10. Klassen sind heute nicht da, machen einen Ausflug. Und ich stand gestern noch nicht auf dem Vertretungsplan. Und jetzt bin ich einfach nicht hingegangen. Au Backe. Wer sich selbst im Schuldienst befindet, weiß, was das heißt: Anwesenheitspflicht, Abmeldungspflicht, Immer-bereit-sein-Pflicht. Eigentlich wollte ich anrufen und fragen, ob ich heute auf dem Vertretungsplan stehe. Aber dann dachte ich: Nö! Jetzt zieh ich das durch, das ganz große Ding. Ich gehe einfach nicht hin! Mein persönlicher Ausnahmezustand! Anarchie! Meine kleine Rache! Jetzt könnte jeden Moment das Telefon klingeln, und sie könnten mich finden.

Ein bisschen mulmig ist mir schon, so einsam am Rande der Legalität. Aber wenn die gleich anrufen, dann sage ich: »Na und, mir doch egal! Hatte keine Lust! Ätschibätschi! Und wenn ihr nicht nett zu mir seid, dann komm ich morgen auch nicht – und ruf nicht mal vorher an!«

Und wenn ich doch hingehen würde? Dann nur völlig unvorbereitet, und wenn's klingelt, setze ich mich einfach auf einen Stuhl, ganz hinten links, und warte, was passiert. Sollen doch die Schüler mal den Unterricht machen, und ich höre Musik auf meinem MP3-Player oder spiele mit dem Handy rum. Ab und zu falle ich vom Stuhl, weil ich das mit dem Essen und gleichzeitig Kippeln noch nicht so gut kann. Meine Pausenaufsicht ignoriere ich, rauche stattdessen eine im Klassenraum – warum immer extra nach draußen gehen? Wenn mich ein

Schüler darauf anspricht, sage ich: »Halt's Maul, du Spast.« Will der mir dann eine hauen, schlage ich richtig doll zurück. Wenn sie dann kommen, um mich aus dem Klassenraum zu entfernen, lasse ich mich raustragen, schreie dabei und spucke. Die Polizei lüge ich an, ich sag einfach einen falschen Namen und dass ich jegliche Aussage verweigere. Vielleicht beleidige ich die Polizisten noch ein wenig. Irgendwas mit ihren Müttern oder so. Ich könnte auch ein Messer dabei haben und damit durchs Lehrerzimmer oder über den Hof rennen und schreien: »Kommt doch, kommt doch her! Ich mach euch alle kalt!«

Vor meinem Prozess gebe ich Fernsehinterviews. Bei RTL sage ich: »Das war einfach mal nötig.« Der ARD sage ich: »Weiß auch nicht, was mich da geritten hat.« Und bei N-TV: »War ich nicht!« Gutachter werden feststellen, dass es alles abzusehen war: Manisch-depressiv seit Jahrzehnten, Tinnitus seit letztem Oktober und nervöse Zuckungen seit Schuljahresbeginn.

Die Schüler haben dank mir die Gelegenheit, im Fernsehen mal groß rauszukommen: »Ja Alta, isch schwöre, die war immer irgendwie komisch.« – »Der Unterricht war auch voll strange. Irgendwie langweilig, weissu – da hat man nie was verstanden.« – »Ja, eh, *vallah*, die konnte nix richtig erklären und manche Vokabeln wusste sie einfach nicht.«

Die Aufregung um meine Person wird sich nach einigen Monaten legen, und ich werde meine letzten Jahre in der Psychiatrie verbringen, sabbernd, aber glücklich, weil irgendwie auch entspannt.

Doch so schnell gebe ich nicht auf. In die Psychiatrie kann ich später immer noch. Vorher möchte ich doch noch Generationen von Schülern etwas beibringen. Die Jugendlichen inspirieren, begeistern – sie sollen jubeln!

Gut haben es da die Lehrer, die richtig was können. Unterrichten ist ja nun keine Fähigkeit, mit der man bei den Schülern besonders viel Eindruck hinterlässt. Selten höre ich: »Boah, Frau Freitag, kennst du die? Die unterrichtet echt geil!« – »*Vallah*, ich schwör, das macht die echt hammer!«

Ja, ich gebe es offen zu, ich würde die Schüler gerne mal so richtig beeindrucken. Sie sollen sprachlos, mit offenem Mund dasitzen: »Hast du das gesehen?« Ich will Applaus und Zugaberufe: »Mach noch mal, Frau Freitag, noch mal, noch mal, noch maaal!!«

Fräulein Krise träumt seit Jahren davon, mit einem Flickflack in die Klasse zu kommen und direkt auf ihrem Stuhl zu landen. Ich antizipiere den Salto rückwärts – unvermutet aus dem Stand. Zaubern können wäre auch schon gut, unvermittelt die Kreide aus ungewaschenen Schülerohren ziehen. Oder Freestyle-Rappen: die ganze Stunde, den Lehrervortrag, die Aufgabenstellung – jeder Impuls wird gerappt. Aber ich kann nicht mal Gitarre spielen oder realistisch zeichnen (könnte ich zeichnen, wäre ich doch nicht Kunstlehrerin geworden). Der Klassiker, zum Schülerbeeindrucken, ist natürlich Karate. Mit der Harley vorfahren wäre auch okay. Jedes Mal, wenn mir auf dem Hof der Fußball vor die Füße rollt, wittere ich meine große Chance und werde dann doch nur ausgelacht beim Versuch, möglichst brasilianisch zurückzuschießen. Auf dem letzten Schulfest habe ich es mit Breakdance versucht ... – auch da bin ich kläglich gescheitert und erntete nur Mitleid.

Ah, da fällt mir ein, eine Sache kann ich ganz gut: Durch jahrelanges Trainieren gewisser Muskeln – Gastronomiejobs – und eine besondere Hebeltechnik bin ich ganz gut im Armdrücken. Geht mir ein Schüler im Unterricht zu sehr auf den Geist, sage ich ihm, er solle nach der Stunde noch mal kurz bleiben. Er erwartet das berühmte pädagogische Gespräch und ist dann entsprechend überrascht von meinem: »Okay, jetzt zeig mal, was du drauf hast!« Meistens endet es unentschieden, aber ein paar schwächliche Großmaul-Schüler habe ich auch schon besiegt. Das spricht sich natürlich rum. (Kleiner Tipp: Man schafft kräftemäßig immer nur einen Schüler, also das: »Ich auch, ich auch!« souverän an dir abprallen lassen.)

Fräulein Krise trifft mit der linken Hand vom Lehrerpult aus den Papierkorb. »Musste mal üben, macht Spaß.« Ich sehe es ein, man muss klein anfangen, aber heimlich träume ich immer noch vom Salto. Da haben es die Schüler einfacher. Ich wäre schon beeindruckt, wenn sie einen eigenen Bleistift dabeihätten oder für die Vokabeltests üben würden.

## Ihr Sohn geht mir auf den Sack

Genauso illusorisch wie mein Salto ist die regelmäßige Mitarbeit meiner Schüler. Und dann kommt leider der Teil des Berufs, der mich echt nervt: Immer muss man so pädagogisch sein. Immer, immer, immer. Die Schüler benehmen sich, wie sie wollen – meistens total daneben –, und unsereins: immer schön pädagogisch. Das heißt, immer das Richtige sagen. »Nicht mit dem Stock spielen, das kann ins Auge gehen, bitte die Stühle anheben, schlag die Tür nicht so doll zu, die geht sonst kaputt, und die war ganz schön teuer, nimm bitte den Kaugummi raus, sonst verstehe ich dich nicht, und wenn du so laut und mit offenem Mund kaust, sieht das nicht schön aus, du sollst das von der Tafel abschreiben, weil sich das dann besser einprägt, wenn du es einmal selbst geschrieben hast, wenn ich dich jetzt aufs Klo gehen lasse, dann muss ich ja alle gehen lassen, sonst wäre das ja ungerecht, erinnerst du bitte deinen Vater daran, dass ich ihn sprechen möchte, ich darf euch aus versicherungstechnischen Gründen nicht vor dem Klingeln gehen lassen, wenn ihr hier eure Böreks esst, dann werden die Tische fettig, und du willst doch wohl auch nicht deinen Hefter in einen Fettfleck legen, lass ihn bitte los, du möchtest das doch auch nicht, ja, ja, Spaß, für ihn sieht das aber gar nicht nach Spaß aus, bitte, sag nicht so was, du kennst seine Mutter doch gar nicht ...«

Manchmal komme ich mir vor wie eine kaputte Schallplatte – ständig muss ich Vorbild sein und diesen pädagogisch wertvollen Sermon von mir geben. Für jede erdenkliche Situation gibt es das richtige Lehrerblabla. Und meistens sind es Verbote mit erklärendem Zusatz, den niemand hören will. Es interessiert sowieso keinen Schüler, was ich da ständig sage. Andernfalls würden sie ja nicht immer wieder die gleiche Scheiße machen. Sie wissen, dass ich nicht möchte, dass sie sich Nackenklatscher geben, und sie machen es trotzdem.

Träumen wir nicht alle davon, einmal anders als normal zu reagieren? Einfach mal spontan raus mit dem, was wir wirklich gerade denken. Dem pädagogisch wertlosesten Impuls folgen, gemeinen Eingebungen nachgeben – wäre das nicht toll?

Die Lehrerpersönlichkeit wäre plötzlich eine ganz andere: »Schade, dass du nur zu spät kommst, schöner wäre, wenn du gleich ganz zu Hause bleiben würdest. Nein, ich glaube nicht, dass du dich in Englisch noch verbessern kannst, du bist doch viel zu bescheuert, um in der nächsten Arbeit noch eine Vier zu schreiben. Ist das Solarium oder Make-up – na, egal, sieht jedenfalls total scheiße und billig aus. Warum läufst du so bekloppt, denkst du, irgendein Mädchen steht auf dich, nur weil du hier in Zeitlupe über den Hof stolzierst, als hättest du dir eingepullert? Warum schlägst du ihn nur in den Nacken? Hau doch mal richtig auf seine Nase, das tut ihm doch viel mehr weh und vielleicht blutet er dann sogar. Kleiner Tipp, der hat nicht nur eine Mutter, der hat auch noch drei Schwestern, die sind bestimmt auch alle Schlampen.«

Mein Traum vom perfekten Hausbesuch sieht folgendermaßen aus: Ich latsche erst mal bei strömendem Regen durch den Park, schön über die Wiese und durch den Matsch, dann rein in die gute Stube, die Schuhe lasse ich natürlich an. Zur Begrüßung rotze ich ordentlich auf den Wohnzimmerteppich, setze mich dann auf die Couch, ziehe den anderen Sessel näher ran, um meine Füße abzulegen. Dann esse ich Kürbiskerne und versuche die Hülsen über den Tisch auf den Flachbildschirm zu spucken. »Herr und Frau Üvioglu, ich bin hier, um Ihnen zu sagen, dass mir Ihr Sohn Üxi gehörig auf die Ketten geht. Ich kann ihn nicht leiden, und ich bin mir sicher, Sie auch nicht. Zum Glück haben Sie ja noch weitere Kinder, weil, aus dem wird bestimmt nichts. Und ich habe auch keinen Bock mehr, den jeden Tag zu sehen. Bitte lassen Sie ihn ab jetzt zu Hause.«

So lustig könnte der Lehreralltag sein. Wäre bestimmt auch sehr abwechslungsreich. »Spuck da ruhig noch mal hin. Was raus muss, muss raus. Ich freue mich über den Müll, den ihr hier im Klassenraum auf den Boden schmeißt. Habt ihr nicht noch mehr davon in den Taschen?«

Und ich bin sicher, die Schüler würden dann zum ersten Mal auf mich hören und machen, was ich sage: »Klar, geht doch ruhig alle aufs Klo.« Und wenn ich sie so weit habe, dann streue ich wieder die pädagogischen Mantras ein: »Vergesst die Hausaufgaben nicht, lernt für den Vokabeltest, vertragt euch …«

# 2.

# Den Sommerferien entgegen

# Frau Freitag,
## Sie haben mein Leben gefickt
(Mitte Juni, noch fünf Wochen)

Wann sind eigentlich Sommerferien? Jetzt blicke ich gar nicht mehr durch. Sollte nicht bald die Zeit der Filme und des Auf-den-Hof-Gehens beginnen? Die Tage, an denen eigentlich kein geregelter Unterricht mehr stattfindet, nur noch Eis-essen, Schränke ausmisten, Hitzefrei, Tische schrubben und Kunstarbeiten aufhängen mit drei immer noch artig kommenden Zehntklässlerinnen. Ach, aber vorher kommt ja noch die schöne Zeit des Zensurenmachens und der Zeugniskonferenzen. Die Zeit, in der wir wieder zu hören bekommen: »Bitte, ich brauch nur noch den einen Punkt. Sonst fehlt mir nichts mehr. Nur der eine Punkt bei Ihnen.« – »Wie, jetzt ist es zu spät für ein Referat? Kann ich nicht noch einen Vortrag oder ein Plakat oder so … Aber ich brauche doch unbedingt eine Vier!«

Die Kollegen jedoch sind auch nicht besser: »Ach, Frau Freitag, kannste der Rebecca nicht noch zwei Punkte mehr geben, die ist doch immer da gewesen und die braucht doch den Abschluss.« – »Kann ich dir die Noten nächsten Montag geben? Ich muss heute noch eine Arbeit schreiben.« – »Wie, die Zensuren werden zusammengerechnet? Das erste und das zweite Halbjahr? Echt? Seit wann das denn?«

Kurz vor den Ferien kommen komischerweise auch die Dauerschwänzer wieder in den Unterricht, Schüler, die man nur von der Kursliste kennt und noch nie gesehen hat. Scheinbar wagen sie sich erst nach den Konferenzen in die Schule, wenn der Druck weg ist. Wenigstens fragen die nicht nach besseren Noten.

Vor den Konferenzen sitze ich stundenlang am Schreibtisch und rechne. Ich habe die Angewohnheit, jede Zensur aus tausend Kleinstnoten, die ich für alles Mögliche gegeben habe, zusammenzubasteln. Ganz am Anfang meiner Karriere kam es vor, dass ich am Ende eines Schuljahres zu wenige Einzelnoten hatte, deshalb gibt es bei mir jetzt pro Stunde mindestens eine, meistens aber wesentlich mehr Noten zu ergattern. Die mache ich im Bus, andere lesen, ich schreibe Mitarbeitsnoten in Zensurenhefte:

»War super, unglaublich, noch nie gesehen« = 1

»War auch super und toll, aber du hast Pech, dass der Soundso in deinem Kurs ist, und der ist besser« = 2

»Ach, was soll's, du bemühst dich, bist immer pünktlich und nett, und manchmal sagst du auch was Richtiges« = 3

»Tut mir leid, von dem Fach hast du so gar keine Peilung, aber wenn ich dir jetzt eine Fünf gebe, muss ich am Ende noch Förderpläne schreiben, oder noch schlimmer: Du bleibst sitzen und kommst dann in meine Klasse, das muss verhindert werden« = 4

»Keine Ahnung haben und dann auch noch frech werden. Ständig zu spät, ohne Arbeitsmaterial und immer störende Bemerkungen, alles Schriftliche ein Griff ins Klo, dazu noch eine total schlechte Handschrift und die Blätter grundsätzlich zerknittert« = 5

»Stand zwar auf meiner Kursliste, kam aber nie, oder: Kam ab und zu und hat es dann gewagt, sich richtig doll mit mir anzulegen« = 6

Ich bin ja Schülerschleimer, ich gebe eigentlich keine Sechsen, nur den Karteileichen. Wer nett lächelt, bekommt bei mir schon eine Vier. Wer dazu noch gut aussieht und mir Komplimente macht, der kann sich schon über eine Drei freuen. So einfach ist das.

Aber trotzdem mache ich jedes Jahr den gleichen Fehler – ich lasse mich vor der Zensurenkonferenz dazu hinreißen, den Schülern ihre Noten zu sagen. Und dann startet der Basar: »Üff, mach nicht so, Frau Freitag! Warum nur sechs Punkte? Geben Sie eine Punkt mehr, dann hab ich ein Drei auf Zeugnis.«

»Ja, ich weiß. Leider waren deine Leistungen aber nur *ausreichend*. Und nicht *befriedigend*.«

»Wenn ich Ihnen noch ein Bild male, kann ich dann nicht in Kunst zwölf Punkte haben?«

»Die Notenabgabe war vorgestern. Du hast zu oft unentschuldigt gefehlt.«

Wer als Lehrer die Nähe zur Schülerschaft sucht, der sollte am Ende der Stunde die Zeugnisnoten vorlesen. Die Pause kann man dann getrost vergessen: »Wieso eine Fünf? Ich war doch fast immer da. Ich brauche doch eine Vier!« – »Der Ronnie war aber nicht besser als ich. Ich hab doch immer Zweien geschrieben. Echt, der wieder, nur weil er Deutscher ist …«

Auch auf dem Hof erfreut man sich allgemeiner Aufmerksamkeit: »Frau Freitag, geben Sie mir acht Punkte, biiittteee«, schreit man dir entgegen. Besonders schön auch: »Sie versauen meine gesamte Zukunft!« Oder, kombiniert mit einem Gesicht, als säße man in der Todeszelle: »Frau Freitag, Sie haben mein Leben gefickt.«

Und was macht der Lehrer? Der bleibt hart. »Ich muss jetzt zur Aufsicht.« – »Diese Note hast du dir selber eingebrockt.« – »Seit Monaten sage ich dir, du sollst dich anstrengen.«

Aber dann kommt der Lieblingsschüler. Du willst nicht, dass er dich vor den anderen nach seiner Note fragt. Du hast ihm nur elf Punkte gegeben, weil du sauer warst, dass er die letzte Hausaufgabe einfach nicht nachgereicht hat, du wolltest auch mal konsequent sein.

»Und ich?«

»Ja, nun …« Jetzt bloß nicht weich werden. Nicht vor den anderen Schülern!

»Was kriege ich in Englisch?«

»Also, du bekommst … also, warte mal …«, im Notenheft blättern, Zeit schinden. »Also, bei dir leider nur elf Punkte.«

»ELF Punkte?«

Der Lieblingsschüler ist ehrgeizig. Erst guckt er mich grimmig an, dann hellen sich seine Gesichtszüge sofort wieder auf: »Frau Freitag, elf Punkte! Elf Punkte hab ich in Musik. Und ich hasse Musik. Geben Sie mir zwölf!«

Hart bleiben, hart bleiben, nicht hingucken, hart bleiben.

»Aber du hast die eine Hausaufgabe …«

Der Lieblingsschüler lässt nicht locker: »Frau Freitag, is doch nur ein Punkt. Kommen Sie! Seien Sie nicht so! Wir gehen mal schick essen.«

Tja. Was sagt man dazu? Ich frage mich selbst, was der Lieblingsschüler letztendlich auf dem Zeugnis stehen haben wird. Eigentlich hat er die zwölf Punkte nicht verdient. Aber wenn er sie doch so gerne hätte? Und wenn ich dafür bei allen anderen hart bleibe? Wahrscheinlich wird der Lieblingsschüler einen Punkt mehr auf seinem Zeugnis haben. Wenn er das bei allen Kollegen schafft, dann hat er ein ziemlich gutes Zeugnis.

Was macht einen Schüler eigentlich zum Lieblingsschüler? Und warum ist mein Lieblingsschüler nicht jedermanns Lieblingsschüler? Das Phänomen, einen Schüler besonders zu mögen, kennt wohl jeder Lehrer. Aber es sind nicht immer die leistungsstarken, gut angepassten Alles-richtig-Macher. Und es sind auch nicht immer nur Jungs! Wie wird man also Frau Freitags Lieblingsschüler? Wer Interesse hat, muss sich nur an folgende Punkte halten:

**1. Öfter mal in Frau Freitags Unterricht vorbeikommen**
Regelmäßige Anwesenheit hilft. Allerdings war mein erster richtiger Lieblingsschüler ein »Schuldistanzierter« allererster Güte. Aber es freut Frau Freitag schon, wenn er oder sie sich oft blicken lässt.

**2. So tun, als interessiere man sich für Frau Freitags Unterricht**
Es ist natürlich toll, wenn sich jemand für meinen Unterricht interessiert, kommt aber so selten vor, dass ich eigentlich schon gar nicht mehr damit rechne. Was ich allerdings überhaupt nicht mag, sind Schüler, die in einer offensichtlich langweiligen Stunde übermäßiges Interesse heucheln. Verarschen kann ich mich alleine und durch Schleimerei wird man bei Frau Freitag gar nichts, sondern läuft nur Gefahr, am Ende weniger Punkte zu bekommen, als man eigentlich verdient hätte. Es in schlecht vorbereiteten Stunden mit der Mitarbeit zu übertreiben und zu denken, ich freue mich darüber, beleidigt mich sehr. Dieser Schwachsinn, der teilweise in den Lehrbüchern steht, geht mir mitunter auch auf die Nerven. »Meint ihr vielleicht, mich interessiert, was britische Schüler zum Frühstück essen? Was werden die schon essen? Ungesunden Scheiß oder gar nichts. Hallo: England, Schulkinder, Frühstück ...«
Aber auf meiner Begeisterungswelle mitzuschwimmen und völlig aus dem Häuschen zu geraten über Randphänomene

der englischen Sprache oder Absonderheiten in der Kunst, das kommt bei Frau Freitag immer gut an. »Ist doch voll geil, dass man die Adverbien meistens an dem -ly erkennt, ist ja im Deutschen nicht so. Great!«

### 3. Auch mal was Lustiges sagen

Ganz wichtig: Humor! Alle meine Lieblingsschüler machen ausgezeichnete Witze. Gerne auch über mich, damit hab ich kein Problem – wenn sie gut sind. Aber auf keinen Fall dürfen sie nur über Slapstick-Einlagen meinerseits lachen. Irgendwann ist es einfach nicht mehr komisch, dass Frau Freitag immer wieder über die Kabel vom Overheadprojektor stolpert. Lieblingsschüler haben also Humor und schaffen es, eine gute Stimmung in der Gruppe zu erzeugen.

### 4. Bitte nicht völlig überangepasst sein

Das Schulsystem in seiner jetzigen Form ist nicht perfekt. Deshalb kann selbst Fräulein Krise, die für mich die beste Lehrerin der Welt ist, nicht immer optimal tollen Unterricht machen. Jeder halbwegs engagierte und intelligente Lehrer hadert täglich mit den Umständen: Räume, Ausstattung, Gruppengröße, Zeit, Rahmenpläne und so weiter. Da wäre es doch komisch, wenn man ausgerechnet den Schüler toll fände, der nirgendwo mehr aneckt. Eine Portion gesunde Skepsis und Ablehnung der Schule gegenüber gehört unbedingt zu einem Lieblingsschüler.

### 5. Und last but not least …

Schön, wenn der Schüler auch noch gut aussieht!

Also wie man sieht, ist es doch gar nicht so schwer, Frau Freitags Lieblingsschüler zu werden. Man hat auch gewisse Vorteile:

Man darf öfter aufs Klo, Verspätungen werden nicht so streng geahndet, vergessene Hausaufgaben, ach, na ja … Und am Ende gibt es dann die gewünschte Punktzahl. Ist doch eigentlich gar nicht schlecht. Ich frage mich nur immer wieder: Warum sind es trotzdem nur so wenig?

## »Aber es ist schon durchgekommen!«
### (Ende Juni, noch drei Wochen)

Wer hat eigentlich Sportfeste erfunden? Bestimmt die Griechen – schönen Dank auch! Und wer kam eigentlich auf die Idee, auch in Schulen ständig Sportveranstaltungen zu organisieren? Da jagt das Leichtathletikfest das Fußballturnier, und wir armen Klassenlehrer werden dauernd zur Aufsicht eingesetzt. Gerade jetzt, in der Schuljahresendzeit, häufen sich diese Events. Dabei könnte ich so schönen halbgaren, schlecht vorbereiteten Unterricht machen, anstatt hinter einer Meute lustloser Schüler her zu rennen.

Gerade neulich hatten wir wieder so ein Die-Schüler-müssen-mehrere-Disziplinen-durchlaufen-und-das-schlägt-sich-dann-noch-ganz-groß-in-der-Sportnote-nieder-Ding. Ich sammle meine Schüler am Eingang des Sportplatzes ein und werde natürlich gleich mit: »Ich hab mein Asthmaspray zu Hause vergessen« – »Ich bin umgeknickt« – »Ich habe Halsschmerzen« begrüßt.

Einige Mädchen sagen nicht mal Hallo, sie sitzen schon auf der Wiese, wo sie sich nicht mehr wegbewegen werden, bis mittags alles vorbei ist. Wie konnte ich auch annehmen, dass sie an diesem Scheiß teilnehmen würden. Und weiß denn keiner der Verantwortlichen, dass es das Phänomen der Blitzperiode gibt? Schlagartig haben alle anwesenden Mädchen ihre

Tage. Eine bekommt sie zwischen zwei Weitsprungversuchen. Diese Information wird der Klassenlehrerin ganz konspirativ ins Ohr geflüstert.

»Ich hab, na, Sie wissen schon.«

Ich: »Na und?« Weit aufgerissene Mädchenaugen blicken mich an: »Aber, aber … es ist schon durchgekommen, und ich hab weiße Hose an.«

Warum muss das eigentlich IMMER durchkommen? Bei jeder Sportstunde, vor jeder Mathearbeit und gerne auch in der achten Stunde. Und was kann eigentlich die beste Freundin da tun? Warum muss die unbedingt immer mit aufs Klo und dann mit nach Hause. Reicht denn nicht der Pulli um die Hüften? Übrigens weiß bei dem Look sowieso jeder sofort, was los ist.

Meine menstruierenden Mädchen dezimieren sich jedenfalls zusehends. Zuerst probieren sich noch alle beim Weitsprung, dann gehen schon deutlich weniger beim 100-Meter-Lauf an den Start, eine noch kleinere Gruppe krepelt sich mit den Bällen ab (sollte man gleich abschaffen, dieses Werfen) und beim 800-Meter-Lauf verblutet mir der klägliche Rest. Die drei Mädchen, die sich an den Start gewagt haben und von mir vor lauter Dankbarkeit abgeknutscht wurden, brechen im Ziel völlig entkräftet zusammen, eine kotzt sogar.

Schnell verabschiede ich mich von meiner Klasse und mache mich unauffällig aus dem Staub. Bei der nächsten Veranstaltung dieser Art melde ich mich krank: »Frau Freitag kann wegen starker Unterleibsschmerzen leider nicht am Sportfest teilnehmen.«

Vielleicht bin ich ja die Einzige in meiner Schule, die ihre Klasse nicht gerne zu Sportwettkämpfen begleitet. Die Sportlehrer sehe ich immer begeistert die Sprunggruben harken, und es gibt immer wieder Klassenlehrer, die ihre Schüler trainieren, als

59

veranstalteten wir die Olympischen Spiele. Lehrer ist eben nicht gleich Lehrer. Die Heterogenität des Lehrerkollegiums ist sowieso eine Sache für sich. Da hat man eine Schule mit einer recht homogenen Schülerschaft und dann diese vielen sehr verschiedenen Kollegen.

Hat eigentlich jedes Kollegium die gleichen Lehrertypen? Sind an jeder Schule alle Variationen unserer Spezies vertreten?

Garantiert gibt es überall die antiquierte Ausgabe des Lehrmeisters, den Pauker, den »harten Hund«. Den kennen wir alle aus unserer eigenen Schulzeit, und ich treffe diesen Typ Lehrer in jeder Schule wieder. Der harte Hund lässt sich auf gar nichts ein. Er ist gefestigt in seinen Prinzipien, genießt bei der Schulleitung großes Ansehen und ist davon überzeugt, dass sein pädagogisches System das einzig Wahre ist. Natürlich gibt es den harten Hund auch in weiblicher Ausführung.

Gerne schildert er im Lehrerzimmer, »wie man es macht«. Eine neue Klasse – kein Problem, die wird erst mal drei Tage lang so zusammengebrüllt, bis alle weinen und sich eingeschüchtert die nächsten sechs Jahre durch Augenbrauenhochziehen dirigieren lassen. Soziales Lernen, demokratische Strukturen und Evaluation sind für den harten Hund »so 'n Schnulli-Kram«, mit dem er sich nicht abgibt. Er ist von seiner Alleinherrschaft überzeugt. In der Klasse eines solchen Diktators haben es Kollegen schwer, die anders sind, in seinen Augen »weicheieriger«. Die Schüler drehen durch, wenn sie plötzlich mit milderem Auftreten konfrontiert werden. Der harte Hund weiß dann: Na, die haben es einfach nicht drauf.

Denn sein eigenes System wird ja, wie gesagt, nie von ihm angezweifelt.

Schüler fürchten diesen Lehrertyp, verwechseln Angst mit Respekt. Oft hört man von ihnen: »Der ist zwar voll streng, aber wir haben viel von ihm gelernt.«

Klar, beim harten Hund ist jede Klasse erst mal ruhig. Unterrichtsstörungen kommen so gut wie nie vor. Traut sich ja auch niemand. Aber nur weil es im Unterricht ruhig ist, heißt das nicht automatisch, dass jeder viel lernt. Methodisch und pädagogisch bewegt sich der harte Hund nämlich nicht nur im Mittelalter, sondern gerne auch im gefährlichen Sumpfgebiet der gesetzlichen Grauzone: Demütigungen, Beleidigungen und sogar Gewalt gehören zu seinem täglichen Repertoire. Bestraft wird er allerdings nie.

Der Kollege harter Hund kotzt mich an in seiner Selbstherrlichkeit. Nie will er was Neues hören, geschweige denn lernen. Weiterbildung – wozu? Teamarbeit – was soll das sein? Kritik – wieso? Bei mir läuft's doch. Nicht nur in meiner eigenen Schulzeit, auch heute noch ecke ich immer an, wenn mir dieser Lehrertyp begegnet. Sie sagen immer das Gleiche und in jedem Statement versteckt sich Kritik am Gegenüber:

»Wenn es nicht leise ist, fang ich gar nicht erst an.«

»Echt, das hat er gemacht? Das traut der sich bei mir nicht.«

»Den hab ich so gegrillt, der hat nicht mal mehr gezuckt.«

Da wird »auf den Topf gesetzt«, »gar nicht lange gefackelt«, »kurzer Prozess gemacht«, »erst mal ganz hart durchgegriffen« und grundsätzlich »gesagt, wo es langgeht«, ständig werden »mal ganz andere Töne angeschlagen«. Andere Lehrertypen werden verunsichert oder belächelt. Harte Hunde sonnen sich in ihrem schlechten Ruf. Schüler fürchten, hassen oder verehren sie. Kollegen ärgern sich über sie, trauen sich aber nicht, sie zu kritisieren.

Ich finde, die harten Hunde gehören ins Museum. Bei der nächsten Schulinspektion sollten sie aufgespürt und suspendiert werden: »In fast siebzig Jahren nichts dazugelernt. Dieser Lehrer wird leider nicht in die nächsthöhere Klassenstufe versetzt.«

# Schuljahresendzeit

(4. Juli, noch 11 Tage)

Aber Lehrer bleiben ja nicht sitzen. Schüler dagegen schon. Den Sitzenbleibern aus meiner Klasse habe ich gesagt, dass sie wiederholen müssen. Schrecklich war das. Wie verkauft man denn einem Teenager, dass er das gesamte vergangene Jahr noch mal machen muss. Nur mit anderen Leuten, und er selbst ist ein Jahr älter. Schrecklich. Und wie müssen die sich ärgern, dass sie sich nicht ein wenig mehr angestrengt haben. Unter uns – bei uns müsste man nicht sitzenbleiben. Wir sind nicht gerade eine Eliteschule.

Ich war ganz gerührt davon, wie stoisch sie das aufgenommen haben. Es gab weder Gemecker noch wurde irgendjemandem die Schuld für ihr Scheitern zugeschoben. Sie taten mir total leid, und ich wäre am liebsten zur Zeugnisliste gerannt und hätte ihre Noten geändert.

Schön war allerdings, den übrigen Schülern der Klasse nach und nach mitzuteilen, dass sie versetzt werden. Fast alle haben damit gerechnet, zu viele Fünfen und Sechsen auf dem Zeugnis zu haben. Ich war die perfekte Heidi Klum.

Sehr ernstes Gesicht: »Tja. Kennst du die Klassenlehrer der jetzigen 7. Klassen? Wen findest du davon nett?«

»Wie, äh, nee, kenn ich nicht. Muss ich denn?«

»Du warst ja leider nicht besonders fleißig im ersten Halbjahr. Dadurch sind deine Noten im zweiten … Du hättest, du solltest und hast nicht, ich hab doch die ganze Zeit gesagt, dass …«

Schüler leichenblass, zum ersten Mal in zwei Jahren sprachlos.

»Also in welche Klasse möchtest du denn gerne?«, frage ich.

»Ich will in die Neunte!«

»Na gut, dann kommst du in die Neunte.«

Typische Lehrersprüche in diesem Moment: »Aber nächstes Jahr musst du! Und von Anfang an und nicht wieder erst! Und fast hättest du nicht ...«

Kann man sich eigentlich sparen, gegen die Freudenschreie kommt man sowieso nicht an. Und man kann solche Momente ruhig auch einmal verstreichen lassen, ohne gleich zu denken: Ah, jetzt die pädagogische Botschaft einstreuen, jetzt fällt sie auf fruchtbarsten Boden,

Nur bei einer Schülerin funktionierte meine Heidi-Masche nicht. Hodda, die nun schon zum zweiten Mal die achte Klasse besucht hat, einmal bei Frau Hinrich und einmal bei mir, flehte gleich verzweifelt: »Oh bitte, Frau Freitag, mach nicht so!« Und dann hat Frau Freitag auch nicht so gemacht, dafür habe ich sie allerdings gezwungen, sich wieder mein Lehrer-Mantra anzuhören – das sie glücklich strahlend über sich ergehen ließ.

»Aber wenn ich ihnen ihre Noten gesagt habe, dann machen die ja gar nichts mehr«, sagt der gebeutelte Referendar Herr Rau in der großen Pause. Er erwartet jetzt brauchbare Tipps. Ich fühle mich geschmeichelt. Anscheinend denkt er, ich habe alles im Griff. Herr Rau hat nichts im Griff. Am ersten Tag stand er noch am Kopierer und sagte lässig: »Na, ich lass das alles mal auf mich zukommen. Ich stress mich nicht.« Und alles kam auf ihn zu, es überrollte ihn förmlich. Nach ein paar Wochen war er stark abgemagert und hatte ziemlich schlechte Haut. Jetzt lechzt er geradezu nach jeglicher Art von Hilfe. Die gebe ich gerne: »Na ja, dann sag ihnen doch die Zensuren noch nicht. Oder sag, dass die Zensuren noch bis zum letzten Tag geändert werden können.«

In meiner Klasse werden sie ihm das nicht abnehmen, denn ich habe bereits letztes Jahr genau erklärt, wie das mit der Zen-

63

surenabgabe und der Zeugniskonferenz funktioniert. Bin isch für Transparenz? *Vallah*, ja, isch schwöre.

»Also, ich mach mit denen noch bis zum bitteren Ende Unterricht. Ich werde nachher ein neues Kapitel anfangen und vielleicht schreibe ich nächste Woche noch einen Vokabeltest«, höre ich mich plötzlich sagen. Was erzähle ich denn da? Hört sich auf jeden Fall gut an. Gestern hatte ich zwar die Bücher ausgeteilt, dann habe ich mich aber sehr schnell überreden lassen, *Futurama* zu gucken. Ich mache eigentlich schon seit Wochen keinen normalen Unterricht mehr. Der Beamer wird bei mir gar nicht mehr abgebaut. Entweder lasse ich meine Schüler miteinander quatschen, Kartenspielen oder irgendeinen Horrorfilm sehen: »Nein, der ist ab zwölf. Wirklich! Das ist alles Verarschung, der Film macht sich über richtige Horrorfilme lustig. Ich schwöre, Frau Freitag.«

Irgendwie scheinen sich meine Unterrichtsmethoden in der Schule rumgesprochen zu haben, denn es kommen vermehrt fremde Schüler zu mir: »Frau Freitag, haben Sie Ihre DVDs mit? Können wir die für Geschichte ausleihen?« Beruhigend, dass mittlerweile fast alle in der Kinozeit angekommen sind. Meine Mutation zur Videothek rettet so manchem Lehrer eine langweilige und kräftezehrende Vorferienstunde.

Früher, als ich noch keinen Beamer hatte, versuchte ich vor den Ferien dem Schülerwunsch nachzukommen, endlich mal was Schönes zu machen. Eine besonders beliebte Schülerfrage ist ja definitiv: »Können wir heute mal was spielen?« Nachdem ich allerdings mehrere dieser Spielstunden meisterhaft ins Chaos gesteuert und irgendwann gemerkt habe, dass ich nicht ein Spiel zu Ende bringen konnte, habe ich es aufgegeben. Nun gehe ich den Weg des geringsten Widerstandes: »Okay, schließt schon mal den Beamer an.« Irgendwann muss ich ja schließlich meinen Schreibtisch und die Schränke aufräumen, das Klassenbuch nachtragen und die Schulbücher putzen. Warum schaffe ich es eigentlich nicht, meine Klasse zum Kauf von Buchschutzhüllen zu bewegen? Zeit genug hätten sie dazu gehabt.

Der meiste Unterricht spielt sich vor den Sommerferien auf dem Hof ab. »Was macht ihr hier draußen? Ihr habt doch jetzt Erdkunde!«, frage ich meine Klasse während meiner Aufsicht. »Wir dürfen!«

Wenn die Schüler nicht Hof oder Filmegucken haben, spielen sie oder helfen den harten Hunden beim Aufräumen. Unterricht gibt es meines Wissens nicht mehr. Aber wehe, wehe, wenn ein Schüler zu mir kommt und darum bittet, drei Tage früher in den Urlaub fahren zu dürfen. Das geht gar nicht! Anweisung von ganz oben! Diese unglaubliche Dreistigkeit wird von uns geahndet wie ein Kapitalverbrechen.

Freudig kommen sie zu mir: »Frau Freitag, wir gehen schon Donnerstag Türkei!«

»Schön. Hast du es gut. Aber du darfst mir das nicht sagen, also sag mir so was nie wieder.«

Mein Vorschlag wäre, das Früher-in-die-Ferien-zu-fahren-weil-die-Flüge-viel-billiger-sind zu erlauben und den Wir-machen-irgendeinen-Firlefanz-damit-die-Zeit-bis-zu-den-Zeugnissen-schnell-rum-ist-Unterricht abzuschaffen und zwei Wochen vor den Ferien nur noch hammermäßig geile Sachen mit den Schülern zu unternehmen.

Dann heißt es: »Na und, dann fahr doch in dein Libanon-Dorf zu Oma und Opa, wir gehen Montag mit Frau Freitag Fallschirmspringen, Dienstag Kartfahren, Mittwoch Heidepark, mit Übernachtung, Donnerstag Konzert von 50 Cent und Freitag wissen wir noch nicht.«

Und was ist mit uns Lehrern? Haben wir uns nach dem Überleben eines anstrengenden Schuljahres nicht auch was verdient? Ich denke, von uns legen nur wenige Wert auf einen Heideparkbesuch, aber belohnen wollen wir uns auch. Dienst ist Dienst und Schnaps ist Schnaps, sagt man doch so schön. Aber was ist mit Schnaps im Dienst?

Diese Frage stellt sich für uns jährlich in der Schuljahresendzeit, denn da häufen sich für uns Lehrer die Feierlichkeiten in der Schule. Da wird geplant, gesammelt, mitgebracht, aufgebaut, gegrillt, gegessen, gequatscht und gesoffen.

Den Aufbau übernimmt immer die gleiche Person: die Seele des Kollegiums. Man soll ihr schon irgendwie helfen, aber nicht zu viel, denn die Verantwortung will die Person auf keinen Fall abgeben. Passt man nicht auf, wird man mit niederen Arbeiten überschüttet: Tische schleppen, Gläser spülen, Gabeln aus dem anderen Gebäude holen und so weiter. Wie ein Kind wirst du von der Ober-Mutti oder dem Ober-Vati (es sind meiner Meinung nach öfter Frauen) herumgeschickt: »Deck doch schon mal die Tische ein, Frau Freitag! Kannst du mal zum Hausmeister gehen, wir brauchen noch einen Dreifachstecker. Und wenn du schon dabei bist: Such doch schnell mal einen Korkenzieher!« Wenn die Verantwortliche dann von der Schulleitung vor dem versammelten Kollegium gelobt wird, dann tut sie ganz bescheiden: »Ach, lasst doch, das ist mir jetzt aber peinlich.«

Es sind immer die gleichen Leute, die helfen, und es gehen immer die gleichen zuerst nach Hause. Ich habe die Schonlehrer oft essen, aber nie aufräumen sehen. Ich mache immer irgendwie mit, aber gelobt wurde ich noch nie.

Nach dem Essen geht dann die Sauferei los: »Komm, nimm noch mal einen Schluck.« – »Wir haben noch gar nicht angestoßen!« – »Dein Glas ist ja leer! Auf einem Bein kann man nicht stehen.« – »Los, noch einen Absacker.«

Und dann wird völlig losgelöst abgesackt. Wie tief darf denn gesackt werden? Und wer bunkert diesen unerschöpflichen Schnapsvorrat, in den verschiedenen Fachbereichen?

»Hier ist noch ein Fläschchen!« – »Ich hab hier noch was ganz Feines!« – »Komm, die Buddel hauen wir noch weg. Was weg muss, muss weg.«

Je später der Abend, desto schwieriger wird es für mich, mich dem Mitmachzwang der harten Hunde zu entziehen, und irgendwann gehen mir die Abstinenzgründe aus.

»Frau Freitag, bist du schwanger? Oder warum trinkst du Cola?«

Sie werden dann ganz kuschelig und wollen dich unbedingt auf ihren Ausgelassenheitspegel bringen. Ich fülle mich stets mit Cola, Sprite und Apfelschorle ab. Unter ihrem Alkohol-Einfluss werde ich zu »unsere Kleine«: »Ach, die Frau Freitag, die hat's auch nicht leicht, die nimmt sich alles immer so zu Herzen …«

Ich mache bei diesen Gelagen nie mit. Keine Lust auf Verbrüderung, Privates und die späteren Weißt-du-noch-bei-der-Weihnachtsfeier-Stories: »Na, Frau Schwalle war ja ganz schön dicht. Ist denn Herr Johann noch nach Hause gekommen?« Wie kommen manche Kollegen dazu, sich bei Betriebsfeiern so dermaßen gehen zu lassen? Haben die keine Freunde, mit denen sie es sich mal so richtig geben können?

Allerdings muss ich zugeben, dass die Feiern ohne die besoffenen Kollegen ganz schön langweilig wären, denn es ist herrlich, ihren Niveauverfall zu beobachten. Man muss aber unbedingt den perfekten »Ich geh jetzt«-Moment finden. Der liegt kurz vor dem Aufräumen. Und kurz nachdem sich der harte Hund dazu hat hinreißen lassen, mal so richtig über die Kollegen abzulästern. Mit glasigem Blick sitzt er dann in sich zusammengesunken am Tisch: »Also, die Frau Soundso, na die isss doch auch ein wenig …« Wenn du Pech hast, erwischt er

67

dich, legt seinen schweren Arm um dich und lallt dir ins Ohr: »Suerss als ich dich sah, dachtisch du biss auch dooof, aba jesss bisss du doch eine ganzzz lieebe Pessson ...« Nicken, nett grinsen und dann nichts wie weg.

Das sind mir die Richtigen: Den ganzen Abend laut grölend Scheiße labern und eine Woche später eine Klassenkonferenz ansetzen, weil ein Schüler hinterm Haus geraucht hat.

## Let's dance!
### (Noch vier Tage)

»Es ist leicht, ein geiler 18-Jähriger zu sein, wenn du 18 bist. Ich war auch ein geiler 18-Jähriger«, sagt mein Freund und will damit wohl verhindern, dass ich noch weiter über den Lieblingsschüler spreche. »Aber er kann auch Beatbox.« Keine Chance, es interessiert keinen mehr.

Wir hatten am Vortag die Abschlussfeier der 10. Klassen. Eine Riesensache. Stundenlanges Gestyle. Nachdem ich jahrelang underdressed erschienen bin und mich zwischen reif- oder miniberöckten Mädchen und Smoking tragenden Jungen unwohl gefühlt habe, bin ich diesmal schlauer und mache schon einen Woche im Voraus einen Friseurtermin.

Ja, es soll eine Hochsteckfrisur werden. »Kann ich dann auch so'n Glitzer reinkriegen? So Strasszeug? Oder kleine Blumen?« Eine Stunde sitze ich beim Friseur und beobachte die Verwandlung von der Lehrerin zur Lehrerin mit Debütantinnenfrisur. Dabei denke ich: Oh Gott, das wird bestimmt furchtbar, ob ich noch genügend Zeit haben werde, die ganzen Klammern wieder rauszukriegen, und dann muss ich die Haare bestimmt noch mal waschen.

Wider Erwarten sieht die Endfrisur super aus. Original türkische Hochzeit. Ich bin begeistert, schmeiße mich in Schwarz, Rücken frei, Beine verlängernde Hose, Strassgürtel und Silberschmuck. Mein Freund schminkt mich, und im Bus fühle ich mich wie sechzehn.

Auftritt der Schüler: Anzüge in allen erdenklichen Pastelltönen, aber auch schwarz und natürlich weiß mit schwarzem Hemd und weißer Krawatte. Die Jungs mit Zigarre und Sonnenbrillen, die Mädchen mit noch höheren Hochsteckfrisuren als ich, und nicht nur kleine Strassdinger, sondern riesige Blüten in den Haaren. Pink, Pailletten, Glitzer hier, Glitzer da. Die Jungs mit glänzenden Hemden und gegelten Haaren. Du erwartest, dass sie alle Pistolen im Hosenbund haben. Sie verschwinden in Gruppen in den Büschen und kommen gut gelaunt zurück.

Alle wollen sich fotografieren lassen. Ich filme. Das lieben sie, geben mir bereitwillig auch Interviews. »Ich bin Tony Montana auf der Abschlussfeier. Hier, Zigarre, wollen Sie mal ziehen, Frau Freitag?«

Der Lieblingsschüler kommt. Schöner Anzug, Sonnenbrille. »Hallo, Frau Freitag. Ihre Haare, sieht top aus. Selbst gemacht?«

»Nee, nee. Friseur, aber du siehst auch gut aus«, sage ich.

»Danke schön.«

Und dann wird getanzt, vom ersten Moment an bis zum Ende. Dafür liebe ich die Schüler meiner Schule. Die tanzen so super. Alle. Die Jungen und die Mädchen und jeder mit jedem. Egal, was für Musik gespielt wird. Läuft ein arabisches oder türkisches Lied, dann bilden sich endlose Schülerreihen, die sich an den Schultern festhalten und sich mit synchronen Schrittfolgen im Kreis bewegen. Sofort sieht alles aus wie muslimische Hochzeit. Vor allem die schwitzenden Jungen, die im Anzug und durch ihr wiederholtes Sitzenbleiben stark überaltert bereits wie ihre eigenen Väter wirken.

69

Und Breakdance, in all seinen Auswüchsen, kann sowieso jeder Schüler unserer Schule. Ich denke: Wo lernen die diese Moves? Jetzt können die sogar den Moonwalk. Wahrscheinlich üben die das, wenn sie gerade mal wieder keine Hausaufgaben machen. Ich tanze auch, fast den ganzen Abend. Einen Tanz sogar mit dem Lieblingsschüler. »Frau Freitag, Sie tanzen gut, Sie gehen bestimmt immer in Clubs und tanzen voll ab.« Wenn der wüsste. Ich wackle vielleicht mal auf meiner Couch mit dem Kopf zu einem uralten Michael-Jackson-Video auf MTV.

Glücklicherweise ist eine neue Kollegin dabei, die nicht tanzen möchte und deshalb den ganzen Abend filmt. So viel Spaß hatte ich lange nicht mehr. Niemand feiert so ausgelassen wie Schüler ohne Schulabschluss. Gerne würde ich mit ihnen noch weiterziehen und die ganze Nacht irgendwo abzappeln, bis es hell wird oder Zeugnisse gibt.

Aber ich lasse mich vernünftig vom Kollegen Werner nach Hause bringen und sehe mir noch das Video vom Abend an. Mein persönliches Lernziel für die nächste Abschlussfeier: Ich muss unbedingt ein paar coole Breakdance-Moves draufhaben, die ich dann gezielt beim Tanzen einstreuen kann. Und auf jeden Fall wieder mit Hochsteckfrisur!

Den ganzen Samstag danach liege ich platt auf der Couch. Die Haare sind wieder unten und nichts glitzert mehr. Ich werde am Montag auf keinen Fall ins Lehrerzimmer gehen. Fräulein Krise hat mir am Telefon schon gesagt, was mich dort erwarten wird: »Haha, guckt sie euch an, die Freitag, erst so jugendlich abtanzen, aufgetakelt wie eine billige Aussiedlerin und danach das ganze Wochenende komatös auf dem Sofa leiden. Ist wohl doch nicht mehr so jung und dynamisch, wie sie immer tut, mit ihren Turnschuhen und H&M-Klamotten.«

»Ja, ja, Hochmut kommt vor dem Fall. Das geschieht ihr doch ganz recht, dieser eingebildeten Ziege, ihre Klasse hat keinen Zug, ein völlig verwahrloster Haufen, und wenn du an ihrem Raum vorbeiläufst, da geht eigentlich in jeder Stunde der Punk ab. Disziplin herrscht bei der nicht! Aber dann so rausgeputzt bei der Feier, was denkt die denn – glaubt die, sie ist sechzehn und macht gerade ihren Abschluss? Hast du gesehen, wie die mit den Jungs getanzt hat? Widerlich, die hat sich ja regelrecht an die rangeschmissen. Das gehört sich ja wohl nicht für eine Lehrerin, vor allem nicht in ihrem Alter.«

»Fehlt ja nur noch, dass sie mit einem geknutscht hätte.«

»Gewundert hätte es mich nicht. Und wer weiß, vielleicht heimlich auf dem Klo?«

»Ist euch überhaupt schon mal aufgefallen, dass die Freitag den gutaussehenden Jungs immer viel zu gute Zensuren gibt?«

»Stimmt, hat dieser Hübsche aus der Zehnten bei ihr nicht nur Einsen bekommen?«

»Schade, dass der Chef am Freitag nicht da war. Sollten wir ihm vielleicht erzählen, wie die sich aufgeführt hat.«

»Meint ihr, die hatte was getrunken?«

»Also, ich hab sie zwar nur Cola trinken sehen, aber vielleicht war da was drin.«

»Hat sie bestimmt heimlich mitgebracht.«

»Oder von den Schülern.«

»Würde mich nicht wundern, wenn sie vor der Feier mit den Schülern Haschisch geraucht hätte.«

»Meinst du, die rauchen Haschisch? Also aus meiner Klasse, glaube ich, raucht keiner Drogen.«

»Was ist das für eine Frage, ob wir dem Schulleiter Bescheid sagen sollten? Das MÜSSEN wir. Das ist unsere Pflicht. Wisst ihr, was ich glaube? Die hat nicht nur mit den Schülern geraucht, ich glaube, die hat denen das Haschisch sogar besorgt.«

71

»Meinste? Stimmt, jetzt wo du's sagst – klar. Diese Freitag ist und bleibt doch eine elende Schülerschleimerin. Also, wer sagt's dem Chef?«

## Endlich: Der letzte Schultag!

Niemand hat's dem Schulleiter erzählt. Und wenn, dann habe ich es nicht mitbekommen, denn in den letzten verbleibenden Pausen mied ich das Lehrerzimmer und drückte mich in den Gängen und auf dem Hof rum.

Und dann plötzlich ist das Schuljahr vorbei. Unfassbar. Ich bin völlig fertig, kann es gar nicht glauben. Die Zeugnisausgabe wäre beinahe in einem Totaldesaster geendet. Hatten doch die Mädchen beschlossen, ihre Sie-hat-jetzt-endlich-einen-Freund-und-warum-mischt-du-dich-da-ein-und-nur-weil-du-mit-dem-geredet-hast-hat-er-jetzt-Schluss-gemacht-Dramen ausgerechnet am letzten Tag aufzuführen.

Eine Mädchengruppe schrie sich also aufs Heftigste an, während die andere Gruppe sich auf irgendein wichtiges Date vorbereitete. Da wurden Haare toupiert und mit Haarspray fixiert. Seit meiner eigenen Hochsteckfrisur erkenne ich die Frisierfähigkeiten meiner Schülerinnen als echte Kompetenz an. Allerdings heute – auf dem schon zum Frühstück gedeckten Tisch, mit dem ganzen Haarspray … Dreimal sage ich: »Kein Haarspray!« Und die stellen es einfach hinter sich auf den Tisch und sprühen fröhlich weiter. Da hab ich ihnen mal richtig heftig die Messer aus dem Lehrerzimmer auf den Boden geknallt: »Macht euren Scheiß doch alleine!« Glücklicherweise befähigt mich meine langjährige Erfahrung, mein hochgeschraubtes Gemüt in Sekundenschnelle wieder runterzuschrauben, und dann haben wir doch noch sehr nett gefrühstückt. Danach gab es ein schnelles: »Hier sind eure Zeugnisse, tschüss und schöne Ferien.« Und weg waren sie – keine kostbare Minute der Ferien verpassen.

Ich dagegen hing noch ewig im Lehrerzimmer ab und wurde ganz wehmütig. Am liebsten hätte ich mich auf dem Hof an jeden von uns scheidenden Zehntklässler gekettet. »Die sollen nicht gehen! Die waren gerade so nett. Wir haben doch so schön getanzt.« Jeder Ärger, jede verkackte Stunde, jeder Wutausbruch ob ihrer Faulheit war wie weggeblasen. »Geht nicht, ihr Lieben! Können wir uns nicht in den Ferien treffen? Lasst mich nicht alleine hier.« Können die nicht alle bei mir wohnen, wenigstens ein paar von denen? Na ja, ich glaube, das ginge nicht lange gut. Ob mein Freund was dagegen hätte? Der würde sich mit dem Lieblingsschüler bestimmt auch gut verstehen.

Und dann liegt es vor mir: das Loch. Beängstigend dunkel und sechs Wochen tief. Noch tanze ich fröhlich am Rand. Noch lenke ich mich mit Was-ich-noch-alles-machen-Muss vom Hinabstürzen ab. Aber von ganz tief unten höre ich die sirenenhaften Gesänge der Depression: »Komm zu uns, Frau Freitag! Spring! Komm! Was willst du da oben? Lass dich fallen. Da oben hast du nichts mehr und bist doch nur verloren. Da oben hast du doch gar nichts mehr zu tun.«

»Doch, doch, ich muss noch meinen Schreibtisch aufräumen, meine Steuererklärung machen, Fotos sortieren, Klamotten ausmisten, Unterricht vorbereiten, das ganze Schuljahr nachbereiten!«

Die Depression: »Unterricht? Ha, dass ich nicht lache! Es sind Ferien. Sommerferien!«

»Aber wenn ich den Unterricht jetzt schon plane, dann wird im nächsten Schuljahr alles anders. Leichter, besser. Ich könnte endlich guten Unterricht machen. Eine gute Lehrerin sein! Ich muss sofort anfangen damit! Ich werd gleich mal Arbeitspläne schreiben.«

»Frau Freitag, jetzt mach dich nicht lächerlich. Jetzt sind Ferien. Da denkt kein Mensch an Unterricht. Komm, schnell, ab ins Loch, los!«

»Nein, nein, warte.« Ich gehe näher an den Rand. Alles dunkel, kalt, und an den Wänden nur Langeweile und schleimige Ausweglosigkeit.

»Nein, bitte, ich will nicht. Ich will meine Zeit nutzen. Wenn ich jetzt ins Loch falle, wie komme ich da je wieder raus? Ich kenne das doch. Es ist schrecklich. Wenn man im Loch ist, dann wacht man nachts auf und hat Selbstmordgedanken. Bitte, bitte, ich möchte diesmal nicht, bitte.«

»Bist doch selbst schuld. Warum bist du nicht gestern Abend in den Urlaub gefahren? Da waren deine Kollegen aber schlauer.«

»Ja, ja, ich weiß, den Fehler mache ich immer wieder. Aber ich dachte, wenn ich hierbleibe, dann kann ich so viel erledigen. All das Liegengebliebene.«

»Hmmm, schon klar. Nun mach dir mal nichts vor, Frau Freitag. Komm, lass dich fallen!«

Neeeiiinnn! Nur schnell weg vom Rand. Während ich renne und renne, drehe ich mich um und rufe: »So. War nett mit dir zu quatschen, aber ich habe leider keine Zeit mehr. Ich muss jetzt unbedingt sofort meine Schultasche ausräumen und die Arbeitsblätter wegheften!«

## Voll krass, Alta, isch schwöre!

Wach isch heute auf, kann isch nur noch reden wie Schüler. Sagisch zu Freund: »Freund, *vallah*, scheiße, was is das für schwule Kacke. Guckstu, wie isch rede. Geht nisch wieda normal, isch schwör. Kann isch nix mehr Kontrolle machen.« Freund sagt, soll ich Hals-Nasen-Ohren-Arzt gehen.

Geh isch Arzt, sag isch: »Herr Arzt, was das für schwule Scheiße mit meine Sprache?«

Sagt er: »Haben Sie in letzter Zeit Stress gehabt?«

»Strezzz? Was Strezzz, hab isch voll krasse Sprachenstörung, hörst du. Musstu Untersuchung machen. Bistu Arzt, oder was? Strezzz … dein Mutter hat Strezzz.« Ich voll aggro, er voll Angst, ich voll ein bisschen stolz. Weil ich noch nie nix erlebt haben tu, wie Arzt voll keine Peilung von nichts gehabt haben hatte.

»Was jetzt, bistu Opferarzt, oder was? Sollisch Untersuchung machen?« Guckt er mich mit so voll schwule Teil in Hals.

»Bistu behindert? Pass auf, du Spast, dis tut voll krass weh. Isch klatsch dir gleich eine. Ja?«

»Also, ich kann da nichts sehen, mit Ihren Stimmbändern ist alles in Ordnung. Ich vermute, Sie leiden an einer Stressattacke. Darf ich fragen, welchen Beruf Sie ausüben?«

»Was Beruf, ja? Bin isch Lehrerin, hastu Problem damit, oder was? Hässlichkeit.«

Glotzt die Sprechstundenschlampe auch noch so behindert. Rotz ich ersma aufn Boden. »Drecksarzt, kann nich heilen. Was, Hals-Nasen-Ohren-Arzt, ja? Opfer.«

## Opfer, Missgeburt, Spast

Irgendwie schienen sich das Schülerverhalten und vor allem ihre verrohte Ausdrucksweise in mein System gefressen zu haben. Meine Sprache normalisierte sich nach ein paar Tagen wieder. Aber dann kamen wieder die grauen Gedanken: keine Schule, keine Arbeit, nichts zu tun.

In der zweiten Ferienwoche versuche ich deshalb meine Feriendepression mit einem Aufräumanfall zu bekämpfen. Beim Abbau der Schreibtischhaufen fällt mir ein Buch in die Hände: *Mit Schülern klarkommen.* Eine Empfehlung von Frau Dienstag: »Brauchst du! Musst du haben! Wird dein Leben verändern!«

Ich blättere darin herum und erinnere mich an meine holprige Anfangszeit als Klassenlehrerin. Damals ging mir der raue Umgangston der Schüler noch gehörig gegen den Strich. Wenn ich in meinem Klassenraum saß und die Tür offen war, hörte ich ständig den Soundtrack vorbeilaufender Schüler: »Du Spast!« – »Hurensohn, Opfer, Missgeburt!« – »Fotze, Hässlichkeit, Bastard!« Das waren die häufigsten Beschimpfungen.

In meiner Klasse hingen damals Klassenregeln, an die sich keiner hielt. Unter anderem stand da: Keiner wird beleidigt oder fertiggemacht. Eigentlich hätte dort auch stehen können: Wenn dich einer beleidigt, dann musst du ihn noch heftiger beleidigen. Und wenn er dich dann noch mal beleidigt, dann musst du ihm die Fresse polieren. Denn so lief das in meiner Klasse. Besonders beliebt waren Mutterbeleidigungen. In der achten Klasse sagten die Schüler nur noch: »Deine Mutter!«, oder: »Dein Vater!« Die Gemeinheit, die folgen sollte, konnte sich der Angesprochene dann wohl selbst aussuchen.

Mir ging der ständige Gebrauch von Beleidigungen und Beschimpfungen so auf die Nerven, dass ich beschloss, das Thema im Ethikunterricht zu bearbeiten. In Frau Dienstags Buch fand ich damals eine interessante Anregung. Im Kapitel »Rauer Umgangston: Ich sag am liebsten Arschloch« hieß es: »Schimpfwörter sind aus dem alltäglichen Umgang nicht zu verbannen.« Heute frage ich mich, warum eigentlich nicht? »Deshalb gilt es zu verdeutlichen, welchen Sinn und welche Bedeutung die Verwendung von Schimpfwörtern haben kann, wie z. B. Spaß,

Kränkung oder Diskriminierung.« Und weiter: »Mit dieser Methode dürfen die Schüler in der Schule etwas, was sonst verpönt oder sogar verboten ist, nämlich schimpfen. Allein durch das Herausholen aus der Verbotszone werden viele Schimpfwörter uninteressant und ihr Bedeutungsgehalt durch die Besprechung erst klar.«

Das klang super. Das klang so modern, so fortschrittlich, so viel besser als einfach zu verbieten, bestimmte Wörter in der Klasse oder in meinem Beisein zu benutzen. Ich war Feuer und Flamme, als ich das las. So begeistert, dass ich gleich beim nächsten Elternabend – als es wieder einmal um Beleidigungen ging – ganz souverän versprach, dass ich in den kommenden Ethikstunden das Thema bearbeiten und so das Problem Beleidigungen lösen würde.

In der nächsten Ethikstunde schrieb ich dann auf mehrere DIN-A3-Blätter:«Diese Beleidigungen kommen in unserer Klasse vor« – bei dieser Aufgabe konnten die Schüler sogar in Gruppen zusammenarbeiten, super! Ich schrieb den geplanten Ablauf der Stunde an die Tafel:

1. Schimpfwörter aufschreiben.
2. Bedeutungen klären.
3. Diese Beleidigungen verletzen mich, diese nicht.
4. Sortieren der Schimpfwörter.

Jetzt hatte ich sogar einen informierenden Stundeneinstieg. Ich war ganz berauscht von meiner hervorragenden Unterrichtsplanung. Auf die Innenseite der Tafel zeichnete ich eine Tabelle mit folgenden Spalten: »Witzig« – »Verletzend« – »Diskriminierend« – »Gegen Einzelne gerichtet«. Und dann wartete ich.

Als die Schüler in den Raum stolperten und an die Tafel guckten, schienen sie aufgeregt und neugierig. Ich erklärte ihnen den Ablauf und fragte: »Welche Beleidigungen verletzen euch am meisten?«

»Alles über meine Mutter«, sagte Abdul.

Mehmet: »Gegen meine Familie.«

Wir stellten fest, dass alle es schlimm finden, wenn jemand etwas Gemeines über die Familie und tote Verwandte sagt.

Dann gab ich den Schülern die vorbereiteten Blätter und Filzstifte. Sie stürzten sich übereifrig darauf und fingen sofort an zu arbeiten. So gierig habe ich noch keinen Schüler einen Arbeitsauftrag erledigen sehen. Ich musste sie immer wieder bitten, leiser zu sein, so sehr arbeiteten sie sich in Rage: »Frau Freitag, wir brauchen mehr Papier.« Ich rannte durch den Raum und verteilte an jedem Tisch mehr und mehr Blätter. Dabei hatte ich ihnen extra dünne Filzstifte gegeben und keine Marker, damit möglichst viel auf ein Blatt passte.

Nach 20 Minuten wollte ich eine erste Auswertung vornehmen. »Nein, nein, wir sind noch nicht fertig«, schrien die Schüler. »Wir brauchen noch mehr Papier!« Alle kicherten aufgeregt und brüllten durcheinander: »Ich hab noch eins, hier, hier gib mal her.« Selbst Elif, eines meiner drei Kopftuchmädchen, das gerade vom Gymnasium zu uns gekommen war und nicht mit auf die Klassenfahrt kommen durfte, war voll bei der Sache.

Die Schüler schrieben und schrieben. Raifat, der sonst nur das Datum und seinen Namen aufs Papier brachte, wollte unbedingt ein eigenes Blatt. Justin und Peter, die sich fast immer stritten, arbeiteten konzentriert zusammen. Einerseits war ich völlig begeistert, andererseits wurde mir etwas mulmig. War das wirklich eine so gute Idee gewesen?

Kurz vorm Ende der Stunde setzte ich dann doch noch eine kurze Auswertung durch: »So, nun guckt mal alle an die Tafel«, sagte ich. »Den ersten Punkt haben wir bereits abgearbeitet:

Schimpfwörter aufschreiben«, las ich vor und setzte einen Haken dahinter. »Darf ich vorlesen?« – »Nein, ich zuerst!« – »Nein, ich!« – Wieder schrien alle wild durcheinander.

»Moment, Moment, guckt erst mal hierher. Ich habe hier eine Tabelle vorbereitet ...« Ich klappte die Tafel auf: »Hier sind mehrere Kategorien. Jetzt wollen wir mal sehen, in welche Spalten welche Schimpfwörter passen. Peter, lies die Kategorien doch mal vor!«

Schnell war geklärt, was »diskriminierend« bedeutet. Ob die Schüler das verstanden haben, weiß ich nicht, in dieser Phase der Stunde hätten sie mir auch garantiert, die Relativitätstheorie begriffen zu haben, wenn sie dafür ihre Arbeitsergebnisse hätten vorlesen dürfen.

»Na gut, Samira, dann fang mal an.« Samira ist Klassenchefin. Souverän organisiert sie dir ein Frühstück und sämtliche Wandertage. Lässig entfacht oder schlichtet sie Konflikte. Die Kollegen sagen: ein Klopper. Herr Werner nennt sie: Alphatier. Was sie sagt, ist Gesetz. Das gilt irgendwie auch für uns Lehrer. Wenn Samira sich mal meldet, dann nimmt man sie sofort dran.

Samira rückte sich also auf ihrem Stuhl in Position, streckte ihren Rücken, hielt das vollgeschriebene Blatt vor sich und drehte sich zur Klasse.

»Also: Dein Mutters Votze ist so groß, sie nimmt Eifelturm als Dildo.«

Die Klasse schmiss sich weg. Ich stand vorne und wartete. Versuchte zu lächeln. Jetzt bloß nicht die Nerven verlieren. Wie war das noch? »Wenn die Schimpfwörter aus der Verbotszone herausgeholt werden, verlieren die Schüler das Interesse daran.«

»Oder hier, hier: deine Mutter«, Samira wollte sofort weiter lesen. »Moment noch, Samira«, unterbrach ich sie. »Guck mal an die Tafel. Also, wo würdest du das einordnen? Abdul?«

79

»Na, witzig natürlich«, antwortete er und kicherte weiter.

»Aha, witzig. Ist das auch witzig, wenn ich das über deine Mutter sage?«

Bei den Worten DEINE MUTTER wurde Abdul sofort wieder ernst: »Natürlich nicht!«

»Wir halten also fest: Das ist nur witzig, wenn es nicht die eigene Mutter betrifft. Wo können wir das nun einordnen?«

»Verletzend.«

»Gut. Ich schreibe mal: ›Alles über die Mutter‹. Ok, nun das nächste. Erhan?«

»Dein Vater …«

»Stopp mal, Erhan!«, unterbrach ich ihn und wischte hektisch das Wort »Mutter« von der Tafel ab. »Vielleicht schreiben wir lieber: ›Alles über die Familie‹. Findet ihr auch Schimpfwörter, die in die Kategorie ›Diskriminierend‹ passen?«

»Jude, Schwuchtel, Kanake, Nigger, Lesbe …« Ich kam mit dem Schreiben gar nicht hinterher.

»Und hier, ›Gegen Einzelne‹? Habt ihr da was gefunden?«

»Abdul ist schwul, Fettsack zu Peter, x-Bein zu Mustafa. Und Krüppel, auch zu Mustafa.« Schnell füllte sich auch diese Spalte. Dann klingelte es. Ich schloss die Tafel und sammelte die Blätter ein.

»Können wir das morgen weitermachen, ich weiß noch ganz viele Schimpfwörter!«

»Ja, ja, wir machen das noch weiter«, antwortete ich geistesabwesend und sah den Schülern hinterher, wie sie fröhlich den Raum verließen.

Die Arbeitsergebnisse dieser Stunde stopfte ich hektisch in meine Tasche. Zu Hause las ich die Liste der Beleidigungen dem Freund vor:

Hurensohn, Missgeburt, Opfer, Spast, Hurentocher, ich fick deine

Mutter, Krüppel, x-Bein, Sandmann, Sat1, Liliputaner, Bikini, Riese, dein Vater fickt deine Mutter ohne Schwanz, Fettsack, Bohnenstange, Votze, Schwein, Christ, Rassist, Scheißjude, Scheißkartoffel, Fixer, halt die Fresse, Elefant, Nutte, Schlampe, Nazi, Neonazi, ich steck meinen Schwanz in dein Mutters Votze, Schwuchtel, Ich fick deinen Opa, Schwuler, Lesbe, Zwerg, Arschloch, Arschgeburt, deine Mutter schneidet Glatze, weil sie Angst vor Nazis hat, Fisch, Zigeuner, Assi, Obdachloser, blöde Kuh, Riesenkopf, Streber, gestern war deine Mutter bei mir, Kopftuchmafia, deine Mutter hat Kopftuch und denkt sie wäre 2pac, Scheißtürken, Steinewerfer, PLO, ich fick dein Mutters Muschi, deine Mutter steckt jeden Tag Dildo in den Arsch, dein Vater hat nur ein Bein, dein Vater stinkt aus dem Mund wie eine Kuh aus dem Arsch, deine Mutter hat Vierecktitten, dein Vater rennt gegen die Wand und sagt entschuldigung, dein Vater tretet in Kacke und sagt entschuldigung, Bruder, deine Mutter ist so fett, wenn sie gelben Pullover anzieht und von Fenster springt, man denkt die Sonne geht unter, ich ficke deine Mutter und dein Vater isst Popkorn, dein Vater sagt zu dein Mutter gib fünf, obwohl sie nur drei Finger hat, dein Mutter blockiert dein Vater bei MSN, dein Vater geht zum Pokertisch und sagt MauMau, dein Mutter bricht in ihr Eigenwohnung ein, Schwuchtel, dein Vater kackt im Schlaf, Herr Johan ist notgeil, dein Vater braucht Landkarte um dein Mutters Muschi zu finden, dein Vater hat vier Beine und lacht über Tadeus, deine Mutter wird beim Kacken verhaftet, Fick deine ganze Sippe, du kannst mich mal am Arsch lecken, leck dich, Zwitter, Homosexueller, blas dir mal eine rein, fingern, deine Mutter rennt gegen die Wand und sagt sie hat Kopfschmerzen, deine Mutter ist Arschgeige, deine Mutter hat nur einen Zahn und geht zum Zahnarzt, deine Mutter hat nur ein Bein und lacht über Krüppel, Fischkopf, Achselhaare, Axelschweiß, Hässlichkeit, Hundekind, Votzenkind, Schwanz, Behinderter, ich fick deine Fotze (auf türkisch), Brillenschlange, leck meine Eier, du kannst mal meine Eier schmatzen, Wichser, Tarzan, roll mal weiter, Kartoffel, Nachgeburt, Messi, Fickfehler, Ausrutscher, Votzenlecker, dein zu hause ist eine Mülltonne, Judenschwein, geh mal Kacken, Penner, Stinktier, dein Vater hat sieben Eier, deine Mutter hat ein Auge und lacht über Cyclopen, Standgebläse, Transe, heul doch, Heulsuse, TTT (Toilettentieftaucher), feuchte Nutte, Kanake, Kartoffel, Polake, Fettfinger, geh mal in den Puff, deine Familie versucht Hitlers Familie nachzumachen, Pornolocke, Finger dir eine beim Schlafen, arschgefickter Hurensohn, deine Mutter hat Glatze und lacht über Britney Spears, deine Oma versteigert Dildos bei Ebay, deine Mutter hat Achselhaare und kämmt sie jeden Tag, deine Oma verkauft Drogen, dein Opa verkauft Haschisch, deine Oma fährt Motorrad und geht in die Disco, deine Mutters Nippel sind dick, du abgefickter Nuttensohn, deine Mutter schwitzt beim Kacken, auf deiner Mutters Stirn ist ein Schwanz, deine Mutter klaut Grabsteine beim Juden, dein Vater ist Standgeburt, deine Mutter hat drei Titten, deine Mutter hat keine Titten, Fehlgeburt, dein Mutter hat ein Ei.

Hm, dachte ich, mal sehen, was die jetzt in dem Buch vorschlagen! Ah, hier, da stehen auch Beispiele für Beleidigungen: »Schattenparker, blinde Kuh, Doofnase, Zicke, Brillenschlange«. Wie soll ich denn jetzt weitermachen? Wir müssen die doch jetzt alle auswerten und besprechen, Rollenspiel, Alternativen finden, kategorisieren, feststellen, welche Schimpfwörter besonders verletzen, welche häufig, welche selten vorkommen. Alternativen finden. Alternativen finden: Das ist die Idee.

In der folgenden Stunde habe ich die Schüler aufschreiben lassen, was man statt einer Beleidigung noch sagen kann. Da kamen ganz gute Sachen raus. Lieblingssprüche der Schüler: »Talk to the hand.« – »Lass dir mal einen Termin bei meiner Sekretärin geben.« Anscheinend mangelte es ihnen nicht an Ideen, sich schimpfwortfrei auszudrücken. Ich habe zu Hause alles abgetippt, dabei kamen fünf Seiten raus. Die habe ich auf farbige Blätter gedruckt und laminiert. Ich wollte, dass jeweils sechs Gruppen alle Sprüche zur Verfügung haben, und zwar als eine Art Kartenspiel.

Mein Plan war so: Die Schüler sitzen zu fünft an einem Tisch, und der, der dran ist, würfelt. Bei einer Eins oder einer Sechs darf er sich eine Person aussuchen, die er beleidigt. Diese Person nimmt dann eine Alternativkarte vom Stapel und antwortet mit einem Spruch, der auf der Karte steht, auf die Beleidigung. Dann entscheidet die Gruppe, ob das gut war, ob der Spruch gepasst hat oder nicht. Aber irgendetwas gefiel mir an dieser Stundenplanung nicht. Der Deutschlehrerfreund sagte, dass er die Beschimpfungen vorgeben würde. Frau Dienstag hätte die ganze Einheit sowieso nicht durchgeführt, weil sie den verbalen Schmutz nicht ertragen hätte. Sie hätte von Anfang an die Zügel fest angezogen und schon ein harmloses »Scheiße« mit drakonischen Strafen belegt.

Ich rief Fräulein Krise an: »Fräulein Krise, ich habe den Eindruck, dass die Schüler noch viel mehr Schimpfwörter benutzen, seit ich mit dem Thema angefangen habe. In dem Buch stand doch, dass die das Interesse verlieren würden. Haben sie aber nicht. Und jetzt hab ich Angst, dass sie sich nur noch krassere Beleidigungen ausdenken.«

Fräulein Krise erzählte mir, dass man früher in der Biologie zur Einführung in die Sexualkunde die Schüler immer alle Begriffe für die Geschlechtsteile aufschreiben ließ. Mit dem Ergebnis, dass dann auch die ahnungslosen, gut erzogenen Schüler ihren perversen Wortschatz erweiterten.

»Warum beendest du das nicht einfach und fängst was Neues an?«

»Aber jetzt habe ich doch die ganzen laminierten Karten. Und was sollen die Schüler denken, wenn wir einfach nicht mehr weitermachen? Die erwarten doch jetzt eine Art Auflösung des Ganzen.«

Fräulein Krise überzeugte mich, dass die Schüler sowieso nicht erkennen, dass die Lehrer beim Unterrichten so etwas wie Struktur im Kopf haben. Die würden das gar nicht merken. »Geh einfach rein, verbiete alle Beleidigungen und fang ein neues Thema an«, riet sie mir.

Ich habe mir aus der Bibliothek *Billy Elliot – I will dance* ausgeliehen. Ein Film über einen zwölfjährigen, der Tänzer werden will. Kein Schüler verlangte nach einer Aufarbeitung der Schimpfwörterstunde. Ich startete den Film. Die Schüler legten die Füße auf die Stühle, packten ihr Frühstück aus und entspannten sich. Als Billy Elliot bei der Ballettstunde der Mädchen mitmachte, schrie Emre: »Schwuchtel, Homo, Halbjunge!« Ich tat so, als hörte ich ihn nicht, ging zum Fernseher und drehte den Ton auf maximale Lautstärke.

Das Buch *Mit Schülern klarkommen* habe ich seitdem nicht mehr in der Hand gehabt, aber ich bin mir sicher, Herr Rau, unser Referendar, würde sich darüber freuen.

## Bald ist wieder Schule

Sechs Wochen reichen doch eigentlich dicke. Nach dem Aufräumen habe ich mich durch die restlichen Ferienwochen gelangweilt. Bei mir mischt sich Vorfreude mit extremer Unlust. Macht wenig Sinn, ist aber so.

Nach langjähriger Erfahrung habe ich festgestellt, dass man

spätestens am Mittwoch wieder voll drin ist und sich durchs neue Schuljahr strampelt. Nach etwa zwei Wochen setzt der Alltag ein, dann ist das Klassenbuch vorgeschrieben, die Kurslisten sind in die Kursbücher übertragen und die Arbeitspläne für das erste Halbjahr bei den Fachbereichsleitern abgegeben. Man kennt die Schüler, hat auch schon mit einigen Eltern telefoniert und raucht mit neuen Kollegen. Ich freue mich immer sehr auf neue Kollegen. Stets bin ich zur Stelle, wenn sie unwissend im Weg stehen und nicht wissen, wo das Sekretariat ist, wie man Fehlzeiten dokumentiert, mit wem sie sich gut stellen und wem sie aus dem Weg gehen sollten. Hoffentlich bekommen wir auch ein paar von diesen armen Referendaren. Spiegelt sich doch in deren Ausweglosigkeit meine Erfahrung. Zeigt sich doch in jeder ihrer verkackten Desasterstunden meine Routine. Mit wohligem Schauer im Rücken, höre ich mir immer gerne ihr Leid an, erinnere mich dunkel an mein eigenes Referendariat und gebe ihnen mit großer Freude den einen oder anderen unbrauchbaren Tipp.

So kurz vorm Ferienende ergehen wir Lehrer uns in Selbstmitleid. Von allen Seiten kommt Leid und Gejammer. Frau Dienstag, die Arme, muss schon morgen hin. Fräulein Krise ist gerade erst aus Frankreich zurück. Die nutzt die Ferien immer optimal aus, klagt dann allerdings: »Ich bin so müde. Frankreich war so anstrengend. Ich brauch glatt noch mal drei Wochen Ferien.«

Aber bei mir ist es besonders schlimm: Nicht nur, dass die Schule wieder anfängt, jetzt fällt mir auch noch ein, dass die lieben Kleinen schon wieder fasten. Da ich fast nur Hardcore-Moslems unterrichte, halten eigentlich alle den Ramadan ein. Das kann ja heiter werden. Nicht nur, dass die mit ihrer schlechten Laune wieder in den Unterricht kommen, völlig unausgeschlafen: »Isch kann misch nisch umgewöhnen, *vallah*.«

85

Dann werden sie auch noch wegen der Hitze jammern: »Warum haben Sie kein Klima, is zu heiß hier, wann gibs hitzefrei?« Und jetzt auch noch meine Lieblingssäule des Islam, das Fasten: »Isch kann nich mitmachen, ich hab nix gegessen.« Und dann die Mode, jetzt tragen doch alle diese superkurzen Hotpants. Ob die Schüler das auch machen? Ist mir vor den Ferien noch nicht so aufgefallen, aber jetzt sehe ich dieses Reingewurste überall. Ich will das nicht. Die Hosen sollen nicht so kurz sein. Ich bin sowieso für eine Schuluniform und Zwangsernährung während des Ramadans.

Aber die sollen mir mal mit »Ich faste« kommen, dann werde ich ihnen was erzählen. Ich habe mich auf Wikipedia mal schlau gemacht, wie sich das mit den übrigen Verhaltensregeln während der Fastenzeit verhält: »Nach dem Gesetz wird Fasten als Enthaltung (imsak) von bestimmten Tätigkeiten definiert: Verzehr von irdischen Substanzen und Speisen sowie Getränken, Rauchen, Geschlechtsverkehr, Trunkenheit und Irrsinn.«

1. Rauchen: Also, wehe dem, der am Montag auf dem Hof beim Rauchen erwischt wird – und mir dann in der nächsten Stunde vorjammert, er könne nicht am Sport teilnehmen, weil er faste.
2. Trunkenheit: Ich bin verwirrt, Alkohol ist doch gar nicht erlaubt, oder hab ich da was falsch verstanden?
3. Geschlechtsverkehr und Irrsinn: Nun ja, mit Ersterem habe ich weniger zu tun, aber man soll sich des Irrsinns enthalten! Wunderbar! Das werde ich der 7. Klasse, die ich in der achten und neunten Stunde in Kunst habe, gleich schriftlich geben: »Jungs, Koran sagt: Kein Irrsinn während Fasten!«
Weiter heißt es: »Zum Fasten ist jeder Muslim verpflichtet, der in vollem Besitz seiner Geisteskräfte ('aqil), volljährig (baligh) und körperlich dazu imstande (qadir) ist. Das Fas-

ten eines Minderjährigen mit Unterscheidungsvermögen (mumayyiz) ist ebenfalls gültig.« Ah, da haben wir es! Meine Schüler sind überhaupt nicht verpflichtet zu fasten: Kein einziger befindet sich im Vollbesitz seiner geistigen Kräfte.

Und: »Unbedingt zu vermeiden sind üble Nachrede, Verleumdung, Lügen, Beleidigungen aller Art, ferner solche Handlungen, die zwar nicht verboten (expressis verbis) sind, die aber Unachtsamkeit in sich oder bei anderen erregen könnten.«

Super, das liest sich ja wie meine Klassenregeln. Und wenn das auch noch im Koran steht, dann kann ja in den ersten Wochen nichts schiefgehen. Wer sich nicht daran hält, bekommt die von mir höchstpersönlich auf die Stirn tätowiert (im Kunstunterricht – verbuche ich unter Grafik).

Aber ein winzig kleiner Teil von mir freut sich auch auf die Schüler. Neulich habe ich vom Lieblingsschüler geträumt, wir waren zusammen bei einem Vortrag – irgendwas Politisches – und er war voll dick! Sah gar nicht mehr gut aus! Ich bin vor Schreck aufgewacht. Ein Alptraum.

# 3.

# Ein neues Schuljahr beginnt

# Der erste Schultag

Ich komme mir vor wie einmal Vollwaschgang, Schleudern und dann aus dem vierten Stock auf die Straße geschmissen. Verschwitzt, dehydriert und völlig verwirrt. Erste Stunde mit meiner Klasse. Stundenplan ansagen, neue Lehrer, neue Räume, neue Kurseinteilung, neue Fächer. Alles dauert, kaum einer hat irgendwas dabei: »*Tschüch*, ich dachte, heute is noch nich so richtig.« – »Ich schreib den Plan dann später von Elif ab.« – »Zeugnis – oje, hab ich vergessen.« – »*Abó*, wieso, haben wir heute Sport?« (»Tschüch« und »abó« sind türkische Ausrufe absoluter Ungläubigkeit. Gebraucht werden sie vor allem, wenn einem unzumutbare Ungerechtigkeit widerfährt.)

Ich habe extra den Tafelanschrieb vom letzten Schultag nicht weggewischt. Da steht: »Der Unterricht beginnt in der zweiten Stunde. Alle brauchen ihr Sportzeug.« Ich hätte sie doch alle noch mal anrufen sollen. Und seit wann muss man das unterschriebene Zeugnis vorzeigen? Seit der ersten Klasse!

Nicht aufregen – sie sind halt so. Wer hatte mir noch versprochen, dass sie in der Neunten ganz anders sind? Leider sind sie nur ge-, aber nicht erwachsen.

Zweite Stunde, Kunstunterricht in der 10. Klasse. Gefühlte vierzig Schüler betreten den Raum, und es werden immer mehr.

»Ich muss hier auch noch rein.«

»Du stehst aber nicht auf der Liste.«

»Ich bin hier neu und die im Büro haben mir gesagt, dass ich zu Ihnen soll.«

Okay, Materialliste – abschreiben! Hier die erste Aufgabe für heute. Vorlesen! Da sind Blätter. Anfangen!

»Ich habe keinen Bleistift.« – »Ich hab kein Bleistift.« – »Ich hab auch keinen.« – »Ich auch nicht.«

»Leute, warum habt ihr keine Arbeitssachen mit?«

»Wir wussten ja nicht …«

Ein eher schleppender Anfang. Aber schon leiser als in meiner eigenen Klasse. Nach der Stunde rauchen, dann meine erste Freistunde. Fachlehrerkollegen, ohne Klasse und somit ohne Sorgen, kommen frisch erholt auf mich zu:«Haste mal?« – »Kannste mal?« – »Weißte mal?« Im nächsten Leben werde ich auch Fachlehrer. Da gibt man seinen Unterricht und fertig. Als Klassenlehrer ist man für alles, was seine Schüler machen und vor allem nicht machen, verantwortlich. Das nervt total.

Ich jedenfalls hänge apathisch in meinem Stuhl. Plötzlich kommt Kollege Lamprecht: »Frau Freitag, du hast eine neue Schülerin, die steht draußen.« Ich zur Schülerin: »Ja, hallo, du bist also neu? Guck mal, da laufen zwei Jungs aus deiner neuen Klasse. Abdul und Emre, nehmt sie mal mit! Seid höflich!«

Zurück im Lehrerzimmer. Ich will mich entspannen. Da kommt Sabine, eine Schülerin aus meiner Klasse: »Frau Freitag, wir haben Informatik, aber Herr Johann sagt, wir haben nicht bei ihm.«

»Warte, ich checke das mal.« Mist, der Stundenplan ist im Klassenzimmer. Auf dem Weg dorthin wird die Schülerschar immer größer, auch Schüler anderer Klassen gesellen sich zu uns. »Was ist denn mit euch?« – »Wir haben auch Informatik.«

Erst Klassenraum, dann Vertretungsplan, dann Erkenntnis: Die Schüler haben eine Freistunde. Wie ich ja eigentlich auch. Ich gehe über den Hof, steuere das Lehrerzimmer an. Ich will Kaffee.

Dann das große Chaos. Schreiende Schüler rennen auf mich zu: »Alle sagen, wir haben jetzt Mathe und dann Geschichte, aber auf dem Plan stand doch, dass wir Musik haben.« Zurück zum Klassenraum – Scheiße, habe ich ihnen den Stundenplan falsch aufgeschrieben. Sie haben montags eine Stunde mehr. Sie beschweren sich, meckern.

Ich sage: »Dafür habt ihr heute nach der sechsten Schluss, habe ich gerade erfahren.« Sie meckern trotzdem.

Als ich gerade abschließen will, steht plötzlich ein Schüler vor meinem Raum: »Frau Freitag, ich bin auch in Ihrer Klasse.«

Ich: »Nicht dein Ernst, oder?«

»Ja, doch, in echt.«

»Whatever, schreib dir den Stundenplan ab.«

Die Freistunde ist fast vorbei, noch schnell eine rauchen, dann Doppelstunde Kunst, 8. Klasse. Eine neue Gruppe. Ich Bad Cop und Good Cop in einer Person, halte ich aber gerade mal für zwei Stunden durch. Die Schüler drehen nicht durch, noch nicht. Ich hab sie ganz gut gefoppt. Sie denken: Wer weiß, vielleicht ist sie streng, mal lieber noch nicht so viel Scheiße bauen. Dann, um halb eins, habe und bin ich fertig. So fertig, dass ich erst um drei aus der Schule komme, weil ich im Lehrerzimmer mehrere Stunden brauche, um mich zu regenerieren.

# Der zweite Tag wird bestimmt besser

Wenn man das Schlimmste vom Tag erwartet, dann wird es meistens gar nicht so übel. Heute war's eigentlich doch wieder schön. Sagte ich schon, wie gerne ich Lehrerin bin?

Das Wetter war herrlich, und die Schüler hatten später sogar hitzefrei. Und zu Hause habe ich einen Brief von der Schulbehörde gefunden, die mir schreibt, dass ich mehr Geld bekommen soll. Ist doch alles super.

Und die Schüler – ach, die sind süß. Haben noch nicht geschwänzt und sich erst bei einer einzigen der neuen Lehrerinnen danebenbenommen. Ich habe ihr zu schriftlichen Arbeitsaufträgen geraten, die eingesammelt und zensiert werden sollen. Mach ich selbst nie, obwohl sie sich bei mir ja auch danebenbenehmen. Ich erzähl es aber nicht gleich im Lehrerzimmer rum. War ja auch eine neue Kollegin, die wird schon noch lernen, mit ihren Misserfolgen alleine klarzukommen. Meine Vorstellungen, wie man das alles handhaben sollte, sind halt ganz anders als das, was ich selber mache. Das ist typisch für Lehrer.

Also, das neue Schuljahr kann kommen, ich bin bereit. Dieses Jahr wird alles besser gemacht.

Für den nächsten Schultag hatte ich mir morgens vorgenommen, einfach mal netter zu sein. Ja, einfach mal nett sein.

Erste Stunde Kunst in meiner Klasse. Ich – ach was soll sein, bin ich doch mal nett zur Klasse. Also betont langsam und mit wohlig mütterlicher Stimme die neue Aufgabe erklärt. Gewartet, bis sie ruhig waren. Gelächelt, als sie noch quatschten, dankbar genickt, als Samira rief: »Nun seid doch mal ruhig! Sie will was sagen. Peter, Sabine!« Dann idiotensicher die Aufgabe verbal seziert, alle erdenklichen Probleme oder Formulierungen, die man falsch verstehen könnte, vorweggenommen: »Querformat! Guckt mal, nicht so.« – Blatt hochkant gehalten. – »Neiiin, nicht so! Sondern so.« – Blatt im Querformat. Geduldig siebenmal die gleiche Frage beantwortet. Freundlich die Blätter ausgeteilt. Mit ermutigenden Motivierungen um mich geschmissen: »Das schafft ihr schon! Das könnt ihr! Legt mal los, das ist wirklich nicht schwer!«

Dann stolz durch die Stuhlreihen geschritten und jedem persönliche Hilfe aufgedrängt. Zu Christine, die schlapp auf ihrem

Stuhl hing, nicht gesagt: »Was hängste da? Du musst früher ins Bett! So kannste dir die Gymnasialaussichten von der Backe putzen.« Nein, heute: »Christine, was ist los mit dir?« Dabei sogar in die Knie gegangen – auf Augenhöhe. »Hast du Stress? Oder bist du nur müde?« Und schon bekam ich von ihr statt des üblichen Augenrollens ein komplettes Update des Mutter-Tochter-Dramas der vergangenen Sommerferien. »Ach, du Arme. Ach, das tut mir leid. Ja, ich weiß, das muss schlimm für dich gewesen sein.«

Und der Effekt: Die Klasse war sehr viel ruhiger als sonst, nicht so überdreht und irre wie am Vortag. Alle waren ausgesprochen nett und höflich zueinander: »Peter, du musst deinen Bleistift anspitzen, dann kannst du besser zeichnen, sonst klappt das nicht so gut.« Daraufhin Samira: »Hier, Peter, ich hab einen Anspitzer, brauchst du?« Dann zwischendurch göttliche Ruhe. Ein sehr seltener Zustand in der Schule. Genießen, genießen, genießen, die herrliche Stille vergeht schneller als sie kommt. Meltem: »Öhhh, voll still, *vallah*.« Mascha: »Ja, escht ey, voll still.« Aber sie bemerkten nicht nur die Stille, auch mein verändertes Verhalten war unübersehbar. Elif: »Frau Freitag, Sie sind heute voll nett.« Christine: »Ja, wirklich, Frau Freitag, heute sind Sie voll nett.«

Ja, ich war wirklich voll nett. Und ist es mir schwergefallen? Überhaupt gar nicht! Und war das Nettsein gut? Ja, voll! Und warum bin ich nicht immer einfach mal voll nett? Tja, wenn ich das wüsste …

Auftrag für die kommende Woche: Einfach mal wieder voll nett sein!


Eigentlich waren die ersten fünf Tage im neuen Schuljahr gar nicht so schlimm. Vielleicht trat während der Ferien doch heimlich so etwas wie Erholung ein. Kann auch sein, dass die

Schüler nicht so schlecht drauf waren, wie ich befürchtet hatte. An einen Reifungsprozess während der unterrichtsfreien Zeit traue ich mich noch nicht zu glauben. Die erste Woche im neuen Schuljahr ist jedenfalls geschafft. Willkommen, wundervolles Wochenende. Heute frei, morgen frei, übermorgen wieder dabei. Langsam müssten doch alle Schulen wieder die Arbeit aufgenommen haben, oder? In jeder Schule startet das neue Schuljahr mehr oder weniger turbulent. Nur nicht bei Frau Dienstag. Da gibt es immer einen äußerst soften Anfang. Erst mal chillen, dann mal sehn, wird schon irgendwie werden. Da fangen sie mit Praktikumsbetreuung an, mit Projektwochen, mit Wander- oder Studientag. Ich sollte dorthin wechseln. Frau Dienstag ist jedenfalls immer sehr entspannt. Hat noch genügend Kraft, um mich ausreichend zu bemitleiden. Wenigstens etwas. Und nun arbeitet sie sogar an einer Erkältung. Sie hat so viel Zeit, dass sie sich jetzt Allergien anschafft.

Ein Lichtblick in meiner stressigen Anfangsphase ist jedenfalls definitiv Fräulein Krise. Die ist immer gut für tägliche Dramen und Katastrophen. Ruf ich sie abends an, um ihr von meinen Niederlagen zu berichten, dann ist es bei ihr garantiert noch schlimmer gewesen. Komme ich um 17 Uhr nach Hause, sagt sie: »Bin gerade rein. Steuerungsgruppe. Ging bis 19 Uhr.« Habe ich drei neue Schüler in der Klasse, dann hat sie garantiert fünf. Hat sich bei mir einer das Bein gebrochen, ist bei ihr einer gestorben.

Im Vergleich mit Fräulein Krise geht es mir eigentlich immer noch ganz gut. Verglichen mit Frau Dienstag könnte ich mir gleich 'nen Strick nehmen. Also muss ich nach einem Dienstag-Gespräch immer noch Fräulein Krise anrufen. Für die ultimative und lang anhaltende Glückseligkeit müsste ich mich allerdings mal wieder mit ein paar Referendaren anfreunden. Das Leben funktioniert echt vergleichsweise.

# Arbeit, Arbeit, Arbeit

Gestern und heute gab es keinen Feindkontakt, wegen Wochenende. Dafür habe ich mich stundenlang auf die kommende Woche vorbereitet. Fünf Stunden, und ich bin immer noch nicht fertig. Wollen wir doch mal sehen, ob das Unterrichten nicht doch leichter fällt, wenn man sich gut vorbereitet.

Ich schwanke bei meinen Vorbereitungen immer zwischen: »Bringt eh nichts. Die haben sowieso keinen Bock, egal, was ich denen anbiete.« Und: »Die können zwar nichts, aber jetzt kommt Frau Freitag – Megateacherwoman – und wird denen mal zeigen, wo's langgeht. Wäre doch gelacht, wenn die nicht am Ende alle Abitur machen.«

Und dann stehe ich da mit meiner tollen Vorbereitung und meinen Methoden und Medien und dem ganzen Schnulli, und es sind 35 Grad, alle haben Hunger, wollen aufs Klo oder nach Hause, oder ein Spatz fliegt im Klassenraum herum – dann kann man auch mit den schönsten Methoden nichts erreichen.

Oft frage ich mich nach der Stunde, warum ich mich eigentlich so genau vorbereitet habe. Okay, weil es mein Job ist. Logo. Aber mal davon abgesehen, wäre es nicht besser, ich amüsierte mich das gesamte Wochenende von Freitag nach dem letzten Klingeln bis Montagmorgen um fünf? Ausgelassen und glücklich käme ich dann in die Schule und würde mich lässig durch den Tag schummeln. »Frau Freitag, Sie sind aber heute nett.« – »Ja, *vallah*, sie hatte voll gute Laune.« Klar, ich war ja auch übers Wochenende in Rom oder auf 'nem Rave oder in einem Wellnesshotel, Paddeln, Campen oder Ballonfahren. Habe zwei Tage nicht an die Schule und die Patienten gedacht und mich enorm erholt. Ich könnte auch direkt aus der Disco in die Schule kommen. Hat doch als Schülerin auch geklappt.

Fräulein Krise hat mal ein halbes Jahr so getan, als stünden die Sommerferien vor der Tür, dabei war es Winter. Frau Dienstag verlängert das Feriengefühl, indem sie – wie gesagt – erst sehr verspätet anfängt. Und ich, ich sitze hier den ganzen Tag schlechtgelaunt am Schreibtisch. Highlight des Tages – die *Lindenstraße*.

Fräulein Krise, Frau Dienstag, lasst uns mal nächstes Wochenende nach Binz fahren. Oder nach Venedig oder Malle. Scheiß auf Vorbereitung – lass mal alles aus'm Ärmel schütteln. Improvisieren lautet die Devise. Erst mal slow anfangen, mit Montagmorgenkreis und Frühstücken und Quatsching und so. Die Schüler dort abholen, wo sie sind – vom Hof, von zu Hause, aus dem Bett. Den Schülern fällt der Unterschied sowieso nicht auf.

## Neue Klassen, neues Glück

Heute die letzte neue Gruppe kennengelernt. 7. Klasse, Kunst, Doppelstunde. Schon wenn sie den Raum betreten, kann der erfahrene Pädagoge die unterschiedlichen Schülertypen erkennen.

Die Sitzenbleiber kommen betont lässig und langsam reingeschlurft, sie setzen sich möglichst weit weg von der Tafel und von mir, in die hinterste Reihe. Dort kippeln sie die gesamte Stunde. Nichts dazugelernt könnte man meinen, denn mit diesem Verhalten haben sie bereits das letzte Schuljahr versemmelt. Warum setzen sie sich dann nicht einfach nach vorne und tun wenigstens so, als wollten sie in diesem Schuljahr alles besser machen?

Dann kommen die Irgendwie-will-ich-Quatsch-machen-aber-wenn-der-Lehrer-mich-hart anguckt -kriege-ich-Schiss-Kinder – die muss man nur mal streng angucken, und dann sind die auch wieder ruhig und machen, was man sagt.

Dann sind da die Sonderlinge, oft mit Brille und Zahnspange. Früher hatten diese Kinder so abgeklebte Brillengläser. Sie sind gerne schlecht angezogen und müffeln manchmal. Niemand aus der Klasse will was mit ihnen zu tun haben. Ihr größtes Ziel: unsichtbar sein – bloß nicht auffallen. Deshalb machen sie sofort alles, was man ihnen sagt. Außer olfaktorisch hat man mit ihnen keine Probleme.

Außerdem sind da die gutgelaunten, grinsenden Mädchen, die alle voll lieb zueinander sind: »Hier, du kannst mit in mein Buch gucken.« Sie sind pünktlich und höflich, befolgen alle Regeln und sind gut in Kunst. Sie sind die Stützen der Klasse.

Dann kommen ihre schlechtgelaunten Gegenspielerinnen. Die gutaussehenden, frühreifen Schule-ist-langweilig-Mädchen. Vor denen haben die lieben Schülerinnen Angst. Die hübschen Biester sind nur an ihrem Äußeren interessiert. Schminken sich schon seit der 4. Klasse und reden ständig über Jungs. Sie haben immer Probleme und keinen Bock auf egal was. Die musst du kriegen, sonst kannst du das Schuljahr vergessen. Angeführt werden sie von Sitzenbleiberinnen. Die auf deine Seite zu holen ist aber eigentlich gar nicht so schwer, denn sie stehen total auf Lob und Zuwendung: »Du hast einen guten Strich, da erwarte ich viel von dir in Kunst. Dein Farbgefühl ist super, dass sieht man ja schon an der Zusammenstellung deiner Klamotten.«

Und schließlich sind da noch die Jungs aus der ersten Reihe. Auch heute wieder, zwei ganz bezaubernde Exemplare, direkt vor meiner Nase. Sie heißen Kevin und Martin. Die machen erst mal genau das, was du ihnen sagst, und dann versuchen sie, mit Petzen und Schleimerei bei dir zu punkten: »Der Mohamad ist immer so, der stört auch in den anderen Unterrichtsstunden.« – »Christine kommt immer zu spät.« – »Gucken Sie mal, der Dirk hat keinen Bleistift dabei.« Und zwischendurch immer: »Was muss ich für eine Eins tun?« – »Sagen Sie unserem Klassenlehrer, dass ich heute lieb war?« – »Sagen Sie ihm, dass ich gut mitgearbeitet habe?«

Sie sind nur an ihren Noten interessiert und nicht am Unterricht. Sie machen einen Strich und fragen sofort: »Welche Note wäre das bis jetzt? Ist das schon eine Eins?« Meistens haben sie wenig Geduld und nur mittelmäßiges Talent. Sie denken, dem Lehrer ein Ohr abzukauen, würde für eine gute Note reichen. Aber da sind sie bei Frau Freitag an der falschen Adresse. Beim dritten »Was muss ich für eine Eins machen?« lag mir auf der Zunge: »Endlich mal die Klappe halten und was halbwegs Vernünftiges aufs Papier bringen!« Die Jungs aus der ersten Reihe sollte man schnell woanders hinverpflanzen, dann hat man wenigstens im Unterricht seine Ruhe.

Die wahren Talente können in allen Schülergruppen schlummern. Bei den lieben Mädchen und auch bei den Biestern gibt es immer wieder herausragende Zeichnerinnen, selbst die Sitzenbleiber haben ab und zu ein Händchen für Kunst. Nur die, die wie Kevin und Martin ständig nach einer Eins fragen, haben nichts drauf. Und das wissen sie eigentlich auch selber, obwohl sie denken, sie könnten mir mit ihren ständigen Fragen suggerieren, dass sie eine bessere Note verdient hätten.

»Kevin ist doch kein Name, sondern eine Diagnose« – ein super Titel, schade nur, dass er nicht von mir ist. Da haben sie also eine Studie gemacht und Lehrerinnen und Lehrern fiktive Klassenlisten vorgelegt. Natürlich haben alle die Marie, die Nele, den Leon und den Finn als gute, leistungsstarke Nichtstörer kategorisiert und in Kevin, Schantal, Justin und Mandy die Alles-schwierig-bis-kaputt-Macher gesehen. Und die Lehrer seien sich ihrer Vorurteile gar nicht bewusst, sagt die Studie.

Aber jetzt mal ehrlich, hatte irgendjemand schon mal einen Leistungsträger in der Klasse, der Kevin hieß?

An meiner Schule gibt es vor allem andere Namen – klar, Kevins stören auch meinen Unterricht, aber sie werden von den Mohameds ziemlich schnell in ihre Schranken gewiesen.

Warum nennen Eltern ihr Kind eigentlich Mohamed? Nach dem Propheten, der Hauptperson ihrer Religion. Weil sie ihr Kind nicht Allah nennen dürfen, aber genauso viel von ihm erwarten, weil sie ihn als gottgesandten Heilsbringer sehen. So wird er dann sechs Jahre lang von der gesamten Sippe verhätschelt und auf Händen getragen.

Dann kommt dieses Königskind in die Schule, und dort sitzen plötzlich auch noch andere Gottessöhne. Damit kommt der einzelne Hamudi (Koseform von Mohamed) gar nicht klar und stresst seine Umwelt für mindestens zehn Jahre. Also Vorsicht, die Momos sind noch anstrengender als jeder Kevin.

Liebe Eltern, denkt bei der Namensgebung eurer Kinder ein bisschen mehr nach. Ist doch egal, wie der Opa hieß. Braucht wirklich jede Familie einen Mohamad und einen Ali? Ist später auch nicht gerade hilfreich bei der Jobsuche. Und wenn ihr eure Söhne schon nach dem Propheten nennt, dann erzieht sie doch bitte etwas besser. Ist doch peinlich, wenn ausgerechnet jemand mit diesem Namen eine mehrere Kilo schwere Schülerakte hat. Sollte der nicht seinem Namen »alle Ehre« machen? Redet mal mit eurem Nachwuchs, erklärt euren Kindern ruhig, was ihre Namen bedeuten. Ich hatte mal eine Schülerin, die hieß Kurdistan. Irgendwann beschwerte sie sich bei mir: »Frau Freitag, Momo sagt immer, mein Name sei ein Land.« Ich daraufhin: »Na ja, irgendwie, also, Kurdistan ist eigentlich kein richtiges Land. Na ja, das ist so ein Land wie Palästina.«

Neulich erfuhr ich von einer Kollegin aus einer Grundschule, dass es einen neuen Modenamen bei Erstklässlern gibt, die nach 2001 geboren sind. Super, mit diesen heranwachsenden Osamas werden wir an den weiterführenden Schulen in ein paar Jahren bestimmt einen Bombenspaß haben.

Vielleicht sollte man sich einfach mehr mit den unproblematischen Schülern beschäftigen. Die gibt es nämlich auch. Wenn wir über unseren Berufsalltag reden, dann erzählen wir doch immer von den Schwierigen, von den Nervtötern, von den Nixtuern, den Alles-kaputt-Machern. Von den Schülern, mit denen man am meisten Arbeit hat und die einem den Unterricht, den Tag und den Spaß am Beruf zerstören.

Konzentrieren wir uns deshalb einmal auf die netten Schülerinnen und Schüler. Die, deren Namen wir leider am Schuljahresende noch immer nicht kennen oder die wir ständig verwechseln – gerade weil sie nicht stören. Deren Eltern wir nicht kennen, weil wir sie nie anrufen oder zum Gespräch einladen müssen. Überhaupt reden wir nur selten mit den lieben, netten Schülern, weil sie ja immer da sind und alles tun, was man von ihnen verlangt. Sie machen ihre Hausaufgaben, lernen, schreiben gute Arbeiten – was sollte es also zu besprechen geben? Probleme scheinen die nicht zu haben, denn sie tanzen nie aus der Reihe. Wenn sie mal eine Stunde oder in einer Miniphase des Unterrichts unkonzentriert sind, dann spreche ich sie schon mal an: »Das bin ich von dir aber nicht gewohnt. Mach nicht so, das ist doch gar nicht deine Art. Von dir erwarte ich aber mehr.« Diese Schüler dürfen nicht negativ auffallen, denn sie bilden das wacklige Gerüst, auf dem ich so tue, als fände bei mir geregelter Unterricht statt. Sie müssen immer die perfekten Schüler sein. Sie dürfen sich nicht verändern, dürfen nicht in die Pubertät kommen, schlecht gelaunt sein oder faul und unverschämt werden.

In meiner Klasse gibt es davon vielleicht sechs oder sieben.

Sechs oder sieben Schülerinnen und Schüler, die einfach so funktionieren und um die ich mich so gut wie gar nicht kümmere. Wenn sie einmal mit irgendeinem Problem zu mir kommen, dann fordere ich von ihnen, es auf schnellstem Weg alleine zu lösen. Ich habe keine Zeit, keinen Nerv und keine Lust, mich auch noch intensiv um die lieben, netten Schüler zu kümmern.

Ist das nicht krass? Der Lohn für gutes Verhalten und regelmäßige Mitarbeit besteht darin, ignoriert zu werden. Warum ignorieren wir nicht mal die Störer? Fräulein Krise schreit bei solchen Vorschlägen: »ETEP, ETEP! Entwicklungstherapie-Entwicklungspädagogik: Da soll man das genauso machen, nur das positive Verhalten verstärken.« Aber was machen die Störer eigentlich, wenn sie ignoriert werden? Hat das schon mal jemand probiert? Und hat unser ganzes pädagogisches Gekümmere schon mal was gebracht? Sind diese Deppen nicht am Ende doch sitzengeblieben, von der Schule geflogen, im Jugendarrest gelandet und ohne Schulabschluss abgegangen?

Wenn die Störer nicht den Unterricht stören, dann schwänzen sie. Zurzeit gebe ich mich mal wieder meinen persönlichen Statistiken hin. Am liebsten ist mir dabei das Ausrechnen der Fehlzeiten meiner Klasse und das Anlegen von Ranglisten. Ich habe ein etwas kompliziertes, aber sehr übersichtliches System entwickelt, die Verspätungen und die Fehlstunden meiner Schüler festzuhalten. Alle vier Wochen schreibe ich den Eltern Briefe und berichte ihnen darin genau, wie oft ihre Kinder geschwänzt haben. Und manche Eltern rufe ich sogar fast täglich an.

Den Schülerinnen und Schülern halte ich ihre Vergehen sofort vor, meistens, wenn ich sie auf dem Hof treffe. Dabei bekomme ich die interessantesten Storys erzählt, die mir aber mittlerweile

101

völlig egal sind. Geschwänzt ist geschwänzt. Außerdem informiere ich die Klasse jede Woche über den Stand der Dinge: Wer hat bisher wie oft gefehlt. Dazu bekommen sie jedes Mal einen Vortrag darüber, dass sie sich doch irgendwann mit ihren Zeugnissen um eine Lehrstelle bewerben werden müssen. Abschließend ein: »Macht nicht so! Strengt euch an, das muss unbedingt sofort aufhören.« In der darauffolgenden Stunde gehe ich auf den Hof, und da sitzen wieder welche, die gerade schwänzen. Wenn ich sie erwische, bringe ich sie persönlich in den Unterricht.

All diese Maßnahmen kosten Zeit, Kraft, und meinen Nerven tun sie gar nicht gut. Ich rege mich über jede einzelne geschwänzte Stunde und sogar über die Verspätungen tierisch auf. Das geht nun schon seit zwei Jahren so. Und was bringt das alles? GAR NICHTS! Ich bin die Einzige in meiner Klasse, die sich erfolgreich irgendwo bewerben könnte. Ich habe keine unentschuldigte Stunde, ich war immer pünktlich.

Nach mir kommen vier Schüler, die auch immer da waren und rechtzeitig kamen. Einige von denen waren aber schon mal einen oder einen halben Tag krank. Dann gibt es sieben Leute, die ein bis zwei Stunden geschwänzt haben und zwei- bis dreimal zu spät kamen. Wenn das so bleibt, kann ich über ihre Fehltritte hinwegsehen.

Aber dann sind da die anderen, die, die gezielt nicht zu bestimmten Unterrichtsstunden gehen. Fünf bis sechs Fehlstunden bis zur vierten Woche des Schuljahres, und ich vermute, dass die Kollegen in der ersten Schulwoche gar nichts aufgeschrieben haben, denn da ist meine Liste ganz leer.

Und schließlich gibt es meine vier Problemfälle: Am Ende der dritten Woche hat einer acht, einer neun, die Dauerschwänzerin des letzten Schuljahres auch jetzt schon wieder zwölf und Hodda sechzehn Fehlstunden. In einer Woche! Und die ist jeden Tag in der Schule. Die geschwänzten Stunden verbringt sie auf dem Hof oder raucht mit irgendwelchen zwielichtigen Jungs vor dem Schulgebäude.

Zweiundachtzig unentschuldigte Fehlstunden insgesamt. In drei Wochen. Für eine Klasse. Ist das normal? Liegt das an mir? Was kann ich dagegen tun? Den Eltern rate ich zu Handyentzug und Ausgangssperren. Aber was kann ich machen? Wie gesagt, ich gehe ja täglich mit gutem Beispiel voran. Oder rege ich mich ganz umsonst auf? Gehört das Schwänzen einfach dazu? Und falls das so ist, wie schaffe ich es dann, mich nicht mehr so enorm darüber aufzuregen?

In der Hauptstadt soll es ein Internat für Schulschwänzer geben. (Ich bevorzuge den schönen Ausdruck »Schuldistanzierte«.) Vielleicht wäre das ja die Lösung. Etwa sechzehn Jugendliche – vor allem solche mit Migrationshintergrund – sollen dort leben und lernen. Das kostet jeden Monat 2400 Euro pro Schüler. Klingt erst mal ziemlich teuer. Angeblich ist es aber billiger als ein Platz im Knast. Wir verbuchen das also unter dem Motto »Teure Prävention ist besser als ewige Folgekosten«, und ich bin voll dafür.

Wer wird denn dort arbeiten? Steht das schon fest? Wie gerne würde ich das im Bildungsfernsehen sehen – 24-Stunden-Live-Stream aus der Schulschwänzer-Villa. Leider bezweifle ich, dass es klappt, denn die Schüler sind meiner Meinung nach schon zu alt und zu verkorkst. Da muss man viel früher anfangen. Die Schulen in den Brennpunktbezirken müssten die besten der Republik sein. Die mit der teuersten Ausstattung, mit den engagiertesten und besten Lehrern und vor allem mit einem himmlischen Schüler-Lehrer-Verhältnis – 1:5 wäre doch schön.

Ich bin davon überzeugt, dass die Gemeinden auf lange Sicht Geld sparen würden. Kann das mal jemand ausrechnen, was es kostet, wenn ein Drittel meiner Klasse sich später erst mal von einer staatlich finanzierten Maßnahme zur anderen hangelt, um dann schließlich ein Leben lang Hartz IV zu beziehen. Und addiert doch bitte bei zwei bis drei Schülern die Kosten für mehrjährige Gefängnisaufenthalte. Ist das denn nicht viel teurer, als ein Super-Duper-Schulprojekt? Man muss das ja nicht gleich überall machen. Probiert das mal an ein oder zwei Schulen in jeder Großstadt aus und vergleicht dann die Ausgaben – alle reden doch immer von Nachhaltigkeit. Und vor allem, lasst die Konzepte für die neuen Schulen nicht von irgendwelchen Schreibtischfuzzis entwickeln, sondern von Lehrern, die bereits Erfahrungen mit schwierigen Schülern haben. Auch wenn wir nicht die besten Pisaergebnisse liefern oder tolle Bücher über das ideale Lernen schreiben, sind wir trotzdem die Spezialisten für unsere Schülerklientel.

Liebe Bildungssenatoren, gebt mir und Fräulein Krise ein halbes Jahr bezahlte Entwicklungszeit, und wir liefern euch ein Konzept, das sich gewaschen hat. Ich fürchte nur, niemand hat daran Interesse, gerade Migranten wirklich eine Chance zu geben, am Ende landen die noch in Positionen, in denen man sie gar nicht haben möchte.

## Mein Klassenkampf

Meine Schüler sind genau die, die immer im Fernsehen als die armen Opfer des Schulsystems dargestellt werden. Chancenlos und benachteiligt. Ich sehe allerdings nur, dass sie die Chance hätten, einen guten Schulabschluss zu machen, aber – sie gehen ja nicht mal zum Unterricht! Das hört jetzt auf! The empire strikes back! Frau Freitag hat die Schnauze voll. Jetzt wird den Schwänzern aus meiner Klasse der Garaus gemacht.

Ich komme also auf den Hof, und da sitzen die Mädchen und ein paar Jungs gemütlich auf den Bänken und quatschen. Ich werfe einen Blick auf ihren Stundenplan: Sport. Gehe zum Vertretungsplan. Vertretung bei Frau Kriechbaum. Wutschnaubend stürze ich mich auf sie: »Warum seid ihr nicht bei Frau Kriechbaum?« Gestammel und Fadenscheiniges wird mir entgegengebracht. »Tja, eine weitere Fehlstunde für euch. Pech.« Im Lehrerzimmer trage ich die Schüler in meine Fehlstundenliste ein. Es klingelt, ich gehe zu meinem Unterricht. Ich war bisher immer bei meinem Unterricht. Ist gar nicht so schwer. Man muss einfach nur hingehen. Warum können meine Schüler das nicht?

Nach der Stunde mache ich wieder einen Kontrollgang auf dem Hof, und da sitzen die doch tatsächlich immer noch an der gleichen Stelle. »Sagt mal, spinnt ihr? Ihr habt doch jetzt Physik!« – »Frau Schwalle lässt uns nicht rein.« Wortlos drehe ich mich um, kurz vorm Explodieren. Na wartet, ihr bekommt heute alle einen Brief nach Hause. Und dann wollen wir doch mal sehen. Jedem Einzelnen werde ich eine Schulversäumnisanzeige androhen. Wenn die Eltern das Wort Anzeige lesen, werden sie meinen Schülern bestimmt endlich mal Dampf unterm Hintern machen. Ich erzähle meiner Klasse ja nun schon seit Jahren, wie so eine Anzeige funktioniert und dass die Eltern unter Umständen bis zu 2 500 Euro bezahlen müssen. Das schockt sie jedes Mal – für fünf Minuten – höchstens bis zur nächsten Stunde.

Bevor ich nach Hause gehe, laufe ich noch mal über den Hof – geht doch nichts über einen gut organisierten Überwachungsstaat. Mehmet spielt fröhlich Basketball. Mittlerweile hat er nicht nur zwei Vertretungsstunden und Physik geschwänzt, nein, jetzt schwänzt er gerade auch noch die Geschichtsstunde, die schon seit zwanzig Minuten läuft. »Mehmet! Mitkommen!«

Schuldbewusst trottet er hinter mir her über den Hof. »Hat die Stunde schon angefangen?« Der Hof ist menschenleer. Ich drehe mich zu ihm um. »WILLST DU MICH VERARSCHEN?« Er geht zum Unterricht, ich wutschnaubend zurück ins Lehrerzimmer. Fünf Minuten später kommt Kollege Werner zu mir – mit Mehmet im Schlepptau: »Du, Frau Freitag, der ist doch von dir, oder? Der hat da oben wie bescheuert gegen die Tür gewummert.« – »Danke«, sage ich mit versteinertem Gesicht und zu Mehmet: »Okay, dann rufe ich jetzt deine Mutter an, die soll kommen und dich abholen.«

Die Mutter kommt, wir führen ein nettes Gespräch, Mehmet ziemlich kleinlaut, der Vater wird auch informiert. Mehmets Wochenende ist im Arsch. Und ich gehe wenig später fröhlich nach Hause und schreibe sofort Elternbriefe an fast alle Schüler meiner Klasse. Komisch, wie das meine Laune verbessert hat.

## Ihr stört mich bei meiner Arbeit!

Manchmal ist irgendwie der Wurm drin und man kackt in jeder Stunde meisterhaft ab. Wirklich in jeder. Fängt schon mit der ersten an. Ich schreibe einen Vokabeltest, drei Leute sind beim Klingeln da, nach fünf Minuten kommen sechs gackernde Teenagermädchen reingeflogen und kichern sich auf ihren Plätzen erst mal in aller Ruhe weiter aus. »Huch, *tschüch*, Test, *abó*, wusst ich nich, mach nich so …« Habe ich aber gnadenlos weiter so gemacht, und sie durften Zeugnis ihrer Unkenntnis ablegen. Alle eine Fünf oder eine Sechs. Nach dem Test geht das heitere Gequatsche weiter. Ich will einen Text lesen, scheint keinen zu interessieren. Sie schlagen nicht mal das Englischbuch auf. Ich warte, gucke böse, zerplatze innerlich, warte weiter … und dann setze ich mich hin: »Okay, so kann ich hier

106

nicht unterrichten. Ihr stört mich bei meiner Arbeit. Das kann nicht wahr sein, dass ihr jetzt schon so unruhig seid. Nicht in der ersten Stunde.« Sie starren mich etwas ungläubig an. Huch, Metaebene?

Ich schleudere ihnen eine Moralpredigt entgegen, die sich gewaschen hat. Sie endet mit der Frage: »Was wollt ihr eigentlich später mit eurem Leben anfangen? Einen Schulabschluss wollt ihr ja offensichtlich nicht.« Dann frage ich gezielt einzelne Schüler und Schülerinnen.

Abdul: »Frau Freitag, bei uns ist das irgendwie anders. Bei mir in der Familie hat keiner einen Abschluss. Oder wenn, dann nur einen Hauptschulabschluss. Aber die Eltern geben denen trotzdem Geld, wenn die Schule vorbei ist. So 5000 bis 10000 Euro.« Ich traue meinen Ohren nicht und schreie: »Na klar, Abdul, du meinst, deine Eltern geben dir 10000 Euro, wenn du hier ohne irgendeinen Abschluss von der Schule abgehst? Das glaubst du doch selber nicht. Woher sollen die denn so viel Geld nehmen?« Jetzt mischen sich die Mitschüler ein: »Warum sollen deine Eltern dir Geld geben, wenn du alles verkackst?«

Abdul sucht nach Auswegen: »Ich könnte auch so eine Ausbildung zum Bäcker machen. Bei meinem Vater. Der ist Bäcker. Da kann ich das auch ohne Schulabschluss.« Ich kläre ihn auf, dass sein Vater kein Bäckermeister sei.

»Doch ist er.«

»Nein, wahrscheinlich nicht.«

»Doch, der macht das schon seit dreizehn Jahren, und wenn ich dann Bäcker bin, dann verdiene ich so zwischen 3000 und 5000 Euro im Monat.«

»Wie bitte? Ein Bäcker – 5000 Euro, komm mal klar, Abdul, komm mal in der Realität an. Ein Lehrer verdient 2000 Euro, da kriegt doch ein Bäcker nicht 5000!« Abdul guckt verwirrt.

Samira dreht sich zu ihm und flüstert: »Willst du denn Bäcker sein?« Abdul kaut auf seiner Unterlippe und denkt nach. Diese neuen Fakten scheinen seine Zukunftspläne enorm durcheinanderzubringen.

Als ich Mehmet nach seinen Zukunftsplänen frage, bekomme ich folgendes Szenario: »Ich mach erst mal viel Geld.«

»Wie denn, ohne Schulabschluss?«, frage ich.

»Ich hätte da zehntausend Möglichkeiten.«

»Illegale Dinge, oder was?«

»Nein, legal.«

»Nenn mir nur eine einzige Möglichkeit, wie du ohne Abschluss viel Geld verdienen willst.«

Seine zehntausend Ideen behält er für sich und murmelt nur: »Dann heirate ich eben und bekomme zehn Kinder.« Nach dem Statement kann ich mich zurückhalten, denn jetzt wird er von seinen Mitschülern verbal zerfleischt.

Ich frage mich allerdings immer noch: In welchem Alter kommen Jugendliche eigentlich in der Realität an?

Ein paar Tage später kommt mir der Zufall zu Hilfe. Abdul hat einen Termin bei unserem hauseigenen Berufsberater. Zufällig sehe ich, wie er in das Berufsberaterbüro geht und stürze sofort hinterher: »Kann ich kurz mal was fragen? Wir hatten neulich eine kleine Wissenslücke: Abdul denkt, dass ein Bäcker unheimlich viel verdient. Sie wissen doch sicher, wie viel da netto rauskommt.« Der etwas schüchterne Berufsberater: »Also ein Bäcker …« Abdul versucht sich mit »Ich meinte Konditor« zu retten. – »Also, ein Bäcker oder ein Konditor, das ist nicht viel, 1 500 brutto, das sind dann vielleicht … 950 Euro netto.« Abdul flüstert: »Ich meinte ja auch, wenn der Laden einem gehört.« Ich: »Aber Abdul, wo willst du denn einen Laden hernehmen?« Und zum Berufsberater: »Na ja, ist ja auch egal,

vielleicht finden Sie mit ihm ja einen neuen Traumberuf.«
Ha, dachte ich. 950 Euro, so viel wie im Referendariat. Tzzz,
5 000 Euro, Traumtänzer ...

## Ich will Feuerwehrmann werden, weil ich gerne Leute helfe

Nicht nur Abdul, meine ganze Klasse hat seltsame Vorstellungen vom Berufsleben. Am Freitag fragt mich Mehmet: »Frau
Freitag, kann man sein Praktikum auch als Stewardess machen?« Stewardess – er sieht bestimmt süß aus in einem kurzen
Lufthansakleidchen. »Weiß ich nicht genau«, antworte ich.
»Wahrscheinlich kannst du am Flughafen arbeiten, aber die
werden dich im Praktikum nicht fliegen lassen. Kann ich mir
jedenfalls nicht vorstellen.«

»Ja, stell dir mal vor«, mischt sich Abdul ein, »deine Mutter
ruft dich auf Handy an, und du sagst, du fliegst gerade nach
Istanbul.«

»Was macht ihr denn eigentlich bei der Berufsvorbereitung?
Schlagen die euch keine Praktikumsplätze vor? Und fragt die
doch mal, wie viel man in der Ausbildungszeit verdient. Die
sollten so was doch wissen.«

Samira: »Das ist voll langweilig, der Unterricht bei denen.
Die wollen immer nur wissen, was wir so privat machen. Die
wollen uns aushorchen.« Sabine mischt sich empört ein: »Ja,
die sind voll neugierig. Und was hat das mit dem Praktikum zu
tun?« Wahrscheinlich versuchen die armen Kerle nur, etwas
über die Interessen und Fähigkeiten meiner Schüler herauszu-
bekommen. Langsam befürchte ich, dass niemand meiner Klasse
je sagen wird, welche Berufe es gibt und was man in den einzelnen Berufen so macht.

109

Ein Freund von mir veranstaltet mit Klassen außerhalb der Schule Bewerbungstraining und kann oft gar nicht fassen, wie wenig Ahnung die Schüler von der Berufswelt haben. Neulich hat er von einem griechischen Jungen erzählt, Realschüler, der sich in einem griechischen Restaurant als Koch bewerben wollte.

Das Einstellungssimulationsgespräch lief so:

»Nennen Sie doch mal ein paar griechische Gerichte.«

»Oh. Schwer. Also auf jeden Fall Tsatsiki. Und dann diese kleinen Würstchen. Die macht meine Mutter immer im Ofen.«

»Und wie heißen die?«

»Keine Ahnung. Aber lecker!«

»Stellen Sie mir mal ein typisches griechisches Drei-Gänge-Menü zusammen.«

»Oh. Schwierig.« Pause. »Das ist aber eine schwere Frage, also, als Vorspeise ... Salat.«

»Was soll denn da drin sein in dem Salat?«

»Normaler Salat. Dann vielleicht Tomaten.« Pause. »Und Gurken.«

»Sonst noch was?«

»Nein. »

»Käse?«

»Nein.«

»Aha, kommen wir zum Hauptgericht ...«

»Fleischplatte mit Kartoffeln!«

»Und zum Nachtisch?.«

Lange Pause. »Schwierig.« Pause. »Muss kein griechisches Gericht sein.« Pause. »Kuchen.«

Hätte dieser junge Mann wohl einen Ausbildungsplatz bekommen? Oder der, der sich bei der Polizei bewerben wollte?

»Woher weiß denn ein Polizist, was richtig und was falsch ist?«

»Das weiß der eben.«

»Und woher?«

»Keine Ahnung.«

»Steht das vielleicht irgendwo? Vielleicht in irgendeinem Buch?«

»Vielleicht. Auf jeden Fall wäre dieses Buch dick.«

Und was ist mit dem Mädchen, dass unbedingt Pharmazeutische Fachangestellte werden möchte und denkt, sie muss Mathe können, um das Haltbarkeitsdatum auf den Medikamenten auszurechnen. »Woher wissen Sie denn, welches Medikament ein Patient braucht?«

»Das weiß ich dann schon.«

»Schreibt das nicht ein Arzt auf?«

»Nein, das kann ich dann auch.«

Wussten Theo Guttenberg, Frank Steinmeier und Angela Merkel in der 9. Klasse bereits, was sie mal werden wollen? Oder wussten nur ihre Eltern, dass aus denen noch was werden SOLL? Und weiß man mit fünfzehn überhaupt schon, was man als Erwachsener machen möchte? Theos Eltern haben bestimmt nie gesagt: »Hauptsache, du findest gute Frau. Muss aber Jungfrau sein. Abiturschule ist egal. Hauptsache heiraten, und danach machst du viele Söhne.« Wäre es nach meinen Eltern gegangen, ich wäre heute Friseuse oder Hausmeister. Und ich wollte wahlweise Trapezkünstlerin, Archäologin, Kapitän oder Briefträgerin werden.

Meine Schüler wissen gar nicht, was sie mal werden wollen. Okay, einige wollen berühmt werden. Das ist ja schon mal was. Hätte ich auch nichts gegen. Ich sage ihnen immer: »Ich hebe alle eure Kunstarbeiten auf, wenn ihr dann mal berühmt seid und in der Zeitung steht, dann kann ich die an *BILD* verkaufen. Aber macht bitte nicht nur durch irgendeinen bescheuerten Einbruch oder mit Ehrenmord von euch reden.«

Und ich sage den Mädchen in jeder Klasse: »Wäre schön,

wenn eine von euch Kosmetikerin werden könnte, ich habe doch immer so viele Pickel.« Ich habe geschworen, Hakan zu konsultieren, bevor ich mir ein Auto kaufe, der kennt sich voll krass aus. Leider hängt er zurzeit in einer Maßnahme fest, aber ich vertraue seinem Sachverstand total.

Letztes Jahr hatte ich eine Schülerin, die von einer Gymnasiumschule zu uns kam. Daniela hatte gute Zensuren und wir sprachen oft nach dem Unterricht über Auslandsaufenthalte und darüber, wie das Studieren funktioniert. Sie will Plastische Chirurgin werden. Ich setze alle meine Hoffnungen in sie. Sie hat mir Rabatte versprochen. Eine Kosmetikerin, dir mir billiges Botox spritzen kann, würde mir aber in den nächsten Jahren erst mal reichen.

Die Berufswahl ist echt schwierig, und ich bin froh, dass ich das hinter mir habe. Ich beneide meine Schüler nur selten darum, dass ihnen noch alles offensteht.

Die Eltern kümmern sich meiner Meinung nach zu wenig darum. Und die Schüler wissen ja gar nicht, was es so alles gibt. Wenn die wenigstens sagen würden: »Irgendwas mit Medien.« Aber ich bezweifle, dass von Guttenberg vor 25 Jahren sagte: »Irgendwas mit Krieg will ich später auf jeden Fall mal machen.«

## Frau Freitag ermittelt

Was ich an meinem Lehrerdasein besonders liebe ist, dass ich ab und zu kriminalistisch tätig werden kann. Neulich gab es wieder einen Fall zu klären.

Als ich morgens ins Lehrerzimmer komme, spricht mich Kollege Werner an, wo denn drei meiner Schülerinnen (unter anderem Samira) gestern in der fünften und sechsten Stunde gewesen seien. In der zweiten Stunde hätte er noch das Vergnügen gehabt, sie zu unterrichten, aber später seien sie nicht mehr aufgetaucht. Es ist manchmal echt günstig, wenn ein Kollege mehrmals am Tag in einer Klasse unterrichtet. Sonst würde man oft gar nicht bemerken, dass die Schülerzahl gegen Nachmittag stark abnimmt. So auch gestern.

»Komisch, also in der zweiten Stunde waren sie noch da, sagst du? Hmmm …«

»Ja, und in der sechsten Stunde hat Frau Schwalle sie dann auf dem Lidl-Parkplatz gesehen. Wann hast du denn heute in deiner Klasse? Dann komme ich nämlich einfach mal rein.«

Anscheinend gibt es in unserem Kollegium noch andere Hobbydetektive. Ich sage: »Ich hab die jetzt gleich, bin gespannt, was die mir auftischen werden.«

Die Klasse trudelt ein, wir plaudern gemütlich, bis es klingelt. Ich gebe mich betont freundlich – einfach öfter mal nett sein! – und hake so ganz nebenbei die Anwesenheitsliste ab. »Marcella, Ayla und Samira, wo wart ihr eigentlich gestern in der fünften und sechsten Stunde?«

Marcella: »Samira war schlecht, und da sind wir in den Freizeitbereich gegangen. Und da hat sie sich dann hingelegt.«

Der Freizeitbereich ist der Ort, an dem die Schüler die Pausen und ihre Freistunden verbringen können. Dort kann man Billard oder Tischtennis spielen. Ich habe da noch nie ein Krankenbett gesehen. Zur Genesung taugt dieser Teil der Schule meines Wissens nicht.

»Wenn ihr schlecht war, hättet ihr doch ins Sekretariat gehen müssen und nicht in den Freizeitbereich …«

Samira: »Ich geh doch nicht ins Sekretariat! Niemals!«

»Also, wer war denn im Freizeitbereich? Welcher Erzieher war da?«

Samira: »Gar keiner.«

Ich stutze, seit wann lassen die Erzieher den Freizeitbereich unbeaufsichtigt? Das habe ich ja noch nie gehört. Die Mädchen merken, dass Samiras Behauptung unglaubhaft klingt, und denken noch mal nach. »Ich glaube, Micha war da«, sagt Ayla. Alles klar, Micha, der netteste Erzieher. Jetzt überlegen sie bestimmt, wie sie ihn einweihen können, damit er ihnen ein Alibi verschafft. »Und ihr seid euch ganz sicher, dass ihr da wart, ja?« Sie nicken wie die Unschuldslämmer.

Fünf Minuten später geht die Tür auf und der Kollege Werner steht da, mit Zetteln in der Hand. »So, hier sind drei Tadel, die bringt ihr bitte morgen unterschrieben wieder mit. Ich habe auch noch die Begründung drangeheftet, zu eurer Information.« Starre Stille. Sie lesen und sagen nichts. Überführt. Der Kollege geht zufrieden wieder raus.

Ich sage: »Ihr wart gar nicht im Freizeitbereich, ihr wart außerhalb des Schulgeländes! Auf dem Lidl-Parkplatz.«

Samira schreit: »Nein, das stimmt nicht, woher wollen Sie das wissen?«

»Herr Werner war doch gerade hier, und der hat euch gesehen.«

Samira überlegt: »Aber Herr Werner kann uns doch gar nicht gesehen haben, der war doch da im Unterricht.« Ich denke: Stimmt, die haben ja in seiner Stunde gefehlt. Plötzlich geht Samira ein Licht auf: »Das war die Schwalle, die hat uns verpetzt!«

»Die Hässlichkeit«, flüstert Ayla.

Ich überhöre die Beleidigung und setze zur Moralpredigt an: »Ihr habt mich also angelogen.« Samira: »Nein, wir haben nicht gelogen, wir haben nur nicht alles erzählt.« Marcella: »Das hätten Sie als Kind auch nicht gemacht.« Nein, denke ich, wahrscheinlich nicht.

Was mich aber den ganzen Tag noch beschäftigt hat: Waren sie nun vorher im Freizeitbereich, oder haben sie mich doch angelogen? Morgen frage ich Micha. Und wenn der sich nicht erinnern kann, dann mache ich eine Gegenüberstellung mit den dreien und allen Erziehern und Erzieherinnen, die gestern im Dienst waren. Wäre doch gelacht, wenn ich diesen Fall nicht lösen könnte.

Ein paar Tage später habe ich die ganze Sache schon fast wieder vergessen, auch dass ich den Schwänzerkindern Briefe nach Hause geschickt habe. Aber die kamen anscheinend an, denn ich erhielt bereits den ersten Rückruf eines verstörten Erziehungsberechtigten. Na, endlich bewegt sich was. Von meiner Klasse wurde ich dementsprechend begrüßt: »Vielen Dank, Frau Freitag, vielen Dank für die Post ...« Samira: »*Abóóó*, Frau Freitag, ich habe meiner Mutter erst den Tadel gezeigt und dann kam sie noch mit dem Brief. *Tschüch*, war die sauer, jetzt habe ich voll Ärger zu Hause.« Marcella: »Meine Mutter hat das unterschrieben, weil mein Vater war Nachtschicht, aber heute Abend bekomme ich voll Ärger, weil er hat mich heute morgen schon so böse angeguckt und nicht mit mir geredet.«

Während die Schüler dann friedlich vor sich hinarbeiten, höre ich immer wieder: »*Abó* ja, ich gehe jetzt immer Unterricht.« – »Ich auch, ich schwänze nie mehr.« – »Ich will auch mehr machen für die Schule.« Herrlich, hoffentlich hält das noch eine halbe Woche an.

Nach meinem Unterricht will ich die unterschriebenen Tadel in das Fach von Herrn Werner legen, plötzlich regt sich der Kriminalist in mir. Was, wenn die Girls das alles nur erfunden haben? Was, wenn die sich ausgedacht haben, dass sie mir einfach erzählen, wie viel Ärger sie bekommen haben, und eigentlich haben sie die Tadel gar nicht vorgezeigt, sondern selbst unterschrieben? Sofort rufe ich bei Samira an: »Hier ist Frau Freitag, die Klassenlehrerin von Samira, könnte ich mit Samiras Vater sprechen. Ja, wegen des Tadels.«

»Ja, hat sie gezeigt. Wir haben darüber gesprochen und sie hat schon Arschvoll bekommen. Aber wissen Sie, wir waren ja auch Kinder …«, sagt er.

»Ja«, antworte ich, »ich weiß, na, hoffen wir mal das Beste für die Zukunft.«

## Nicht alle sind Hirntote

Ich befürchte, dass meine Schüler wie die absoluten Hohlbirnen wirken. Das sind sie aber nicht. Wirklich nicht! Ich halte sehr viel von meiner Schülerschaft, bewundere sie dafür, was sie täglich leisten und wie gut sie sich zum größten Teil in unserem antiken Schulsystem entwickeln. Nie würde ich auch nur einen oder eine aus meiner Klasse gegen einen ehrgeizigen wohlerzogenen Gymnasiasten eintauschen wollen. Denn meine Schüler können mich jeden Tag aufs Neue überraschen. Im Positiven und leider auch im Negativen. Langweilig ist es zum Glück nie. Das kann wahrscheinlich nicht jeder von seinem Arbeitsalltag sagen. Und anstrengend sind wahrscheinlich die meisten Jobs. Aber für die Schüler ist die Schule ja auch anstrengend. Ich würde nicht mal eine Woche als Schüler aushalten. Die haben so unheimlich viele Stunden und müssen sich alle fünfundvierzig Minuten auf einen neuen Irren einstellen. Der eine will dies, der andere regt sich über das auf. Neulich habe ich mit meiner Klasse über Schüler gesprochen, die nur über das Internet unterrichtet werden. Ich fand es super und dachte, sie wären begeistert von der Vorstellung, jeden Tag zu Hause zu bleiben. Sie fanden es furchtbar und stellten fest, dass es viel zu langweilig wäre und sie eigentlich gerne zur Schule gehen. Dort treffen sie ja auch ihre Freunde, und es ist immer was los.

Man darf auch nicht vergessen, dass die Schüler sich in der Hochphase der Pubertät befinden. Die normalisieren sich auch wieder und werden später ruhiger und zuverlässiger. Wahrscheinlich haben wir die falsche Idealschülerschaft vor Augen. Wir gehen immer von Standards aus, die wir vielleicht einfach vergessen sollten. Der ideale Schüler ist bei uns ein heiliger Alles-Mitmacher, den es wahrscheinlich nicht mal an den elitärsten Gymnasien gibt. Wir sollten einfach mal anfangen, die Schüler so zu sehen, wie sie sind, und uns dann überlegen, wie wir sie am besten auf ihr späteres Leben vorbereiten können. Wir sollten uns nicht immer aufregen, wenn fünf Leute zu spät kommen, sondern uns darüber freuen, dass der Rest pünktlich ist. Nicht darüber meckern, dass viele so schlecht Deutsch sprechen, sondern stolz darauf sein, bilinguale Schüler zu unterrichten. Nicht multikulti, sondern kosmopolitisch und international sind unsere Schulen. Warum ist es besser, Französisch zu können als Arabisch? Warum ist Italienisch höherwertiger als Türkisch? Und welcher Lehrer ist mit seiner Familie schon mal in ein anderes Land gezogen und muss sich täglich in zwei Kulturen bewegen?

Ach, theoretisch ist das doch alles ganz einfach, aber in ein paar Stunden stehe ich selbst wieder vor irgendeiner Klasse und rege mich darüber auf, dass sie keine Hausaufgaben gemacht haben.

## Herbst

Wenden wir uns wieder den wirklich wichtigen Aspekten der Bildung zu! Ist eigentlich irgendjemandem schon mal aufgefallen, wie unpassend sich Schüler kleiden? Gerade wenn die Jahreszeiten wechseln, fällt mir das auf. Den Herbst scheinen viele meiner Schüler ignorieren zu wollen, indem sie einfach konsequent ihre Sommerklamotten weitertragen. Ich sehe nicht eine leichte, aber doch wärmende Übergangsjacke. Sie kommen in dünnen langärmligen T-Shirts, manche sogar kurzärmlig. Das andere Extrem: Neulich auf dem Weg zur Schule sehe ich einen Jungen mit Schultasche und Wollhandschuhen. Und wenn es regnet, dann bleiben sie schön zu Hause, oder hat schon mal jemand einen Schüler mit einem Regenschirm oder im Regenmantel gesehen?

Irgendwo habe ich gelesen, dass ein Indiz für die Zugehörigkeit zur, ähm ...bildungsfernen Schicht, Arbeiterklasse, Unterschicht sei, sich im Sommer zu warm und im Winter zu kalt anzuziehen. Bildungsfern – das kann man auch sein, wenn man viel Geld verdient. Arbeiterkinder sind unsere Schüler nicht, ihre Eltern haben ja keine Jobs. »Hartz-IV-Kinder« – gibt es so einen Ausdruck überhaupt? Na ja, egal, sollte die Theorie jedenfalls stimmen, dann müssten unsere Schüler zurzeit in Hotpants und Bikinioberteil zur Schule kommen.

Wo sind die Mütter, die morgens kontrollieren, dass man auch schön die Jacke zumacht oder die Jacke überhaupt mitnimmt? Wenn ich im Winterschneesturm mit Schal und Mütze in einem fetten Daunenmantel auf dem Hof meiner Aufsichtspflicht nachkomme, rennt da immer ein Haufen Schüler im T-Shirt rum. Aber dann sitzen die gleichen Schüler in einem völlig überhitzten Klassenraum und weigern sich, ihre Handschuhe auszuziehen. Sind die Schüler bei uns schon so verroht, dass sie Temperaturunterschiede überhaupt nicht mehr wahrnehmen? Erst im Mai hat Emre seine Winterjacke abgelegt, aber jetzt wird es bis Januar dauern, bis er sie wieder rauskramt.

Ich freue mich jetzt schon auf meine Wintermantras: »Mach die Jacke zu, du erkältest dich«, und: »Zieh bitte die Jacke aus, hier ist es warm.«

Und liebes H&M, wie wäre es mal mit richtig coolen Übergangsjacken oder, noch besser, stylischen Regenmänteln? Und bitte bringt mal neue Pullis raus. Ich kann diese Streifenteile nicht mehr sehen.

Aber kleiden sich Lehrer eigentlich immer besonders modisch? Und warum können wir unsere Berufskleidung nicht steuerlich geltend machen? Ich habe ja, wie wahrscheinlich jeder Lehrer, meine Schulklamotten und meine Privatkleidung. Privat: so ganz leger. Aber in der Schule, da bin ich Lehrerin, da darf nix auf den T-Shirts stehen. Bei Fräulein Krise kam mal ein Kollege mit einem Böhse-Onkelz-T-Shirt in die Schule. Finde ich persönlich unpassend.

Liebe Junglehrer, Aufdrucke wie: »Wählt die CDU – jetzt!«, »Motörhead fetzt«, aber auch: »Ökostrom – die bessere Alternative, auch wenn's Atomstrom ist«, gehören eher in die Kategorie Privat. Kauft euch einfarbige T-Shirts fürs Unterrichten. Nicht zu eng und nicht zu weit ausgeschnitten. Und Achtung: Die ganz billigen halten dem Angstschweiß, den man bei Vertretungsstunden entwickelt, nicht lange stand, die fangen an zu stinken. Da hilft nur: wegschmeißen und neue kaufen. Also lieber gleich ein paar Euro mehr investieren. Ach ja, liebe Junglehrerinnen: BH nicht vergessen!

Frau Dienstag schwört auf Blusen. Vorne zugeköpft ist gar nicht schlecht, denn man darf nicht vergessen, dass man – vor allem beim Frontalunterricht – ja allen Blicken ausgeliefert ist. Und auch wenn die Schüler nicht zuhören oder mitmachen, eines tun sie ganz sicher – sie werden dich von oben bis unten mustern. Und wenn das Hemd zu durchsichtig oder der Pullover dreckig ist, dann weiß das gleich die ganze Schule. Apropos Pullover: Liebe nicht mehr ganz so junge Lehrerinnen, bitte keine Pullover mit Teddybär-Applikationen tragen!

Meine Idealvorstellung vom perfekten Lehreroutfit ist eine hautenge Art Rüstung, wie ein Korsett aus irgendeinem tragbaren Metall. Könnte so geschnitten sein wie eine Stewardessenuniform, in dunkelgrau, und da müssten so Stäbe drin sein, die einen aufrichten, damit man immer ganz gerade steht. Habe ich aber noch nicht gefunden, und so begnüge ich mich mit den spießigsten Kostümchen, die ich in den Damenoberbekleidungsabteilungen der Kaufhäuser finde. Ich habe mir sogar extra eine Brille mit Fensterglas gekauft, damit ich lehrerinnenmäßiger aussehe. Und trotzdem fragte mich letztes Jahr ein Schüler, ob ich eine Praktikantin bin. Haare unbedingt hochstecken, am besten Dutt. Und die Schuhe nicht zu flach, die Schüler müssen dich schon am Klackern deiner Absätze erkennen.

Und die Herren … was ist nur los mit euch Lehrern? Warum seid ihr so schlecht angezogen? Meint ihr wirklich, den Schülern fällt nicht auf, dass ihr nur zwei labbrige Cordhosen besitzt, mehrere Tage dasselbe Hemd tragt und eure braunen Lederslipper irgendwie nicht mehr angesagt sind … An der Schule werden modische Trends gesetzt! Macht mal mit! Und was soll das eigentlich immer mit diesen speckigen Schweinsledertaschen?

## Ständige Überraschungen

Es regnet in Strömen. Ich denke: Na, wird wohl keiner zur ersten Stunde kommen – regnet ja, könnten sie ja nass werden. Aber um acht sind alle da, und die Hälfte der Schüler hat einen Regenschirm, die andere wasserdichte Übergangsjacken.

Dann kommt Herr Werner in der Pause auf mich zu und erzählt, wie toll meine Klasse gestern mitgemacht hätte. Nicht nur vom Verhalten her, auch ihre Beiträge seien super gewesen. Und Frau Hinrich sagt, dass alle pünktlich und lieb waren. Normalerweise werde ich von Frau Hinrich, die meine Klasse in Deutsch unterrichtet, immer mit der Anzahl der fehlenden Schüler begrüßt. »Guten Morgen Frau Hinrich.« – »Frau Freitag, wieder haben sieben Schüler gefehlt und drei kamen zu spät.«

In der zweiten großen Pause führe ich ein Elterngespräch mit einer Mutter, die sich selber eingeladen hat und mir damit leider meine Pause nimmt. Allerdings verläuft das Gespräch gut und endet mit vielen Versprechungen und gegenseitig vereinbarten Kontrollmechanismen: Ich soll in Zukunft immer sofort anrufen, wenn was ist. Der Sohn wirkt in der Schule so, als hätte er keine Eltern, aber die Mutter ist sehr interessiert am schulischen Werdegang ihres Kindes – trotz großer Verständigungsprobleme. Sie spricht kaum Deutsch, hat dafür aber gleich eine Übersetzerin zum Gespräch mitgebracht. Das ist bei uns an der Schule nichts Außergewöhnliches. Man freut sich allerdings besonders, wenn die Übersetzer schon volljährig sind.

Aber dann der krönende Abschluss des Tages – Kunstunterricht in meiner Klasse. Während die anderen arbeiten, hockt sich Esra neben das Lehrerpult. Esra trägt Kopftuch, aber nicht ständig dasselbe, sondern jeden Tag ein anderes und immer mit Glitzer und farblich abgestimmtem Schmuck dazu. Mein Freund nennt diesen Stil Disco-Islam.

»Frau Freitag, Samira und ich lesen doch gerade Anne Frank und das ist ja sooo schrecklich, wie die die Juden behandelt haben.« Ich erinnere mich dunkel daran, dass die Deutschlehrerin mit meiner Klasse ein neues Buch anfangen wollte: »Lest ihr das jetzt in Deutsch?«

»Nein, das haben wir uns aus der Bücherei ausgeliehen. Und das ist so ein gutes Buch. Aber alles so schrecklich. Die Juden durften ja nicht mehr rausgehen abends.«

»Ja, ich weiß. Esra, verstehst du jetzt, warum wir nicht wollen, dass ihr ›Jude‹ als Schimpfwort benutzt? Weil die Deutschen doch damals so gemein zu den Juden waren.«

»Ja, ich mach das auch nicht mehr.« Damit trottet sie wieder an ihren Platz. Ich starre ihr verwirrt hinterher. »Weil die so gemein waren« – habe ich das eben echt gesagt? Leicht untertrieben, aber egal, Hauptsache, sie lesen. Und dann auch noch Anne Frank und zwar freiwillig – wer hätte das gedacht?

## Warum gehst du nicht an eine andere Schule?

Neulich war ich noch voll spät abends draußen. Bei einem Konzert – also nicht Motörhead und dann bis morgens saufen und direkt in die Schule. Mehr so was Ruhiges. So lehrerfeelgoodmäßig. Und ich bin auch schon um halb elf gegangen und dann schnell ins Bett und Licht aus. Aber auf dem Konzert habe ich mit einem jungen Mann gesprochen, der gerade sein Abitur nachmacht. Auf dem zweiten Bildungsweg. Der ist übrigens nicht um halb elf gegangen und hatte am nächsten Morgen auch Schule. Jedenfalls haben wir so gequatscht, und ich musste wieder die übliche Leier abspulen: »Ich bin Lehrer, ja, macht Spaß, ja, ist anstrengend, ja, ich mach das gerne …« Und da sagt er, dass er auch überlegt, später auf Lehramt zu studieren. Und wir quatschen und quatschen und ich berichte ein wenig aus meinem Berufsalltag. Achte darauf, diesmal nur Positives zu berichten. Wir müssen ja schließlich dafür sorgen, dass es an unseren Schulen bald Nachwuchs im Kollegium gibt. Ich versuche also, meinen krassen Alltag möglichst gut darzustellen. Da er sich noch nicht so gut auskennt, erkläre ich den Unterschied zwischen der Arbeit an meiner Art von Schule und der Arbeit am Gymnasium – so wie ich mir das vorstelle. Ehrlich gesagt, habe ich außer ein paar Erzählungen gar keine Ahnung von Gymnasien. Er fragt mich nach der Belastung und wie denn meine Woche so aussieht, wann ich nach Hause komme und wie ich mich dann so fühle und vor allem, ob ich nach der Schule noch viel vorbereiten müsste. Ich sage dann immer, dass ich eigentlich zu Hause nicht so super viel machen muss, da unsere Schüler alles nur sehr langsam checken und man sich eher in Spiralen bewegt: was vorbereiten, durchführen, Schüler checken nichts, am nächsten Tag noch mal Übungen dazu, dann wieder einen Zentimeter vor, dann wieder einen Meter zurück und so weiter. Fazit: Die Vor- und Nachbereitung hält sich in Grenzen, dafür ist der Unterricht selbst oft hyperanstrengend. Manchmal komme ich nach Hause und denke: Bitte gebt mir den Gnadenschuss – ich sterbe sowieso gleich. Dann bin ich so fertig, dass ich ohnehin nichts mehr vorbereiten könnte. Ich sitze eigentlich immer nur am Sonntag am Schreibtisch und arbeite. Dafür ist der Unterricht an den Gymnasien wahrscheinlich in der Durchführung leichter, aber die korrigieren ewig und müssen sich wahrscheinlich auch intensiver vorbereiten.

»Da musst du eben wissen, was du willst. Ob du an einem Gymnasium oder woanders arbeiten willst«, sage ich dem jungen Mann. Ich erzähle, dass ich auch in der 11. Klasse unterrichte: »Das ist voll easy. Die machen alles, was du willst, und sind immer leise. Irgendwie ist es aber auch langweilig.«

»Langweilig?«

»Ja, die brauchen einen gar nicht.«

123

Er wundert sich: »Aber wenn der andere Unterricht so anstrengend ist, warum gehst du denn nicht an ein Gymnasium?«

Ich überlege. Ja, warum tue ich mir das eigentlich alles an? Warum gehe ich nicht an ein Gymnasium? Und dann fällt mir plötzlich die Antwort ein: »Weil ich keine Schüler unterrichten kann, die was lernen wollen.« Komisch, oder?

### Sachen die ich immer wieder sage

- Guten Morgen.
- So, Leute. Lasst mal anfangen, ist schon fünf nach.
- Sei mal leise.
- Merkst du's nicht, du redest immer noch.
- Pack das Handy weg.
- Nicht hier im Raum essen. Der Tisch wird fettig.
- Kaugummi raus, Mütze ab, Jacke ausziehen.
- Fast richtig. Versuch's noch mal.
- Guten Morgen. Das hat Christine gerade gesagt.
- Nützt es was, wenn ich mich mit deinem Vater darüber unterhalte?
- Nur in den Pausen aufs Klo.
- Pack das weg. (DAS ist meistens Schminkzeug)
- Noch nicht einpacken.
- Hat noch nicht geklingelt.
- Fang doch jetzt mal an, die anderen sind schon fast fertig.
- Stühle hochstellen.
- Heb das bitte auf. – Von mir ist das auch nicht.
- Lass ihn/sie in Ruhe.
- Sprich nicht in dem Ton mit mir.
- Schrei nicht so, ich stehe doch direkt neben dir.

Bei guter Laune oder Schulinspektion hänge ich an die Sätze auch ein BITTE.

**Ich sage aber auch oft:**

- Super, hast du das alleine gemacht?
- Toll, schon fast richtig.
- Neuer Haarschnitt? Steht dir gut.
- Schöner Pulli.
- Danke, dass du das aufhebst.
- Danke, mir geht es auch gut.
- Danke, aber das zieht mir die Füllungen aus den Zähnen.
- Lehrer sollten sich nicht auf Facebook mit Schülern befreunden.
- Ich weiß noch nicht mal, was MSN ist.
- Ich bin wahrscheinlich älter als deine Mama.
- Wenn du dir jetzt wirklich in die Hose machst, kaufe ich dir in der Pause eine Cola.
- Ach ihr Armen, ihr habt noch drei Stunden ... Ich gehe jetzt nach Hause.
- Nein, ich fahre nicht weg.
- Ja, ich fahre in den Winterurlaub.
- Wooochenendeee!

# Nimm du doch meine Klasse ...

Die Kollegen meckern wieder. Gestern komme ich ins Lehrerzimmer und werde bombardiert mit: »Deine Klasse spinnt ja wohl.« Vorher hatte ich eine Stunde in meiner Klasse und alle kamen relativ pünktlich, haben sich gut benommen und sogar friedlich gearbeitet. Weil die Stimmung gut war, kamen auch diverse Schüler zu mir, um mir ihre Probleme zu erzählen. Und die sind – gelinde gesagt – massiv. Da geht es um Krasseres, als kein Prinzessinnenschloss von Playmobil zum Geburtstag zu bekommen oder eine Woche nicht fernsehen zu dürfen. Solche

Probleme hat keiner meiner Kollegen. Ich kann es immer gar nicht fassen, was die erleben – erleben müssen. Normale Jugend ist das nicht. Ich wundere mich eigentlich oft, dass die trotz dieses harten Aufwachsens relativ normal ticken.

Da droht bei einigen Mädchen die Zwangsheirat im Geburtsland der Großeltern, Alkohol- und Drogenkonsum mancher Eltern gefährdet die »Erziehungsarbeit« zu Hause, und ich hatte sogar schon Schüler, deren Vater oder Mutter ermordet wurde. Jeder Psychologe würde sagen, dass ein Totaldurchdrehen bei solchen Erlebnissen durchaus normal wäre.

Manchmal wünschte ich, die Schüler würden mir dieses ganze Elend nicht erzählen. Aber passieren würde es ihnen ja trotzdem, nur ich könnte abends besser abschalten und nachts ruhiger schlafen.

Recht geschockt gehe ich also ins Lehrerzimmer und werde gleich belagert: »Die haben wieder, die haben nicht, keine Hausaufgaben … blabla.« Ich höre mir alles an und lasse es irgendwie an mir abprallen oder eher an mir runterrutschen. Stoisch stehe ich da, während mich zwei Kolleginnen mit Gejammer und Beschwerden übergießen. An manchen Stellen sage ich: »Hmmm … Ja … Gibt's ja gar nicht …« Ich verspreche, mit meiner Klasse zu reden, und beschließe in dem Moment schon, mal gar nichts zu machen. Warum soll ich meine Klasse dauernd anmeckern? Nützt doch sowieso nichts. Fräulein Krise sagt mir ja fast täglich, dass es egal ist, ob man meckert, Briefe schreibt oder die Schüler pädagogisch einlullt. Ändern tut das nichts.

Meine Klasse kann ja gut mitmachen. Das weiß ich, und das haben mir die Kollegen auch schon oft gesagt. Warum die das so selten machen, weiß kein Mensch. Aber eines weiß ich: Wenn ich sie am Mittwoch anmeckere oder rumjammere, dann benehmen sie sich am Freitag nicht automatisch besser.

Vielleicht sollten die Kollegen die Schüler mehr loben, wenn sie gut mitmachen. Die immer mit ihrem »Nicht gemeckert ist genug gelobt«. Oder sollte ich denen mal erzählen, was bei den Schülern privat los ist – und dass eine nicht gemachte Hausaufgabe dazu in keinerlei Relation steht? Ich weiß es nicht. Es gibt natürlich noch die Ich-bin-Klassenlehrer-und-ich-verstecke-mich-immer-Taktik. Einige Kollegen – vor allem solche, die schwierige Klassen haben – sehe ich überhaupt nicht im Lehrerzimmer. Oder ich biete den Meckerkollegen meine Klasse an: »Du hast recht. Die benehmen sich total schlecht. Das liegt an mir. Ich hab es einfach nicht drauf. Übernimm du meine Klasse. Du könntest die bestimmt auf den richtigen Weg bringen. Zug reinbringen. Tacheles reden. Mal richtig durchgreifen. Ich wundere mich sowieso, warum DU nicht Klassenlehrerin bist, wo du doch so viel kompetenter bist als ich.«

Oder die paradoxe Intervention: »Ja, die sind total übel. Das war ganz schön harte Arbeit, die so hinzukriegen. Bei mir benehmen sie sich gut, aber ich sage denen täglich, dass sie bloß nicht bei den Kollegen mitmachen sollen. Schminken tut ihr euch bitte in Mathe und vergesst nicht, bei Frau Schwalle so richtig die Sau rauszulassen. Immer dran denken: ziviler Ungehorsam – immer und überall!«

## Ich geb's ja offen zu: Ich bin schuld!

Frau Dienstag regt sich selten auf. Sie ist unheimlich anpassungsfähig. Selbst Schulschließungen bringen sie nicht aus dem Konzept. Bisher wurde jede Schule, an der sie gearbeitet hat, geschlossen. Dass es an ihr liegen könnte, darauf kommt sie gar nicht.

Muss eine Schülerin von ihr in die Psychiatrie, dann hat sie damit nichts zu tun. Trinkende Mütter, schwangere Achtkläss-lerinnen – alles nicht ihre Schuld. Geht sie alles nichts an. Nachts schläft sie wie ein Stein. Abschalten – für sie kein Problem. Wenn sie aus dem Schultor geht, ist sie Privatperson. An der eigenen Haustür hat sie schon vergessen, dass sie Lehrerin ist. Ich bewundere und beneide sie dafür. Warum fühle ich mich immer für alles verantwortlich?

Wenn Sabine zu spät zu Deutsch kommt, dann verstecke ich mich vor Frau Hinrich, damit ich nicht angemeckert werde. Wenn Samira und Ayla kein Sportzeug dabei haben, dann entschuldige ich mich schon vor dem Unterricht beim Fachlehrer. Wenn Murat und Justin bei mir eine Fünf geschrieben haben, dann rufe ich noch am gleichen Nachmittag ihre Eltern an und entschuldige mich dafür, dass ich ihren Söhnen nichts beigebracht habe.

Nächstes Jahr muss ich wieder einen Brief an die Wirtschaft schreiben und bedauernd erklären, dass ich es wieder nicht geschafft habe, ausbildungsfähige Schulabgänger zu produzieren. Für die verkackten PISA-Ergebnisse habe ich mir einen Monat Stubenarrest verordnet. So, jetzt ist es raus. Und ich möchte nie mehr hören, die Schulen übernähmen keine Verantwortung für die Bildungsmisere.

Allerdings drücke ich mich nun schon seit Tagen wieder erfolgreich darum, einen Haufen Arbeiten zu korrigieren. Also eigentlich soll ich sie nicht korrigieren, sondern durchsehen und zensieren. Leider besteht diese Arbeit jedoch nicht nur aus Multiple-Choice-Aufgaben, sondern auch aus längeren Textpassagen. Die Schüler sollten sich zu einem bestimmten Thema äußern, und das sieht dann so aus, dass sie – unter enormem Zeitdruck – alles hinklieren, was ihnen zu diesem Thema einfällt. Sie denken vorher nicht nach, machen sich auf keinen

Fall erst Notizen oder Stichpunkte zu dem, was sie eigentlich mitteilen wollen, sondern schleudern einfach alles aufs Papier. Von dieser Anstrengung sind sie dann so geschwächt, dass sie ihre Texte nicht noch einmal durchlesen können. Zitat Frau Dienstag: »Ich fühle mich bei der Durchsicht von Arbeiten wie ein Kanalarbeiter, der sich durch ihre Scheiße wühlt.«

Ich kann den Schülern noch so oft sagen, dass sie sich die Aufgaben genau durchlesen sollen und dann wirklich nur das hinschreiben sollen, wonach ich gefragt habe. Sie hauen mir doch wieder den ganzen unverdauten Wust an Fakten um die Ohren, den sie noch irgendwo aus ihren Hirnen herauskramen können. Und was soll ich bitte damit machen? Auf einer Seite Text steht dann bis zu 90 Prozent Murks, und nur zwei Sätze beantworten die gestellte Frage. Zählt das noch als fast richtig? Total falsch? Netter Versuch, leider daneben? Ich umkringele die zwei richtigen Sätze und schreibe daneben, dass da die richtige Antwort steht. Die Falschheit der Fakten um die beiden Sätze herum zwingt mich allerdings dazu, die Aufgabe mit null Punkten zu bewerten. Ist »fast richtig« nicht auch nur ein anderer Ausdruck für falsch? Auf jeden Fall sage ich ständig »fast richtig« und meine jedes Mal »falsch«.

Beim Korrigieren erinnere ich mich daran, wie ich mich fühlte, wenn ich als Schülerin eine Arbeit zurückbekommen habe. Manchmal hat meine Deutschlehrerin »GUT!« an den Rand geschrieben. Darüber habe ich mich immer sehr gefreut. Früher stand unter der Arbeit auch immer noch ein persönlicher Satz: »Du hast dir viel Mühe gegeben. Deine Charakterisierung ist dir gut gelungen.« Auch darüber habe ich mich gefreut. Aber was soll ich meinen Schülern unter eine Fünf schreiben? »Du hast dich zwar gar nicht bemüht, aber sieh es mal so: Es war ja die erste Arbeit, vielleicht lernst du für die nächste mal.« Oder: »Du hast Glück, nach oben ist alles offen.«

Manchmal amüsiere ich mich über den Wirrwarr, den die Schüler abgeben, aber meistens werde ich einfach wütend: »Oh, Sabine, was schreibst du da für einen Mist! Australien wurde doch nicht von Kolumbus entdeckt.« – »Super, Serçan, das wird dann wohl wieder eine Sechs, warum hast du denn nicht wenigstens versucht, die Schreibaufgabe zu machen?« Irgendwie sind einem die Schüler dann ganz nah. Wenn ich ihre kleinen kritzeligen Handschriften sehe, das hektisch Durchgestrichene, der rechts daneben geschriebene zweite Versuch, der genauso verquer ist wie der erste. Die Fahrigkeit am Ende der Arbeit, wenn sie dermaßen unter Stress geraten, dass die Handschrift immer größer wird und die Rechtschreibregeln jegliche Dringlichkeit verlieren.

Frau Dienstag hat recht: All die Probleme und Katastrophen, die uns täglich auf der Arbeit begegnen, SIND unsere Arbeit. Das muss ich einfach mal einsehen. Meine Arbeit beginnt nicht erst, wenn ich in der Klasse den Idealzustand hergestellt habe, der eigentlich eine Illusion ist, den ich nie erreichen werde. Seit Jahren renne ich – und wahrscheinlich der größte Teil meines Kollegiums – der Vorstellung hinterher, dass wir uns nur richtig anstrengen müssten, dann hätten wir schon irgendwann eine liebe ruhige Klasse vor uns sitzen, die unbedingt etwas lernen will. Da wir – egal, was wir auch versuchen – diese Traumklasse nie vorfinden und die vorhandenen Schüler nie zu dieser Streber-Truppe machen können, sind wir täglich frustriert. Anstatt jetzt pragmatisch zu sein und zu sagen: »So sind unsere Schüler eben, und nun müssen wir das Beste draus machen«, denken wir ständig: »Wieder keiner die Hausaufgaben gemacht, die müssen erst mal auf Spur gebracht werden, die werden immer schlimmer.«

Fräulein Krise sagte mir schon vor Jahren: »Wir können uns

die Schüler nicht backen und müssen eben mit dem arbeiten, was wir bekommen.« Das heißt natürlich nicht, dass wir nicht täglich versuchen sollten, ihnen so viel wie möglich beizubringen. Aber wir sollten aufhören zu glauben, dass erst einmal eine Art Idealzustand hergestellt werden müsste. Wenn ich mich daran halten und die Schüler so sehen würde, wie sie wirklich sind, mit all ihren Defiziten, aber auch ihren Kompetenzen, dann würde ich wahrscheinlich sehr viel zufriedener nach Hause gehen.

Ein Lehrer, der an einer gut funktionierenden Schule arbeitet, geht selbstverständlich davon aus, dass ihm täglich Schüler gegenübersitzen, die etwas erreichen wollen und deshalb willens sind, etwas von ihm zu lernen. Ich sollte eigentlich wissen, dass wir an unserer Schule nur sehr wenige Schüler mit einer solchen Einstellung haben, und trotzdem gehe ich jeden Tag zur Schule, stelle mich da vorne hin und denke: So, nun bringe ich euch was bei – und bin dann immer wieder überrascht, wenn sie darauf keinen Bock haben. Ein Arzt erwartet doch auch nicht, dass plötzlich nur noch gesunde Leute in seinem Wartezimmer sitzen.

Super, ich glaube, ich bin gerade einen Riesenschritt in Richtung totale Glückseligkeit gegangen. Mit dieser neuen Erkenntnis entferne ich mich außerdem kilometerweit vom drohenden Burn-out. Ich werde die Schüler einfach so sehen, wie sie sind und dort abholen, wo sie sind. Keine falschen Vorstellungen mehr! Die sind nicht die Elite des Bildungssystems! Werden sie auch noch lange nicht sein. Ihre Verpeiltheit liegt nicht an mir. Meine Arbeit ist eine ganz andere als die in Salem. Nicht besser oder schlechter, sondern einfach anders. Wenn ich das wirklich verinnerlicht habe, dann dürfte doch eigentlich nichts mehr schiefgehen. Damit hätte ich die psychischen Aspekte des Burn-outs gebannt. Aber was ist mit den körperlichen Gebrechen?

# Heule, heule, Wirbelsäule

Ich habe, seit ich denken kann, einen kaputten Rücken. Bucklig gekrümmt krepele ich durch mein Leben. Jeder Arzt stellt, mit einer mir nicht nachvollziehbaren Genugtuung, immer wieder fest, dass sich meine Wirbelsäule wie ein schräges Fragezeichen verbogen hat, und fragt, ob das nicht wehtun würde. Ja, verdammt, das tut weh. Und wie das wehtut!

Seit Jahren liege ich abends auf dem Boden und mache uncoole Wirbelsäulengymnastik. Aber das kratzt die Wirbelsäule überhaupt nicht. Biegt sie sich wieder zurück? Nein, sie denkt gar nicht dran. So geht das seit Dekaden. Und dann werde ich plötzlich Lehrerin. (Kaum vorstellbar, aber ich glaube, ich bin gar nicht als Lehrerin geboren, sondern bin es irgendwie geworden. Wenn die Schüler mich fragen, warum ich diesen Beruf gewählt habe – für sie ist diese Berufswahl ja überhaupt nicht nachzuvollziehen – dann sage ich immer: »Das war eine Aneinanderkettung von so unglaublichen Zufällen, das könnt ihr euch gar nicht vorstellen.«)

Als Lehrerin muss man jeden Tag von zu Hause in die Schule kommen und dabei Sachen mitnehmen. Diese Sachen transportiert man in einer Tasche. Und die ist manchmal ziemlich schwer. Warum eigentlich? Was schleppe ich denn da jeden Tag mit mir rum?

Das sind zum Beispiel so wichtige Dinge wie Notenheft, Kalender, Federtasche (die man eigentlich nicht braucht, da ein Kugelschreiber reichen würde), dann Hefter, in denen man die Kopiervorlagen und die von den Kindern angefertigten und von mir korrigierten Schrifterzeugnisse transportiert (dafür eignen sich Sammelmappen mit Gummibändern an den Ecken), und dann eventuell eine Fachzeitschrift, die man sich bestellt, nie liest, aber aus schlechtem Gewissen tagelang mit sich rumträgt, ein schrottiger Roman, für dessen Titelbild man sich im Bus schämt, der einem aber dabei helfen soll, sich nach der Schule geistig von der Arbeit zu entfernen. Klappt bei mir allerdings nur bedingt, denn ich lese gerne Geschichten über die missglückte Integration von muslimischen Einwandererkindern in der vierten Generation.

Und wenn ich mir den Boden meiner Tasche näher betrachte, kommen da noch ganz unnütze Dinge zutage: Eine Schere und ein Klebestift, die Einladung zur Gesamtkonferenz vom letzten Sommer, eine Tüte Gummibänder, die ich Emre abgenommen habe, Sonnencreme und ein altes T-Shirt, Kaugummis, deren Verpackung bereits zerfetzt ist und die nun ganz dreckig und ungenießbar sind. Der Boden meiner Tasche ist übersät mit Radiergummistücken, TicTacs, Magneten und Büroklammern. Diese Sachen schleppe ich jeden Tag von meiner Wohnung in die Schule, und dabei hängt der Riemen der Tasche immer über meiner linken Schulter. Komischerweise tut mir der Rücken auch immer auf der linken Seite weh. Ich werde den Gedanken nicht los, dass es zwischen meiner schweren Schultasche und meinem kaputten Rücken einen Zusammenhang gibt. Doch was soll ich mit dieser Einsicht anfangen?

1. Ich könnte die Tasche regelmäßig ausleeren und wirklich nur das Wichtigste mitnehmen. – Scheitert wahrscheinlich daran, dass ich es einfach nicht machen werde.
2. Ich könnte die Tasche mal eine Weile auf die andere Schulter hängen. – Scheitert daran, dass ich das schon mal versucht habe und die da immer runterrutscht, weil ich schon so schief bin, dass die rechte Schulter eigentlich nicht mehr da ist.
3. Einen Rucksack kaufen. – Oh, Gott! Oh, nein! Scheitert auf jeden Fall an dem Wort RUCKSACK!

4. Den Beruf wechseln. Es gibt ja viele Berufe, in denen man nichts mit zur Arbeit nehmen muss. Busfahrer, Bäcker, Politiker (obwohl, die Akten und so?), Verkäuferin oder Supermodel (da braucht man sich noch nicht mal die Haare zu machen, das machen ja alles die Make-up- und Hair-Stylisten).
5. Ich könnte auch in die Schule ziehen, dann bräuchte ich meine Sachen nicht mehr von hier nach da zu transportieren. – Scheitert wohl an: »Wenn das alle machen würden ...«
6. Einen Rollkoffer in Miniformat kaufen. So tun, als wäre ich Stewardess, und das Teil lässig hinter mir herziehen. – Wird daran scheitern, dass ich mich mit dieser Art Gepäck nicht auskenne. Diese Köfferchen verkauft man wahrscheinlich nur an Stewardessen.
7. So weitermachen wie bisher und in ein paar Jahren mit Bandscheibenvorfall in Frührente gehen.

Ich weiß ja, dass es diese Lehrerrolltaschen gibt, aber ich bin doch kein Pilot. Und einen Rucksack kann ich auch nicht nehmen – ich bin doch kein Schüler. Ich kann doch nicht wie die plötzlich mit einem schwarzen Eastpack ankommen. Und wenn, dann würde ich den doch auch wieder auf nur einer Schulter tragen.

Früher war das alles leichter. Wir sind mit Plastiktüten zur Schule gegangen. Aber das musste schon eine coole Tüte sein. Nicht Aldi oder Edeka oder so was Nichtiges. Nein, mindestens ein angesagter Plattenladen oder eine Tüte aus einem Comicladen oder einem coolen Klamottengeschäft. Wenn die Tüte sich dann langsam auflöste, wurde sie mit Tesa geklebt und nach einer neuen Ausschau gehalten. Neulich habe ich mir *Christiane F.* ausgeliehen – die mit den Kindern vom Bahnhof Zoo –, und in dem Film ist sie auch immer mit einer Plastiktüte rumgerannt. Vielleicht war das bei uns damals auch so ein Junkiestyle.

Oder ich mache es wie meine Schülerinnen und Schüler: Die Mädchen haben nur Handtaschen – die müssen ja auch nur ihr Schminkzeug und ihr Handy transportieren – und die Jungen bringen gar nichts mit. Nur einen Kugelschreiber, in der Hosentasche.

Aber neben dem kaputten Rücken lauern im Lehrerberuf noch diverse andere körperliche Gefahren. Sind Hormone eigentlich ansteckend? Das kann doch nicht gesund sein, wenn man täglich so vielen jugendlichen Hormonen ausgesetzt ist. Haben eigentlich alle Ethnien ähnlich starke Hormonausschüttungen in der Pubertät oder pubertiert der Mitteleuropäer hormonell weniger stark als der Südeuropäer? Was passiert in Afrika, am Nordkap und in Asien? Ist uns der Nahe Osten auch in dem schwierigen Alter zwischen zehn und achtzehn wirklich so nah?

Und was macht das mit unseren Lehrkörpern? Gegen den Arsch einer 16-Jährigen hätte ich ja nichts einzuwenden, aber warum bekomme ich nur deren Pickel? Halt, stimmt nicht, die Stimmungsschwankungen scheinen auch ansteckend zu sein. Super, den Müll, den dürfen wir haben, aber die guten Sachen ...

Mein Freund sagt, das sei eine gewagte These. Aber ich meine ja gar nicht, dass meine Schüler irgendwie stärker pubertieren als andere, ich frage mich ja nur, ob ihr Pubertieren auch mich körperlich verändert?

Wie auch immer, Lehrerin ist schon ein krasser Job. Da ist man sein ganzes Berufsleben immer mit Personen zusammen, die sich in einem körperlichen und seelischen Ausnahmezustand befinden, und denen soll man dann auch noch was Sinnvolles beibringen. Wenn sie dann endlich normal werden, sind sie schon längst raus aus dem Schulsystem, kommen uns als

135

vernünftige junge Erwachsene in der Schule besuchen und bedauern, dass sie damals nicht auf uns gehört und im Unterricht besser aufgepasst haben. Ich höre schon Frau Dienstag sagen: »Das ist halt unser Job.« Und Fräulein Krise: »Frau Freitag, das habe ich dir doch schon tausend Mal gesagt.«

Kann alles sein, aber ich finde es trotzdem immer wieder bemerkenswert und irgendwie auch ganz schön hart. Und außerdem frage ich mich schon die ganze Zeit: Wann kommen eigentlich die Herbstferien?

Wenn es nicht bald eine Pause gibt, kann ich für nichts mehr garantieren. Zumindest nicht für regelmäßig stattfindenden Unterricht. Oder ich muss eine Gefahrenzulage beantragen, denn das Lehrerleben ist schon gefährlich, da schwebt noch vor dem Burn-out immer der Bandscheibenvorfall über einem, von Hörsturz und Stimmbandknötchen mal ganz abgesehen. Ich könnte noch stundenlang weiterjammern – macht irgendwie auch Spaß, wenn man erst mal so drin ist.

Mit den richtigen Leidensgeschichten kann man auch im Lehrerzimmer neue Freunde finden. Warum sperre ich mich eigentlich immer so dagegen, mir die Krankheiten meiner Kollegen anzuhören? Vielleicht sollte ich ihnen auch mal die Chance geben, mich und meine Wirbelsäulenverkrümmung besser kennenzulernen. Meine angeborene Legasthenie kann ich sowieso nur bedingt verstecken (Lipgloss und neue Rechtschreibung = maßlos überschätzt).

Ein Freund sagte mal auf die Frage, was für ihn denn der Sinn des Lebens sei: »Leeeiiiden!«, und machte dabei auf meiner Couch einen Purzelbaum rückwärts. Ach, apropos: Fräulein Krise hat ihre Schüler mal gefragt, was ein Purzelbaum sei. Wussten sie nicht. »Baum für Katzen?« Ist vielleicht auch ein Wort, das aussterben wird.

Man sagt doch auch, dass die Schüler heute nicht mehr rückwärtslaufen können. Aber das stimmt nicht, ich habe schon oft in einer neuen Lerngruppe erzählt, dass Wissenschaftler ihnen nicht zutrauen, andersrum zu gehen. Wir probieren das dann immer gleich aus, und bisher ist dabei noch keiner gestürzt.

Ich möchte deshalb eine neue These aufstellen: Ich behaupte, dass es in den meisten Kollegien nur wenige bis gar keine Lehrer gibt, die einen Purzelbaum vorwärts und rückwärts machen können – und das, obwohl viele am Leiden so großen Gefallen finden.

### Professionelle Unlogik
- Ich mache lieber dreckig als sauber.
- Man kann doch auch aus der Flasche trinken.
- Warum einen Teller schmutzig machen, aus dem Topf schmeckt es doch genauso gut.
- Mülltrennung, pah, wird doch nachher sowieso alles wieder zusammengekippt.

**So inkonsequent ist Frau Freitag zu Hause. Aber wehe, die lieben Schüler springen auf diesen Zug auf:**
- Warum sollen wir das abschreiben? Kopieren Sie's uns doch einfach.
- Sagen Sie uns doch schnell die Antwort. Sie wissen die doch.
- Ist so heiß, lassen Sie uns doch einfach früher gehen.
- Können wir die Arbeit nicht nach den Ferien schreiben?
- Nachher wird sowieso gefegt, wozu gibt es schließlich Putzfrauen?
- Können wir die Bücher nicht hier lassen?
- Jetzt haben wir das Buch vier Stunden nicht gebraucht, da habe ich es heute gar nicht erst mitgebracht.
- Wir haben doch heute nur drei Stunden, da brauche ich keine Schulsachen.

**Und die schönste Schülerlogik:**

- Ich schwöre, ich werde mich verbessern. Werden Sie sehen!

Den ganzen Nachhauseweg rege ich mich über die Schüler auf, diese faulen kleinen Biester! Aber wenn ich dann im Wohnzimmer wieder auf der Couch liege, denke ich bloß: Aschenbecherausleeren – total überbewertet.

# 4.

# Nach den Herbstferien

## Ich hab Sie sooo vermisst.
## Sie mich auch?

Komisch, heute war ich zum ersten Mal nach den Ferien wieder in der Schule. Kam mir ganz ungewohnt vor. Ungewohnt, aber irgendwie auch ganz nett. Gestern noch schlecht gelaunt und dann heute ganz beschwingt-vergnügt nach Hause gekommen. Die Kundschaft war auch in Ordnung.

Begrüßt von Esra: »Ich hab Sie sooo vermisst. Sie mich auch?« Ich war froh, mich an ihren Namen zu erinnern. Aber schon nach ein paar Minuten war alles wie immer. Ich zappelte da vorne meine Performance runter, und die Schüler holten widerwillig und in extremer Zeitlupe ihr Papier raus, um noch eine Viertelstunde nach 'nem Stift zu suchen, dann die Aufgaben nicht zu kapieren, Löcher in die Luft zu starren und am Ende auch nicht in der Lage zu sein, die Lösungen von der Tafel abzuschreiben. Aber beim Klingeln die Ersten auf'm Hof sein – business as usual.

Später am Vormittag einer der seltenen Glücksmomente des Lehrerdaseins: die perfekte Stille. Alle Schüler arbeiten konzentriert und absolut leise vor sich hin. Ich empfinde einen Anflug von Frieden. Früher hätte ich gedacht: Jetzt hab ich's. Jetzt wird es immer so. Jetzt ist alles perfekt. Heute weiß ich, dass es nächste Woche wieder katastrophal sein kann. Woran das liegt – keine Ahnung. Man steckt ja zum Glück nicht drin, in den Schülern.

Dann irgendwann im Lehrerzimmer: Kaffee – und heute steht da Kuchen! Alle stürzen sich darauf, einige nuscheln pflichtbewusst: »Wer hat denn Geburtstag?« Allgemeines Geschnatter: »Ach, hallo, warst du wieder da, wo du immer hinfährst?« – »Ja, ach, war schön, is immer schön da.« – »Klar, zu kurz.« – »Ach, wem sagste das? Muss ja, muss ja, muss ja …« Es klingelt: »Die Pflicht ruft.« – »Auf in den Kampf.« – »Dann woll'n wir mal.«

Und wir haben einen neuen Kollegen. Einen jungen Mann. Der ist nicht gerade der Idealtyp von Lehrer, den ich mir für unsere Schüler vorstelle. Er hat keine Spannkraft. Gebeugte Haltung, seine Stimme ist leise und bricht manchmal weg. Seine Haare – kein erkennbarer Schnitt und leicht ungewaschen. Von Mode versteht oder hält er wohl gar nichts. Und dann kommt er auch noch mit einem Rucksack! Ich gebe ihm drei Wochen, dann heult er im Lehrerzimmer. In zwei Wochen wird er wie wild Tadel verteilen und das Keinen-Unterricht-machen-Können auf die Schüler schieben. Hoffentlich irre ich mich, aber eigentlich kenne ich die Schüler zu gut.

# Ich rieche, also bin ich

Im Arbeitsalltag gibt es ohne Ende Action, der ist voll von Interaktion. Interaction, sozusagen. Ich könnte nie Heimarbeit machen, denn ich brauche immer Leute um mich. Wenn man an einer Schule arbeitet, dann hat man ja den ganzen Tag mit Menschen zu tun. In jeder Stunde halten sich übermäßig viele Schüler in relativ kleinen, zum Teil überhitzten Räumen auf. Wenn man die Schüler dazu noch mit schwierigen Arbeitsaufträgen oder sogar mit einer Klassenarbeit schockt, kommen sie ins Schwitzen. Und manche schwitzen echt doll und fangen an zu stinken.

Ich bemerke das zum Beispiel, wenn ich während eines Tests

wachsam durch die Klasse gehe und stichpunktartig die Federtaschen kontrolliere. Einen anderen Platz für Spickzettel findet die heutige Schülergeneration wohl nicht mehr. Jedenfalls stinkt der eine oder die andere wirklich heftig nach Schweiß. Und das nicht nur manchmal. Ein Stinker stinkt eigentlich immer. Ganz schlimm sind die Stunden, wenn die Schüler vorher Sport hatten. Ich war noch nie dabei, aber ich kann mir beim besten Willen nicht vorstellen, dass auch nur ein Schüler unserer Schule nach der Sportstunde duscht. Man wäre unter Umständen nackt. Die meisten haben ja noch nicht mal Sportzeug, sondern machen in ihren normalen Sachen mit und kommen dann mit hochrotem Gesicht und völlig verschwitzt zu mir in den Unterricht. Da hilft auch kein Lüften mehr.

Schön ist auch, wenn sie anfangen, dem beißenden Schweißgestank die Duftnote eines billigen Männersprühdeos beizumischen. Das Benutzen von Deo und Parfum steht in meinem Unterricht unter Höchststrafe. Ich kann mit Kaugummis, Zuspätkommen, Renitenz und sogar mit leichter Gewalt leben, wenn aber irgendwas gesprüht wird, dann flippe ich aus. Ich schreie sofort was von Allergien, Kopfschmerzen und Körperverletzung und drohe mit Anzeigen. Deshalb hält sich der Gebrauch dieser Art von Körperpflegeprodukten in meinem Unterricht in Grenzen.

Kann jemand den jungen Herren vielleicht mal erklären, dass der Axe-Effekt nur funktionieren kann, wenn man sich vorher wäscht? Waschen scheint sich bei einigen der Schüler sowieso auf ein mittelalterliches Wir-baden-immer-am-Samstag-Ritual zu beschränken. Vielleicht tragen die auch ihre Klamotten zu lange. In der Pubertät und auch in den Wechseljahren sollte man wahrscheinlich jeden Tag ein neues T-Shirt anziehen. Aber warum bekommen die Schüler das nicht beigebracht? Riechen die Eltern nicht, dass ihre Kinder stinken? In den kleinen, völlig überfüllten Wohnungen müsste das doch auffallen.

Sollte und kann ich denn die Schüler darauf ansprechen? »Herbert, hör mal, so unter uns, du riechst streng.« Oder: »Herbert, du magst doch Mädchen, oder? Du willst doch, dass die dich gut finden, oder? Denkst du im Ernst, irgendeine steht auf deine herben Körperausdünstungen?« Vielleicht auch mal so im Vorbeigehen: »Uh, mein Lieber, du riechst heftig. Wann hast du dich das letzte Mal gewaschen?« Möglich wäre auch ein protokolliertes Elterngespräch: »Wie steht es denn zu Hause bei Ihnen und Ihrer Familie mit der Körperpflege?«

Ich will an dieser Stelle aber noch einmal betonen, dass die meisten meiner Schüler überhaupt nicht schlecht riechen. Und manchmal stinkt man ja selber.

Neulich habe ich schon in der zweiten Stunde gemerkt, dass ich wohl das falsche T-Shirt angezogen habe und dazu auch noch eine Wolljacke. Leider konnte ich dem Gestank nicht aus dem Weg gehen und müffelte so den ganzen Tag vor mich hin. Zu Hause sprang ich sofort in die Badewanne.

Ich rechne es meinen Schülern hoch an, dass sie mir nicht gesagt haben, dass ich stinke. Sie können ja mitunter recht direkt sein, die lieben Kleinen. Da kann man sich hygienische, kosmetische oder modische Fauxpas eigentlich nicht erlauben: »Was ist denn mit Ihren Haaren?« Oder, nett ausgedrückt: »Frau Freitag, warum schminken Sie sich eigentlich nicht?«

Man hat als Lehrerin nicht nur mit Schülern zu tun, die man selbst unterrichtet, sondern auch mit denen, die man täglich auf dem Hof beaufsichtigt. Das sind die Hofbekanntschaften. Die kennen meinen Namen, ich ihren nicht. Aber man quatscht halt ab und zu so rum. Eine meiner Hofbekanntschaften ist ein Schüler, der wahrscheinlich schon mehrfach sitzengeblieben ist und auch nicht viel vom regelmäßigen Unterrichtsbesuch hält.

143

Er ist eigentlich immer auf dem Hof, wenn ich in meinen Freistunden das Freigehege durchquere. Ich schmettere ihm immer die gleiche Begrüßung entgegen: »Na, hast du wieder Hof? Du musst ja echt Klassenbester in Hof sein.« Und wenn er mir dann gegenübersteht, sehe ich immer, dass er das ganze Gesicht voller Mitesser hat. Keine richtigen Pickel. Nur Mitesser in allen Größen. Und die hatte der exakt das ganze Schuljahr. Oft juckte es mich schon sehr in den Fingern: »Darf ich mal?« – Und dann einfach ran, die Zeigefinger anlegen und sehen, was sich da rausholen lässt.

Aber nicht nur der Körpergeruch und Pickel stellen in der Schule ein Problem dar, ich frage mich seit langem, warum meine Fingernägel in der Schule immer so dreckig werden. Jedes Mal, wenn ich nach Hause fahre und mir meine Finger ansehe, sind die schwarz, als hätte ich in der Erde gewühlt. Und warum wachsen die in der Schule so schnell? Ständig sind sie zu lang. Es kommt mir vor, als müsste ich mir täglich die Nägel schneiden.

Aber woher kommt der Dreck? Auch in Stunden, in denen ich nur mit Papier, mit Fotokopien arbeite, verdrecken sie. Ist das der Toner aus dem Kopierer? Geht das nur mir so? Haben auch andere Kollegen das Problem? Ist es die Asche aus der heißen Brennpunktschule? Der Bodensatz der Gesellschaft, den wir dort verwalten? Feinstaub? Ist Feinstaub schwarz? Sind meine Fingernägel wie Mood-Ringe, werden sie schwarz, wenn ich schlechten Unterricht mache? Ist es das Alter? Ist es der Tod, der sich schon mal in den Nägeln festsetzt? Ist es materialisierter, erstarrter Schweiß? Ist Schweiß nicht durchsichtig? Gibt es einen Trick, die Nägel dauerhaft sauber zu halten? Hilft eine Maniküre? Nagellack? French Nails? Was kosten die? Und habe ich eigentlich keine anderen Probleme als meine schmutzigen Fingernägel?

144

# Kreativer Ausdruck

Was ist das mit meiner Klasse? Warum schreien die immer so durcheinander, wenn ich vorne stehe? Ich verstehe das nicht. Ich suche sie, weil ich noch irgend so einen Zettel austeilen muss. Ich finde sie im Chemieraum. Sie sitzen ruhig und gelassen an ihren Plätzen, und pinseln irgendwas aus dem Chemiebuch ab. Die Zeichnungen sehen auch gar nicht so schlecht aus. Ich stelle mich vorne hin, hole Luft und schon brüllen sie wieder alle durcheinander. Jeder muss mir unbedingt noch was gaaanz Wichtiges mitteilen und versucht, die anderen zu übertönen, indem er sich die Lunge aus dem Hals brüllt.

Ich sehe und höre mir dieses Schauspiel an. Wie kleine Vögel im Nest. Der Mutter-Vogel kommt mit Würmern im Schnabel angeflogen und die kleinen Vögel recken ihre Köpfe und versuchen lautstark, auf sich aufmerksam zu machen.

Nur Abdul nicht, der sitzt ruhig vor einem DIN-A3-Blatt und zeichnet mit einem schwarzen Filzer, der bald den Geist aufgibt. Abdul ist der jüngste und gleichzeitig der größte Schüler meiner Klasse. Ich halte viel von ihm, stehe mit dieser Haltung allerdings sehr allein da. Im Lehrerzimmer verteidige ich ihn ständig vor den genervten Kollegen, denn bisher versteckt er seine Genialität noch ziemlich geschickt.

Komisch, denke ich, die anderen Schüler benutzen einen Bleistift. Was hat Abdul denn eigentlich auf sein Blatt gemalt? Und da sehe ich, dass sich in der Mitte eine Art Tic Tac Toe befindet und außen herum fliegen Penisse, beschnittene Penisse. Interessant, denke ich und vergleiche sein Bild mit denen seiner Mitschüler. Die anderen haben keine Geschlechtsteile auf ihren Arbeiten. Kann also nicht die Aufgabe gewesen sein. Ich nehme mir sein Blatt: »Soso, Abdul, war das hier deine Aufgabe?« Wortlosigkeit seinerseits. Ich falte das Blatt langsam, nehme einen Kugelschreiber und schreibe hinten »Abdul«, »Chemie« und das Datum drauf. Emre fragt: »Was machen Sie jetzt damit?«

»Ich glaube, das interessiert seine Mutter, was er hier so zeichnet. Ich zeige es ihr mal, damit sie auch was davon hat.«

Abdul sagt immer noch nichts. Ich verteile die Zettel, wünsche allen ein schönes Wochenende und gehe ins Lehrerzimmer. Dort zeige ich das Blatt einigen Kollegen und amüsiere mich noch mal über die Zeichnung. Mit welcher Detailgenauigkeit Abdul gezeichnet hat und wie schön die Penisse auf dem Blatt rumfliegen – herrlich. Aber ich bezweifle, dass seine Mutter ebensolche Freude daran haben würde. Seine Mutter kommt regelmäßig zu sehr emotionalen Elterngesprächen in die Schule. Wahrscheinlich wird sie seine Zeichnung nie zu Gesicht bekommen. Aber am letzten Tag der 10. Klasse werde ich Abdul sein Werk feierlich zurückgeben. Darauf freue ich mich jetzt schon.

Im Lehrerzimmer trinke ich meinen Endlich-Wochenende-Kaffee und frage mich: Was läuft bei mir verkehrt, dass ich ein solches Interesse an diesem neuen Lehrer habe, der bei uns unterrichtet. Der sieht nicht gut aus, und wenn der mich direkt anspricht, dann ist es mir eher unangenehm. Trotzdem hoffe ich immer, ihn im Lehrerzimmer zu treffen. Nach einem beiläufigen »Na, wie läuft's so?« erwarte ich dann die übelsten Abkackstorys. Und in seinem Leid will ich mich dann suhlen. Kling recht sadistisch.

Gestern fragte eine Schülerin: »Frau Freitag, was ist masochistisch? Ist das, wenn man so völlig selbstverliebt ist?«

»Nein, das ist ein Narziss. Masochistisch, das ist ... also, wenn man Schmerzen mag und wenn andere gemein sind zu einem.« Die Schüler gucken mich mit großem Unverständnis an. Ich präzisiere: »Na, so wie ich. Ich bin ein Masochist, weil

146

ich euch als Klasse habe.« In dem Moment haben sie es kapiert.

Aber zurück zu meinem doch eher sadistischem Persönlichkeitsanteil. Die ganze Woche habe ich den neuen Kollegen nicht gesehen. Aber dann gehe ich gut gelaunt nach meiner letzten Stunde in Richtung Lehrerzimmer und singe leise vor mich hin: »Wochenende, Wochenende, Wochenende ...« Da sehe ich ihn um die Ecke huschen. Wahrscheinlich kommt er gerade aus dem Lehrerzimmer und geht zum Unterricht. Schnell hinterher. Vielleicht kann ich an der Tür lauschen. Ich schleiche ihm also ins Treppenhaus nach, und plötzlich kommt er mir wieder entgegen. Verwirrt guckt er mich an. Die Stunde läuft bereits seit fünf Minuten. Bei uns legen zwar die Schüler keinen Wert auf Pünktlichkeit, aber das Kollegium nimmt es damit sehr genau.

Er, etwas außer Atem: »Ich suche meinen Kurs. In meinem Raum ist jetzt jemand anderes.« Ich souverän: »Komm mit, wir gucken mal.« Unterwegs treffen wir Schüler, die in seinem Kurs sein könnten, es aber nicht sind. Ich schicke ihn zu einer Kollegin, die ihm weiterhelfen kann, und gehe dann wieder ins Lehrerzimmer.

Zwanzig Minuten vor Stundenende sehe ich ihn mit fünf Schülern über den Hof latschen. In Zeitlupe. Ich beobachte alles ganz genau. Von hinten sieht er aus wie ein Schüler. Wie abgeranzt der Rucksack ist. Der hält sich ähnlich krumm wie ich. Die Schuhe tragen auch nicht gerade zur Autoritätsverstärkung bei.

»Wenn ich so spät dran wäre, würde ich aber rennen«, sage ich zu einer Kollegin, die mir nicht so richtig zuhört. Ich hole mir einen Kaffee und setze mich mit irgendwelchen unwichtigen Formularen an einen Tisch. Na, der wird doch nach der Stunde wieder ins Lehrerzimmer kommen, die paar Minuten kann ich auch noch warten.

147

Und tatsächlich, beim Klingeln steht er leicht verwirrt vor mir. »Setz dich doch. Hast du deinen Kurs noch gefunden?« Er nickt und erklärt mir, wo die Schüler waren. Langweilig!

»Und, wie läuft's so?«, frage ich. Es soll sehr beiläufig klingen, deshalb sehe ich gar nicht von meinen Formularen auf. Er erzählt, dass es bei den Zehnten ganz gut geht. Glaube ich ihm nicht. Allerdings hätte er in der 9. Klasse Probleme. Glaube ich ihm sofort. Er vermutet, dass es daran liegt, dass die Klassenlehrerin krank ist und schon länger fehlt. Ich weiß, dass es überhaupt nicht daran liegt. DAS LIEGT GANZ ALLEIN AN DIR! Das bekommst du nie hin. Und das ist nur der Anfang. Die werden dich fertigmachen. Die lassen kein Stück heile an dir.

»Hmmm, kann sein«, nuschele ich.

»Da sind einfach welche drin, die immer wieder stören. Die scheinen gar kein Interesse am Unterricht zu haben …« Es folgen endlose Tipps und Vorschläge von mir, die ich selbst nie anwende und die ihm wahrscheinlich auch nichts nützen werden. Er hört sich alles ganz genau an. Fragt nach. Überlegt. Mittlerweile kommen Kollegen und mischen sich ein. Die Geschichtslehrerin meiner Klasse kommt auf mich zu. Ich referiere gerade wieder über Konsequenz, klare Regeln und Ähnliches, da unterbricht sie mich: »Frau Freitag, deine Klasse – UNMÖGLICH! Unterricht ist mit denen nicht zu machen. Die spinnen. Ich halte das nicht mehr aus. Ich schreibe jetzt sofort Briefe an die Eltern.«

»Hm, mach das.« Dann wende ich mich wieder meinen Formularen zu, die anderen Lehrer verziehen sich. Der Neue sitzt mir gegenüber und denkt über irgendwas nach.

»Was machst du eigentlich am Montag, am Wandertag?«, wechsele ich geschickt das Thema. »Ach, ich weiß nicht.« Es ist Freitag, 13 Uhr. Er weiß noch nicht, wo er am Montag mitgehen soll! Tickt der noch ganz sauber? »Na, da musst du dich doch drum kümmern!«, sage ich mit leicht strengem Unterton und gehe mit ihm zu den Listen. »Guck mal, hier sind alle Klassen. Du suchst dir am Besten eine aus, in der du auch unterrichtest.« Er nickt. Bevor ich gehe, stelle ich zufrieden fest, dass er mit einem Kollegen einen Treffpunkt für Montag verabredet.

Im Bus denke ich: Was ist mit mir los? Wäre das so schlimm für mich gewesen, wenn der am Montag frei gehabt hätte? Warum freut sich ein Teil von mir, wenn das Unterrichten bei ihm nicht klappt? Vielleicht sollte ich mal eine Therapie machen. Therapeut ist ja eigentlich auch ein geiler Job – da kommen jeden Tag Leute, du hörst dir deren Probleme an und bekommst auch noch Geld dafür. Das könnte mir auch gefallen.

## Aber Aberglaube gehört dazu!

Als Lehrer ist man ja auch ein Stück weit (typisches Lehrervokabular) Bürokrat. Ich hefte alles in Leitzordnern ab. Eine schöne Sammlung Klassenlisten habe ich auch schon. Jede Klasse, die ich in meinem Leben unterrichtet habe, befindet sich in einer Klarsichtfolie in einem Ordner mit der Aufschrift »Amtliches«. Man weiß ja nie. Vielleicht werde ich mal zu einem Klassentreffen eingeladen, und dann wäre es peinlich, wenn ich die Namen der Schüler nicht mehr kenne.

Außerdem pflege ich seit Jahren die Hoffnung, irgendwann meine Schüler im Fernsehen wiederzusehen: »Yunus A. – Wolfsburgs neue Hoffnung«, »Samira, willkommen im Band-Haus« oder »Der bildungspolitische Sprecher der Grünen Hakan Ü. sagte gestern ...«. Nur hoffentlich heißt es nicht: »Der türkischstämmige Emre B. erschoss gegen 22 Uhr seine

Schwester Aylin vor ihrem Elternhaus. Sie wollte mit ihren Freundinnen eine Diskothek besuchen.«

An eine Stunde in einer bestimmten 10. Klasse kann ich mich besonders gut erinnern. Ich komme in den Raum und die Schüler sind ganz aufgeregt. Einige Mädchen, aber auch ein paar Jungen wirken leicht hysterisch. Alle reden durcheinander. Mit dem Unterricht zu beginnen, ist nicht möglich. Pädagogisch geschult fällt mir sofort der Satz »Störung geht vor« ein.

»Sagt mal, was ist denn hier eigentlich los? Fatih, jetzt erzähl mal ganz in Ruhe!«

»Also, da war ein Mädchen in Holland und die hat immer Musik gehört. Krass laut in ihr Zimmer. Die Mutter war im Wohnzimmer und hat gebetet. Sie hat gesagt: ›Mach Musik aus.‹ Macht sie aber nicht. Und dann hat sie wieder gesagt: ›Mach Musik aus und komm beten.‹ Und dann ist das Mädchen rübergegangen, hat Koran genommen und zerrissen. – Und dann hat Allah sie zu einer Ratte gemacht.«

Stille. Die Schüler starren mich an. Warten auf meine Reaktion. Was soll ich jetzt zu so einem Schwachsinn sagen?

»Und das glaubt ihr? Das ist doch Unsinn.« Jetzt ereifern sich wieder alle. »Das stimmt! Hier«, schreit Fatih aufgebracht und wedelt mit seinem Handy. »Wollen Sie mal sehen?«

Ein Bild von einem verwandelten Rattenmädchen. Ob ich das sehen möchte? Mir wird etwas mulmig. So wie beim Horrorfilm, kurz bevor die Zombies angreifen. Klar will ich das sehen. Auf dem Display erscheint ein Mädchen, das wie eine Mischung zwischen einer Ratte und einem Känguru aussieht. Lustig ist, dass sie noch ihre Haare hat. Schön hinter die Ohren geklemmt. Ich grinse. »Und das glaubt ihr? Das ist doch ein Fake. Überlegt doch mal. Wer könnte denn ein Interesse daran haben, dass ihr diese Geschichte glaubt? Was ist denn die Moral? Was sollt ihr denn daraus lernen? Ihr werdet bestraft,

150

wenn ihr zu laut Musik hört und nicht betet. Das ist doch bestimmt von irgendeiner religiösen Gruppe verbreitet worden, damit ihr nicht zu westlich lebt.« Die Schüler sind nicht überzeugt. »Aber sie hat Koran zerrissen. Das ist Sünde«, sagt Esma. »Ja. Das sollte man nicht tun. Aber deshalb wird man doch nicht zur Ratte verwandelt.«

Fatih macht mir einen Vorschlag: »Okay, Frau Freitag, ich bringe morgen einen Koran mit und den zerreißen Sie dann. Dann werden wir ja sehen.« Damit scheinen auch die anderen Schüler einverstanden zu sein. Ich soll den Koran zerstören? Den darf ich doch als dreckige Ungläubige noch nicht mal anfassen. »Nein, nein, nein! Ich werde hier weder den Koran, noch die Bibel und auch nicht den Talmud zerreißen. Und jetzt habe ich auch genug von der ganzen Sache. Nehmt eure Bücher raus, wir machen jetzt Unterricht.«

Im Lehrerzimmer erfahre ich, dass in jeder Klasse die Handybilder rumgezeigt wurden. In allen Klassen und Jahrgängen Hysterie und wilde Diskussionen. In einigen 8. Klassen weinten sogar ein paar Mädchen. An Unterricht war nicht mehr zu denken.

Zu Hause stürze ich mich sofort ins Internet und finde schnell, was ich suche. *Spiegel Online* hatte einen schönen Artikel dazu verfasst. Am nächsten Tag komme ich in die Klasse und wedele mit dem Ausdruck. Stolz lese ich alles vor und zeige den Schülern sogar noch andere Bilder von ähnlichen Mensch-Tier-Figuren, die alle von einer australischen Künstlerin stammen. Aber selbst mit diesen Bildern kann ich sie nicht überzeugen: »Frau Freitag, Sie verstehen das nicht, weil Sie Deutsche sind.«

# Ist Luxemburg ein Bundesland?

Geschichtlich scheine ich aber auch nicht alles zu verstehen, denn auf die Frage »Wer hat denn die Mauer gebaut?« bekomme ich in jeder Klasse immer die gleiche Antwort. »Hitler hat die Mauer gebaut.«

In der zweiten großen Pause bin ich endgültig verwirrt. Können sich denn so viele Schüler irren? Habe ich irgendwas falsch verstanden? Hat Hitler die Mauer gebaut? Ist Luxemburg ein Bundesland? Sind München und Stuttgart Bundesländer? Wie kommen die Schüler darauf? Warum müssen sie die deutschen Bundesländer nicht auswendig lernen? Sollen meine Schüler wirklich dumm sterben? Machen wir Lehrer uns nicht strafbar, wenn wir sie so unwissend entlassen und ihnen auch noch bescheinigen, dass sie zehn Jahre unsere Schule besucht haben?

In einer 10. Klasse: »So, Erdal, was weißt du denn über den Mauerfall?«

»Gar nix. Interessiert mich nicht.«

»Aber du wohnst doch hier. Das ist die Geschichte von Deutschland. Da musst du doch was drüber wissen. Stell dir mal vor, du bist irgendwo im Ausland und sagst, du kommst aus Deutschland. Und dann fragt dich jemand nach der Mauer und du hast keine Ahnung, das wäre doch total peinlich.«

»Frau Freitag. Da war ich noch gar nicht geboren!«

Ich versuche es noch einmal mit den Bundesländern. »Miriam, komm, sag mal ein paar Bundesländer.«

»Bayern.«

»Ja, super. Bayern, gut. Komm, dir fallen doch bestimmt noch mehr ein.« Nichts.

»Mann, Frau Freitag!«

»Ja, was denn, Miriam. Stell dir mal vor, du wirst das beim

Einstellungsgespräch gefragt. Du kriegst doch gar keinen Job, wenn du so was nicht weißt.«

»Kein Problem, Frau Freitag, ich heirate einen reichen Mann.«

Langsam bin ich echt genervt: »Aber Miriam, welcher reiche Mann möchte denn eine dumme Frau heiraten.« Miriam schmollt. Ich bin mir auch gar nicht sicher, ob sich da nicht der eine oder andere reiche Mann finden ließe. Miriam ist sehr hübsch, immer top geschminkt und modisch auf dem neuesten Stand, da stünden ihre Aktien auf dem Heiratsmarkt bestimmt gut.

Mal ehrlich, ist es denn ein Wunder, dass die Schüler nichts lernen? Die Lehrpläne müssen überarbeitet werden! Alles muss schülerrelevanter werden, mehr Lebensweltbezug! Mehr Klafki! Momentan klafft doch nur eine riesige Schlucht zwischen den Lehrplänen und dem, was die Schüler wirklich interessiert, was sie wollen und können. Wir brauchen neue Unterrichtsfächer!

Hier meine Vorschläge: Die neuen Hauptfächer sind *Unterrichtstören, Zuspätkommen* und *Kein-Arbeitsmaterial-Dabeihaben,* was sich aus den Teilbereichen *Nicht-am-Sport-teilnehmen-weil-Sportzeug-Vergessen* und *Gar-nichts-Mithaben* zusammensetzt. Im Fach *Mitschüler-Ärgern* mit den Teilbereichen *Schlagen* und *Mobbing* kann jeder Schüler mitarbeiten. Das neue Unterrichtsfach *Lügen* überfordert nur wenige Schüler, und es gibt auch nur zwei *Ich-war's-nicht-*Tests pro Halbjahr. Und eine schlechte Note in *Counterstrike* oder *Facebook* kann mit guten Leistungen in den Fächern *Es-mit-dem-Solarium-Übertreiben* oder in *Schlecht-geschminkt-Sein* ausgeglichen werden. Besonders schülerorientiert, gerade in den weiterführenden Schulen, sind natürlich die neuen Fächer *Schlafen, Chillen* und *Mit-dem-Nachbarn-Reden.*

Prüfungen gibt es allerdings nur in *Arbeitsverweigerung* und

153

*Schwänzen.* In den Wahlfächern *Den-Lehrer-Fertigmachen* und *Schuleigentum-Zerstören* hat jeder Schüler die Möglichkeit, seinen individuellen Interessen und Fähigkeiten nachzugehen. Natürlich gibt es Förderunterricht für schwierige Fächer wie *Nur-Scheiße-Labern* und *Gar-nichts-Checken.*

Als AGs werden dann *Deutsch, Mathe* und *Englisch* angeboten. *Kunst, Musik* und *Sport* braucht sowieso kein Mensch, weil die Kreativität ja bereits fächerübergreifend in alle neuen Unterrichtsfächer einfließt.

Ich bin sicher, die neuen Fächer werden von den Schülern sofort angenommen und die Abschaffung des dreigliedrigen Schulsystems wäre schon nach einem Jahr vollzogen, denn jeder Schüler besteht das Abitur; Zensurenkonferenzen werden eine wahre Freude für jeden Schulleiter. 100 Prozent Lernzuwachs, 200-prozentige Planerfüllung. Alle haben das Klassenziel erreicht. Schüler und Lehrer gehen wieder gerne zur Schule. Die Jahrgangsbesten wollen alle Lehrer werden. Auf RTL und PRO7 laufen Castingshows wie »Germany's next Top-Teacher«, und wer rausfliegt, weint: »Das war mein Traumberuf. Schon immer!«

## Du Spast

Die Schüler haben ein neues Wort. Das Wort heißt: Knecht. Wer früher ein Opfer, ein Hund, eine Missgeburt oder ein Spast war, ist heute ein Knecht. Gebraucht wird dieser Ausdruck einfach nur als eine Art Feststellung.

Erol zu Mohamad: »Hakan glaubt, dass es *World of Warcraft* auf türkisch gibt.« Mohamad: »Knecht.«

Oder Kevin zu Sabine: »Stefan geht zu Mathe.« Sabine: »Knecht.«

Nun könnte man denken, schön, dass die Schüler wieder alte deutsche Begrifflichkeiten benutzen. Nach Knecht kommt vielleicht noch Magd, Abt oder Amme. Sind sie also endlich in Deutschland angekommen? Benutzen mittelalterliche Wörter und merken es nicht mal. Ich schätze, dass die Schüler gar nicht wissen, was ein Knecht ist. Leider habe ich sie noch nicht gefragt, aber ich bin schon sehr gespannt, welche Definitionen sie mir anbieten werden. Unsere Schüler haben nämlich die Angewohnheit, Wörter zu verwenden, deren Bedeutung sie nicht kennen, oder noch besser: deren Bedeutung sie völlig falsch interpretieren.

Eine der Lieblingsbeschimpfungen aller Schüler ist ja Spast. Jedes Mal, wenn ich das Wort höre, frage ich die Schüler: »Weißt du denn, was ein Spast ist?« Und ich bekomme immer die gleiche Antwort: »Ja, klar. Ein Spast ist ein kleiner Vogel.«

Da steht ein riesiger arabischer Schüler vor mir, wahrscheinlich mit Totschläger und Messer in der Tasche und einer fetten Schüler- und Polizeiakte, und denkt, ein Spast sei ein kleiner Vogel. Und das Komische daran ist doch, dass er »kleiner Vogel« auch noch allen Ernstes als Schimpfwort benutzt.

»Soso, und du meinst wirklich, dieses Schimpfwort ist so schlimm, dass sich jemand darüber ärgert?«

Meistens fällt ihnen darauf nichts mehr ein, und sie fragen etwas verunsichert: »Was heißt es denn?«

»Na, kleiner Vogel heißt es jedenfalls nicht. Aber benutz ruhig weiter Wörter, deren Bedeutung du nicht kennst, das zeugt von unheimlicher Intelligenz.«

Damit lasse ich sie stehen, und wahrscheinlich flüstern sie mir ein »Ist die hässlich!« oder »Hurentochter!« hinterher. Was eine Hurentochter ist, wissen sie alle.

# Ich weiß, es wird einmal ein Wunder geschehen ...

... jemand, der was zu entscheiden hat, wird auf mich zukommen und mir folgende erlösende Sätze sagen: »Liebe Frau Freitag, kümmern Sie sich jetzt mal nicht so sehr um die Schulleistungen der Schüler. Auch die Fehlzeiten sind nicht so wichtig, dann kommen die Schüler eben zu spät, was soll's? Wir hatten neulich einen Bildungsgipfel, und dort haben wir mit großer Mehrheit beschlossen, dass Leistung nicht mehr zählt. Nehmen wir doch mal Sie, liebe Frau Freitag. Wir beobachten Sie nun schon seit einiger Zeit ...«

»Echt?«

»Ja. Und wir sehen ja, wie Sie sich täglich abmühen, den Schülern was beizubringen. Und auch wir haben bemerkt, wie wenig bei denen hängen bleibt. Nun seien wir mal ehrlich: Was ist das für eine Verschwendung Ihrer Lebenszeit! Sie rackern sich ab für nichts und wieder nichts. Deshalb bin ich froh, Ihnen ganz offiziell mitteilen zu dürfen, dass sich jetzt alles ändern wird. Rahmenpläne laufen aus. Die Benotung wird abgeschafft. Es wird keine Zeugnisse mehr geben. Sie können den Tag mit den Jugendlichen gestalten, wie Sie wollen. Tun Sie sich da keinen Zwang an. Gehen Sie jeden Tag Schlittschuhlaufen, ins Kino, kochen Sie, tanzen Sie mit den Schülern, machen Sie eine Radiosendung. Wenn die Schüler keine Lust haben, in die Schule zu kommen, dann dürfen sie ruhig zu Hause bleiben. Sie können gehen, wann sie wollen. Und keine Sorge, wir arbeiten auch gerade an den schriftlichen Ausführungen. Demnächst geht eine Ausführungsverordnung dazu an alle Schulen. Unter uns gesagt: Wir haben ja mit Ihrer Schülerklientel sowieso noch nie irgendwelche hochtrabenden Ziele verfolgt. Aber wir sehen jetzt, dass wir Sie und Ihre Kollegen nicht länger dafür verantwortlich machen dürfen. Ich persönlich kann mir gar nicht vorstellen, wie das sein muss, jeden Tag diese Schüler zu unterrichten, der ganze Druck, sie zu einem Schulabschluss zu bringen, und dann kommt so wenig dabei raus. Das muss doch sehr frustrierend sein, oder?«

»Hmmm.«

»Ja, liebe Frau Freitag, sehen Sie, wir lassen Sie nicht im Regen stehen. Die Reformen werden die Schullandschaft verändern. Und wir brauchen doch gar nicht so viele Menschen mit guten Ausbildungen, es gibt ja gar nicht genügend Jobs. Da müssen wir uns auch nicht vormachen, dass Ihre Klientel mit diesen halbgaren Realschulabschlüssen irgendwas zu unserer Gesellschaft beitragen kann. Muss sie ja auch gar nicht. Funktioniert doch auch so. Nur, dass nicht mehr alle so frustriert sind. Die Schüler nicht, weil sie sich nun mit den Dingen beschäftigen können, die Ihnen wirklich Spaß machen. Und die Lehrer werden zufriedener sein, weil sie nach einem Vormittag zwischen Pokern und Schal-Stricken mit interessierten Schülern glücklich nach Hause gehen können. Na, was halten Sie davon?«

»Klingt gut. Aber ich kann das gar nicht so recht glauben. Ab wann sollen denn diese Veränderungen kommen?«

»Meines Wissens gilt das ab sofort, äh, unverzüglich. Und nun gucken Sie nicht so entsetzt, Frau Freitag, gehen Sie erst mal schön nach Hause, nehmen Sie ein Bad, trinken Sie einen Tee und dann können Sie schon mal anfangen, ihre Unterrichtsmaterialien zu schreddern. Die brauchen Sie nicht mehr. Ach, und habe ich erwähnt, dass die Ferien verlängert werden? Um jeweils eine Woche. Das haben Sie sich verdient.«

Wenn ich so überlege, dann finde ich schon, dass ich ein Recht auf diese Arbeitserleichterungen hätte. Vielleicht sind wir Lehrer doch nicht für alles verantwortlich. Ist denn der Busfahrer dafür verantwortlich, wenn Herr Meier nicht in den Bus steigt, deshalb zu spät zur Arbeit kommt und dann seinen Job verliert? Die Schule ist eben keine Castingshow – oder doch? Wer trägt denn eigentlich die Verantwortung für das Gelingen und das Scheitern in diesem ganzen Wirrwarr? Ich kann doch nur Angebote machen. Ich kann doch nur den Tisch schön decken und lecker kochen, essen müssen doch die Schüler selbst, oder etwa nicht?

Wäre ich Frau D! Soost wäre alles leichter: »Das ist dein Traum. Du willst hier gewinnen. Du willst ein Teil von Popstars sein. Fang jetzt verdammt noch mal an zu arbeiten!« Ich möchte auch nach jeder Stunde einen Schüler aus dem Kurs rausschmeißen dürfen: »Tja, Samira, die anderen waren einfach besser als du. Dein Leben geht weiter, aber nicht hier.« Und dann könnten sie sich heulend in den Armen liegen und sich theatralisch verabschieden. Ich hätte auch feuchte Augen bei einigen, bei manchen würde ich innerlich hämisch grinsen.

So könnte mir das gefallen. Es gäbe auch nur zwei Gewinner am Ende. Nach einem Schuljahr zwei Schüler zum Realschulabschluss zu führen, das würde ich vielleicht noch hinkriegen. Und dann könnte ich am Ende mit stolzgeschwellter Brust den Siegern in den Armen liegen und mich feiern lassen.

Aber noch mal zum Busfahrer: Ich wäre schon schuld daran, wenn Herr Meier einsteigen will, um pünktlich zur Arbeit zu kommen, es aber nicht kann, weil ich mit meinem Bus Verspätung habe. Oder wenn ich eine ganz andere, nicht angegebene Strecke fahre. Aber ich wäre nicht für die Schwarzfahrer verantwortlich. Ich dürfte auch Leute von der Beförderung ausschließen, die sich im Bus nicht benehmen. Ich müsste niemanden zum Ziel bringen, der den Bus beschädigt oder mir die Scheiben mit dem Totschläger zertrümmert.

Ich würde jeden Tag stur meine Strecke abfahren, die Türen

158

öffnen und schließen, ab und zu die Rampe rausholen und wer schön artig einsteigt, sich hinsetzt und benimmt, der wird von mir auch pünktlich ans Ziel gebracht. Und die anderen eben nicht. Wer gar nicht einsteigen will, der verrottet halt an der Haltestelle. Es könnte doch alles so einfach sein.

## Wissen ist Macht

Und Macht macht echt Spaß. Heute habe ich ein herrliches Elterngespräch geführt. Also nicht direkt ein Elterngespräch, eher ein Mutter-mit-Übersetzerfreundin-Gespräch. Es ging um Abdul im Allgemeinen und seine Nichtleistungen im Besonderen. Die Mutter versteht zwar einigermaßen Deutsch, spricht aber nur Arabisch. Die Übersetzerfreundin-Tante – sie war auch schon mal die Cousine, bei den Verwandtschaftsverhältnissen der arabischen Großfamilien blickt keiner so richtig durch – ist jedenfalls immer dabei. Mutter mit Kopftuch, die Freundin sehr modern und sehr temperamentvoll. I love it! Immer wenn ich von Abdul erzähle, davon, was er alles macht, wenn ich von den schlechten Sachen berichte und davon, wie er die guten Sachen gar nicht erst versucht, dann liefern die mir eine Show, die sich gewaschen hat. Ich sage was, dann fragt die Tanten-Freundin nach, schüttelt entsetzt den Kopf und berichtet dann wild gestikulierend der Mutter. Die fuchtelt genauso aufgebracht mit den Armen rum und stimmt eine Art arabisches Klagelied an. Es wurde auch schon oft geweint.

Heute frage ich so zum Einstieg: »Und, hat Abdul was von unserem Ausflug erzählt? Dass wir bei dieser Organisation waren?«

Tante: »Ja ja, das hatte doch vier Euro Eintritt gekostet.«

»Nein. Das war umsonst.«

»Waaas? Kein Eintritt?« Arabisch, Arabisch, Arabisch. Mutter guckt mich mit weit aufgerissenen Augen an und wird auf Arabisch ganz wild.

Ich frage: »Hat denn Abdul gesagt, dass das Geld gekostet hat?«

»Ja, der hat gesagt vier Euro Eintritt. Und letzte Woche, der Ausflug, 3,50 Euro?«

»Neee, da waren wir Wandern, das war auch ohne Geld.«

Jetzt verengen sich die Augen der Tante und sie grinst, während sie alles der entsetzten Mutter übersetzt. Die weiß gar nicht mehr, was sie sagen soll, und schnappt nach Luft. Abdul kann sich freuen, wenn die beiden heute nach Hause kommen. Ich sage: »Na, Taschengeld braucht er ja jetzt erst mal nicht. Das kann ja jetzt verrechnet werden.« Dann geht es ihm weiter an den Kragen. Seine schlechten Zensuren. In mehreren Fächern Ausfälle. »Haben Sie denn den Brief nicht bekommen, den ich Ihnen geschickt habe?«

»Brief? La-a. La-a.«

Ich glaube, das heißt »nein«. Auch ohne Übersetzung wird klar, dass der Brief nicht bei seinem Adressaten angekommen ist. Dann reden wir eine Weile über Abduls mangelhafte Leistungen und seine enorme Faulheit. Minutenlang wird lamentiert und arabisch gejammert. Irgendwann schlage ich vor: »Sperren Sie das Internet! Bis Weihnachten, und es wird erst wieder angemacht, wenn er von jedem Lehrer drei positive Rückmeldungen hat. Schriftlich.« Das finden die beiden gut. Im Geiste sehe ich Abdul, wie ihm diese Hiobsbotschaft übermittelt wird. Draußen Dauerregen und kein Internet.

Wir sind alle zufrieden, und beim Verabschieden erinnere ich sie noch mal an die nicht erhobenen Eintrittsgelder. Und ich bekomme wieder diesen herrlich fiesen Enge-Augen-der-kann-was-erleben-Blick von der Tante. Als sie weg sind, fällt mir das schöne Penisbild von Abdul ein. Das hätte ihnen bestimmt gut gefallen.

## Müssen denn alle ein Kopftuch tragen?

Letzte Woche hat mich in der zweiten Stunde der Schlag getroffen. Meine Klasse trödelt in den Raum, und plötzlich sehe ich Funda und traue meinen Augen nicht. Funda ist groß und hübsch. Eine Erscheinung. Mit Stolz und Selbstbewusstsein repräsentiert sie einen wichtigen Teil der Powermädchengang meiner Klasse. Das Schönste an ihr sind ihre Haare. Für diese dunkle Lockenpracht würde ich mit meinen immer dünner werdenden Spaghettihaaren glatt töten. Aber als Funda reinkommt, trägt sie ein rosa KOPFTUCH. Ich bin ja einiges an Verwandlungen gewöhnt, aber in diesem Moment bin ich geschockt wie selten. Ich möchte auf sie zu springen, an dem blöden Tuch reißen und schreien: »Was soll der Scheiß?« Sofort ist sie umringt von den drei anderen Kopftüchlerinnen. An dem Tuch wird anerkennend rumgezupft, und Funda genießt die Aufmerksamkeit. Die Jungen beobachten das Geschehen aus sicherem Abstand. Was sie von der Sache halten, erschließt sich mir nicht. Vielleicht denken sie: »Mama!«

Meine gute Laune ist weg. Schlecht gelaunt frage ich Funda nach der Tanz-AG, die sie seit einigen Monaten leitet. Sie sagt, dass sie nicht mehr tanzen würde. Ich frage entsetzt, warum. Sie sagt: »Wegen Kopftuch.«

Ich unterrichte eine dröge Stunde und eile in der Pause sofort ins Lehrerzimmer. Die Kollegen verstehen meine Aufregung nicht, denn ich meckere nur rum: Islamisierung, unglaublich, was soll das? Eine Scheiße ist das. Frustriert falle ich irgendwann in einen Stuhl, esse mein Brot, starre an die Wand und denke: Ich habe ja gar nichts gegen meine Kopftuchmädchen. Ich liebe sie, aber das geht jetzt zu weit. In der 9. Klasse das »Kopftuch nehmen«, was soll das? Nicht mehr tanzen – dabei war das ihr Leben. Was kommt jetzt? Heiraten, Kinder kriegen? Ich will nicht mehr. Vielleicht bekommt die Familie Geld dafür, dass sie ein Kopftuch trägt, das habe ich irgendwo mal gehört. Wie viel wird das sein?

Nach der Schule sehe ich Funda am Tor. Ich gehe auf sie zu, um noch mal mit ihr zu reden. Die Eltern schienen immer so liberal – ob die sie dazu gezwungen haben? Funda: »Meine Mutter holt mich heute ab.« Ich frage: »Sag mal, Funda, was soll das eigentlich, mit dem Kopftuch?«

»Ich hab so was an der Kopfhaut.«

Ich verstehe nicht.

»Also, keine Angst, Frau Freitag, ist nicht Krebs. Aber sie mussten das lasern und die haben alle Haare abgeschnitten. Und jetzt trage ich das Kopftuch, bis die wieder nachgewachsen sind.«

Und plötzlich sehe ich die abrasierten Haare am Rand. Jetzt kommt auch Fundas Mutter. Ich begrüße sie und merke, wie mir ein riesiger Stein von meiner schlechten Laune fällt.

»Mensch, Frau Öyioglu, ich war echt überrascht, als ich Funda heute sah.«

»Ja, es gab sehr viele Tränen gestern wegen der Haare.«

»Und ich dachte schon, na, Sie wissen schon ...«

Fundas Mutter zeigt auf das Kopftuch und lacht: »Frau Freitag, das ist nicht unser Plan. Unser Plan ist das Abitur.«

Funda steht da und grinst. Ich könnte sie umarmen. »Mensch, Funda, da hast du aber Glück, dass du Moslem bist. Was würde ich denn machen, wenn sie mir meine Haare abrasieren? Funda, wie kurz ist das denn? Kann ich mal sehen?« Funda grinst verlegen und flüstert ihr typisches »Mann, Frau Freitag ...«

# Eine Klasse ohne graue Masse

Wenn ich die Schüler meiner Klasse, Funda, Samira, Abdul und die ganzen anderen, nicht so gerne hätte, wäre mein Beruf unerträglich. Nach einem längeren Gespräch mit Fräulein Krise bin ich wieder mal froh, dass ich meine und nicht ihre Klasse habe. Ihren Erzählungen zufolge hat sie ein Konglomerat aus Schrott zu unterrichten, das man getrost und unrecycelt entsorgen könnte. Klingt hart, aber wie die mit meinem hochgeschätzten Fräulein Krise umspringen, geht gar nicht. Die wissen dieses pädagogische Juwel einfach nicht zu schätzen.

Meine Klasse nervt aber auch total. Ununterbrochen labern sie, schreien, kommen zu spät, rebellieren gegen die Kollegen. Was bin ich eigentlich für ein Freak, dass ich sie trotzdem alle mag? Mein Freund sagte neulich: »Du hast da aber auch eine Persönlichkeitsdichte in deiner Klasse.« Und das stimmt, es gibt eigentlich nur zwei, von denen man eventuell den Namen vergessen könnte. Die anderen gehen einem täglich so auf die Ketten, dass man ihre Namen im Tiefschlaf buchstabieren kann und ihre Gesichter einem noch in der Mitte der Sommerferien vor den Augen tanzen.

Woran liegt das? Ist das Zufall? Warum haben andere Klassen diese graue Masse? Diese Haufen von Mädchen, die alle gleich aussehen und bei denen nur eine oder zwei den Ton angeben und die anderen folgen. Oft denke ich, dass ich jedem einzelnen zu viel Raum gegeben habe, um ihre schrägen, lauten, ausufernden Persönlichkeiten zu entfalten. Vielleicht hätte ich sie viel mehr deckeln müssen. Jetzt habe ich eine Klasse voller Selbstdarsteller, die die meiste Zeit vergessen, dass ich eigentlich der Chef bin. Zu Hause auf meinem Schreibtisch steht ein Bild von meiner Klasse, da stehen und sitzen sie so harmlos rum, wie der Fotograf es wollte. Aber wenn man näher rangeht,

163

dann sieht man in jedem einzelnen Gesicht, dass sie zwar für eine Minute ruhig stehen, aber schon in der nächsten Stunde den Unterricht, den Lehrer und den Raum auseinandernehmen können. Wann stellt sich bei ihnen der Idealzustand ein? Ich habe nicht mehr viel Zeit. Die sind schon in der Neunten. Wann kann ich endlich die Früchte meiner Arbeit ernten? Oder bleiben sie giftige Beeren, die zwar gut aussehen, aber zum Tode führen? Habe ich einfach total falsch gearbeitet? Falsche Prioritäten gesetzt? Sollten guter Humor und eine nette Gemeinschaft nicht die obersten Unterrichtsziele einer Klassenlehrerin sein?

Gestern berichtete die Physiklehrerin, Frau Schwalle, die zwei Wochenstunden in meiner Klasse unterrichtet, von ihrem Unterricht. In der ersten Stunde hätten die Schüler sehr gut mitgemacht – das hörte ich zum ersten Mal seit Schuljahresbeginn. Während sie das sagte, gab sie mir eine Liste mit den Schülerinnen und Schülern, die gefehlt hatten. Ich dachte: Klar waren die gut. Die drei Queens hatten ja auch gefehlt. Allerdings wollte ich das Lob nicht gleich relativieren und sagte deshalb nichts. In der fünften Stunde hatte sie wieder meine Klasse, und da waren alle laut und wie immer. Irgendwann sagte Abdul: »Samira, heute morgen warst du nicht da, und da waren alle leise und haben gut mitgemacht.« Samira war sofort eingeschnappt und verließ den Raum. Nach fünf Minuten kam sie wieder. Die Klasse saß da – mucksmäuschenstill. Daraufhin rannte Samira wütend raus und kam gar nicht mehr zurück.

Ich kann mir diese Szene gut vorstellen. Schade, dass ich nicht dabei war, und schade, dass ich nicht der ganzen Klasse für diese Aktion eine gute Note auf ihren Zeugnissen geben darf. Und schade, dass ich mir meine Klasse nicht einfach nur im Fernsehen ansehen kann. Denn es ist ja nicht immer nur lustig bei uns in der Schule. Es kann ja auch wirklich krass sein. Zum Beispiel dann …

# Wenn es Kampf gibt

Wenn es Kampf gibt, dann liegt was in der Luft. Wenn es Kampf gibt, dann wird getuschelt. Wenn es Kampf gibt, sind alle todernst, niemand lacht. Wenn es Kampf gibt, ist was los.

Wenn Mädchen kämpfen, schwelen Konflikte. Wenn Mädchen kämpfen, werden alte Sachen aufgekocht. Wenn es Kampf unter Mädchen gibt, dann weil die eine Scheiße labert, weil sie hinterm Rücken redet, weil sie Mütter beleidigt, weil sie uns sagt, wir seien die größten Bitches auf der Schule, weil sie mir Missgeburt und Hurentochter sagt.

Wenn Mädchen streiten, müssen sich alle einmischen, weil sie meine beste Freundin ist, weil ich sie zurückhalten wollte, weil sie mich auch beleidigt hat. Ich wollte nur mit ihr reden, warum sie so macht. Sie kennt mich doch gar nicht. Ich kenne diese Mädchen gar nicht. Warum erzählt sie so Scheiße über mich? Ich wollte nur reden, sie hat mir eine geklatscht. Sie hat mir Schelle gegeben. Ich habe ihr nur ein Box verpasst. Ich wollte keinen Streit. Ich wollte nur reden. Warum hat die sich eingemischt. Die hatte gar nichts mit der ganzen Sache zu tun.

Wenn es Kampf gibt, dann in der Pause. Kampf ohne Zuschauer gibt es nicht. Kampf macht magnetisch, alle stehen außen rum und schreien: »Kampf, Kampf, Kampf!«

Die eine stand da und hat auch zugetreten, die hatte gar nichts damit zu tun. Wir wollten nur reden, dann hat sie meine Haare gezogen. Ich wollte nur meine Freundin helfen.

Wenn es Kampf gibt, sitze ich stundenlang mit der Schulleitung zusammen. Je mehr man hört, umso verwirrender wird alles. Wenn es Kampf gibt, dann wollten alle nur schlichten, und ein Mädchen liegt weinend im Krankenhaus.

Körperliche Auseinandersetzungen finden meistens in den großen Pausen auf dem Hof statt, während wir Lehrer gemütlich bei Kaffee und Salamibrötchen über unsere Rückenschmerzen klagen oder vom Urlaub erzählen. Leider kann man aus dem Lehrerzimmer direkt auf den Hof gucken. Ab und zu kommt es dann eben vor, dass sich plötzlich eine riesengroße Gruppe bildet. Alle Schüler rennen dann dorthin. Ich denke immer: Vielleicht machen die ein Breakdancebattle und stehen nur um die Tänzer rum.

Wer die Schülermasse zuerst sieht, muss auch handeln: »Oh, da braut sich was zusammen.« Einige Kollegen lassen sich nie aus der Ruhe bringen: »Ich hab Pause.« Als Klassenlehrer betet man sofort: Bitte, lass es nicht Mehmet sein oder Abdul, bitte, lieber Gott, mach, dass Samira den Streit von neulich bereits friedlich mit den Mädchen aus der Parallelklasse geklärt hat.

Und dann gehen wir raus. Gemeinsam mit den Kollegen, die auf dem Hof Aufsicht haben, nähern sich von allen Seiten die Lehrkörper. Einige Schüler weichen bereits bei unserem Anblick zurück. Aus Erfahrung wissen sie, jetzt ist die Action gleich vorbei. Dann geht man in die Schülermasse und sieht entweder in sich verknotete Jugendliche auf dem Boden oder zwei Kontrahenten, die sich mit wutverzerrtem Blick Gemeinheiten entgegenschleudern: »Ich bring dich um!« – »Warte nur bis nachher, ich hole meine Brüder und Kusengs!«

Festgehalten werden die beiden Kämpfer von ruhigen, starken Tonangebern. Klassenchefs, die Autorität haben auf dem Hof. Diese Schüler wissen allerdings genau, wann sie die Kämpfenden auseinanderzerren müssen. Sie gucken sich den Kampf eine Weile an, und wenn es zu brutal wird oder wenn sich Lehrer nähern, dann trennen sie die Streitenden sofort voneinander.

Wir klären, wer in den Konflikt verwickelt war. Ob es Verletzte gibt und so weiter. Wir nehmen die Beteiligten mit, manchmal auch ein paar Zeugen und gehen mit ihnen ins Sekretariat. Damit ist für die anderen Schüler die Sache beendet, und sie erinnern sich daran, dass mittlerweile bereits der Unterricht begonnen hat.

Findet man die armen Klassenlehrer der Beteiligten, übergibt man die Kampfhähne und freut sich, nichts weiter mit der Sache zu tun zu haben. Ist man selbst der Klassenlehrer, verflucht man dieses Amt und schwört sich, dass man nie wieder eine Klasse übernehmen wird, denn dann folgen für einen noch endlose Befragungen, Telefonate mit Eltern, mit der Polizei, man muss Aktennotizen anfertigen und Zeugenaussagen aufschreiben. Das kostet viel Kraft und frisst jede Pause und Freistunde.

Und das Schlimme: Die, die sich gestern noch geschlagen haben, sieht man am nächsten Tag wieder lachend gemeinsam über den Hof schlendern.

## »Es gibt doch auch noch andere Sachen«

Da die meisten Pausen bei uns aber eher friedlich verlaufen, hat man im Lehrerzimmer immer die Gelegenheit zum kleinen Plausch. Vor ein paar Tagen habe ich mich mit einer neuen Kollegin unterhalten – man könnte schon fast Junglehrerin sagen, sie ist unter 50. Sie so und ich so, und sie dann wieder, und ich dann: »Echt?« Und sie: »Ja, voll!« Und ich: »Äh?« Und dann hat es geklingelt, ich bin in den Unterricht, sie auch, aber ich musste noch lange über unser Gespräch nachdenken.

Sie sagte nämlich irgendwann: »Es gibt ja auch noch ein Leben nach der Schule.«

Was meint sie? Ich gucke zum älteren Kollegen, der müde in

seinem Kaffee rührt. Würde er nicht rühren, könnte er auch tot sein.

Ein Leben nach der Schule? Klingt wie Ausländisch. Was will sie damit sagen?

Sie fröhlich: »Ja, es gibt doch noch die eigenen Kinder, Lesen, Verreisen, Garten, Origami, Theater, Kino, Makramee, Musik, Freunde.« Sie hört gar nicht auf, mir Dinge aufzuzählen, die mir irgendwie bekannt vorkommen, die aber in meinem Alltag so gut wie gar nicht mehr auftauchen.

Ein Leben neben oder nach der Schule – was soll das sein? Telefonate mit Fräulein Krise und Analysen mit Frau Dienstag? Wenn ich nach der Arbeit kopfüber noch mal so richtig tief in das Schulerlebte eintauche und in den Vormittagsereignissen bade? Lesen? Zählen da auch schon die Englischarbeiten der 8c zu? Verreisen – meint sie Klassenfahrt? Wie kann denn diese Frau noch leben – sie ist doch Lehrerin, und außerdem noch ganz neu an der Schule. Die muss sich doch vor- und nachbereiten und nachts von allem träumen. Darf die das? Privatleben haben? Jetzt schon?

Als ich anfing, war ich fleischgewordenes Unterrichtsmedium. Menschlicher Fortsatz des Overhead-Projektors. Ein Teil der Tafel. Wenn ich nicht im Unterricht war, dann habe ich ihn vorbereitet oder darüber gesprochen, und ehrlich gesagt hat sich daran auch noch nichts geändert. Auf meiner Stirn steht: Lehrerin! Bräuchte da aber gar nicht zu stehen, denn jeder erkennt meinen Beruf an meiner Kleidung, meiner Mimik, Gestik und an jedem Wort, das meine Lippen verlässt. Dafür werde ich bezahlt, ich bekomme doch auch in den Ferien Geld. Deshalb muss ich doch auch in den Ferien Lehrerin sein. Ich bin immer mein Beruf. Immer im Dienst. In der Schule und vor allem außerhalb der Schule. Ich maßregele jedes Kind und jeden Jugendlichen auf der Straße. Wirft jemand Müll neben den

Papierkorb, zwinge ich ihn, den Abfall aufzuheben, und halte einen kurzen knackigen Vortrag zum Thema Normen und Werte, fachübergreifend mit Elementen aus dem Umweltschutz.

Also, ich bin immer Lehrerin und ich kann mir das auch gar nicht anders vorstellen. Ich bin doch auch immer Frau. Privatleben ist mir fremd und unheimlich. In meinem Freundeskreis habe ich ja auch nur Lehrer. Niemand in meiner Familie ist nicht Lehrer. Ich dachte immer, dass es allen Kollegen so geht. Und da kommt diese Junglehrerin, gerade mal ein paar Monate dabei, und erzählt mir was von Hobbys und anderen Interessen …

Ich habe bis zur nächsten Pause gewartet und mich dann aber doch für das einzig Richtige entschieden. Ich bin zur Schulleitung und habe denen alles erzählt. Privatleben! Pah, wo kommen wir denn da hin? Wenn das jeder hätte …

## Schon wieder ein Neuer

Ich bin ganz aufgeregt. Am Montag kommt noch ein neuer Kollege. Hoffentlich ist das nicht auch wieder so einer mit außerschulischen Interessen. Er wird auch in meiner Klasse unterrichten. Ein Neuer! Unbefristet, dauerhaft, für immer eingestellt. Ein Mann! Ich frage im Lehrerzimmer rum: »Hast du den schon gesehen?« Die Kollegen wissen mal wieder gar nichts. Keinen einzigen von denen hätte ich für meine Stasitruppe ausgewählt. Neugier fehlt denen völlig. Ich frage den Schulleiter: »Herr Kaleu … es kommt ja ein neuer Kollege. Wann fängt der an? Nächste Woche?« Es soll ganz beiläufig klingen.

Er nur: »Ja.«

»Und, haben Sie den schon kennengelernt?«

»Frau Freitag, ich habe den doch eingestellt.«

169

Ich möchte endlich meine Frage beantwortet kriegen: Sieht der gut aus? Gutaussehende Kollegen sind an meiner Schule ziemliche Mangelware. Extreme Bückware, könnte man auch sagen. Gutaussehende Kolleginnen gibt es wie Sand am Meer. Das finden auch die Schüler: »Ihr habt nachher bei Frau Müller.«

Ahmet: »Frau Müller? Ist das die geile Blonde?«

Aber noch nie habe ich so was über einen Kollegen gehört. Ich möchte, dass meine Schülerinnen sich verliebt in der ersten Reihe drängeln und dem Kollegen an den Lippen hängen. Sie sollen immer und dauernd die Hausaufgaben machen, damit er sie bei der Rückgabe derselben anlächelt: »Gut gemacht, Samira.« Dann soll er die Jungs beim Rausgehen abklatschen: »Und baut keine Scheiße.« – »Wir doch nicht, Coach«, sollen sie rufen. Ich will begeisterte Erzählungen aus seinem Unterricht hören: »Bei Herrn Blabla macht es voll Spaß!« – »Ja, *vallah*, der is krass mies.« (»Mies« ist der Superlativ von »gut«.) – »Ja, Beste, ich schwör!« Und dann soll er ins Lehrerzimmer schweben, gute Laune versprühen und jeder älteren, ach, was sag ich, jeder Kollegin Komplimente machen: »Frau Schwalle, Sie sehen aber heute entzückend aus.«

Mit Komplimenten gehen die Kollegen untereinander höchst sparsam um. Ich höre nur ab und zu: »Du siehst aber schlecht aus, bist du krank?« Oder: »Was ist denn mit dir los, hast du heute schon in den Spiegel geguckt?« Allerdings erinnere ich mich an eine Begebenheit vor etwa vier Jahren. Ich ging zum Lehrerzimmer und kam an einigen älteren Schülern vorbei, die ich noch nie gesehen hatte: »Frau Freitag, wollten Sie mal Model werden?« Ich bleibe wie angewurzelt stehen: »Jungs, ach, das ist ja … You made my day!« Und schon waren meine Schritte leichter, ich tänzelte ins Lehrerzimmer und erzählte jedem davon.

170

Ich setze meine ganze Hoffnung auf den neuen Kollegen: »Sabine, was schreibst du denn Samira da auf die Augenlieder?« Samira ganz aufgeregt: »Gucken Sie!« Sie schließt die Augen, da steht LOVE und auf dem rechten Lid YOU! »Wir haben gleich bei Herrn Blabla. Dem neuen Lehrer.«

Dann soll der Schulleiter zu mir kommen: »Frau Freitag, Herr Blabla wird ihr neuer Stellvertreter. Der kommt auch mit auf die Klassenfahrt.« Ich sage betont gleichgültig: »Okay«, und denke sofort: Ach, wir können doch auch ein Doppelzimmer nehmen, dann kann Justin in ein Einzelzimmer, mit dem will sowieso niemand zusammenwohnen, weil er stinkt und klaut.

Abends sitzen wir dann auf der Terrasse bei Wein und Zigarren, lauschen dem Schnarchen der lieben Kleinen und genießen die toskanische Sommernacht. »Ach, Frau Freitag, ich muss schon sagen, wie Sie die Klasse im Griff haben – meine Hochachtung. Von Ihnen kann ich noch viel lernen.« Ich erröte schweigend.

Nur noch dreimal schlafen, dann lerne ich den Supertypen kennen.

Aber halt, was ist, wenn ihn die Schüler gar nicht so toll finden, wie ich hoffe? »Wir wollen nicht bei Herrn Blabla haben, der hat Mundgeruch!« – »Der starrt den Mädchen auf den Arsch, ich schwöre.« – »Nein, ich schwöre, das macht der bei den Jungs. Der ist schwul.« – »Wir wollen keinen schwulen Lehrer. Meine Mutter sagt auch, dass schwule Lehrer nicht unterrichten dürfen.« – »Der ist Jude.« – »Ich schwöre, der ist aus Judistan, da sind die alle so scheiße. Mein Bruder hat auch gesagt ...« – »Lass mal zum Schulleiter gehen, so einer darf hier gar nicht unterrichten ...«

Nein, nein, nein!!! So wird das nicht. So darf das nicht werden. So war es in den letzten zwei Jahren dauernd. Mir reicht das jetzt! Ich will einen jungen, talentierten, gutaussehenden,

171

durchtrainierten, charmanten, hilfsbereiten, aufregenden, humorvollen, teamfähigen …

»Ja, werden Sie denn nicht pädagogisch tätig, wenn jemand einen Lehrer, den er nicht mag, als Einwohner von Judistan bezeichnet?«

Ich sage es mal ganz direkt: Arabische Schüler, aber auch türkische und eigentlich mittlerweile alle benutzen »Jude« als Schimpfwort. Dementsprechend ist die Unterstellung, jemand würde aus dem Fantasieort Judistan kommen, auch eine Beleidigung.

»Ja, passiert denn da nichts gegen? Machen die Lehrer da nichts gegen? Was ist mit den pädagogischen Konsequenzen?«

Als ich zum ersten Mal mitbekam, wie ein Schüler zu einem anderen »Jude« sagte, dachte ich ziemlich naiv, ich hätte mich verhört, und fragte deshalb nach. In den letzten Jahren habe ich unterschiedliche Reaktionen gezeigt. Hier eine kleine Auswahl:

## 1. Möglichkeit: Das Wörtlichnehmen

Einer macht oder sagt irgendwas, was einem anderen nicht gefällt. Reaktion: »Lass das, du Jude.« Ich dann: »Warum sagst du ›Jude‹ zu ihm?«

»Weil er meine Stifte runtergeschmissen hat.«

»Aber er ist doch gar nicht jüdisch.« An den anderen Schüler gewandt: »Du bist doch Moslem, oder?«

»Ja.« Beide Schüler sind verwirrt.

»Warum sagst du dann nicht: ›Lass das, du Moslem‹?« Das alles in einem warmen pädagogisch wertvollen Tonfall. Man redet so lange weiter, bis die Schüler sich genervt abwenden: »Ja, ja, schon gut.« Diese Methode zeichnet sich durch eine extrem kurze Nachhaltigkeit aus. Sie hält genau bis zum nächsten Konflikt.

## 2. Möglichkeit: Das direkte Gespräch

Man beobachtet in einer Lerngruppe, dass ein Schüler oder eine Schülerin ständig »Jude« als Beschimpfung benutzt. Nach dem Unterricht geht man zu ihm oder ihr und sucht das erzieherische Gespräch:«Sag mal, Ahmet, ich habe beobachtet, dass du immer ›Jude‹ zu deinen Mitschülern sagst. Warum tust du das?«

»Weil die stressen.«

»Okay, aber warum sagst du dann ›Jude‹? Hast du etwas gegen Juden?«

»Ja, die sind alle scheiße.«

»Kennst du denn jemanden, der einen jüdischen Glauben hat?« Reaktion: Der Schüler kennt natürlich niemanden. »Was hast du denn gegen Juden?«

»Die haben unser Land weggenommen und Krieg gemacht.«

»Aber das waren doch nicht alle Juden. Du meinst die Israelis.«

»Na gut, dann eben die Israelis.«

»Und das waren auch nicht alle israelischen Leute, sondern die Politiker. Also könnte man sagen, du hast etwas gegen die Entscheidungen der israelischen Politiker.«

»Ja.«

Diese Methode hört sich toll an, ist aber genauso wirkungslos wie die erste.

## 3. Möglichkeit: Allianz mit den Kollegen

Beim Studientag sah ich meine Chance. Es sollte im weitesten Sinne um Unterrichtsstörungen gehen, und natürlich ging es die ganze Zeit um das unmögliche Verhalten unserer Schülerschaft. Irgendwann brachte ich das Thema Antisemitismus in die Diskussion ein. »Und das Krasseste ist doch wohl, dass die Schüler sich gegenseitig mit ›Jude‹ beschimpfen!« Die Kollegen gucken mich an. Schweigen. Ein Kollege: »Echt? Also, das ist

173

mir noch nicht aufgefallen.« Ein anderer: »Mir auch nicht.« Ich glaub, ich spinne.

Dann aber der Erdkundelehrer: »Doch, doch, das stimmt, was Frau Freitag sagt.« Ich beruhigt. Er dann aber: »Ja, das machen die in deiner Klasse. Da habe ich das auch schon mal gehört.«

»Wie jetzt, das soll nur bei mir so sein? Und ihr habt das noch nie gehört? Rainer, bei dir in deiner Klasse sagen das Ahmet, Momo und Emre. Gabi, bei dir Kevin, Zeynab und Esra …«

Rainer: »Echt? Ist mir noch nie aufgefallen.«

Gabi: »Na, wie auch immer, was ist jetzt mit dem Zuspätkommen, lasst uns mal weitermachen, sonst werden wir heute nie fertig.«

Ganz recht, das ist die bisher schlechteste Methode gewesen.

## 4. Möglichkeit: Die natürliche Reaktion

Es heißt doch immer, der Lehrer soll authentisch bleiben. Bei dieser Methode zeige ich mich als total authentische Lehrkraft, denn ich reagiere so, wie ich eben reagiere.

Ausgangssituation wie immer, dann sagt einer: »Du Jude.« Auftritt Frau Freitag. Ich hole tief Luft und schreie in maximaler Lautstärke los: »WAS HAST DU DA GERADE GESAGT? ›JUDE‹? GEHT'S NOCH? WAS BILDEST DU DIR EIN?«

Der Wortlaut ist eigentlich egal. Das totale Ausflippen ist wichtig. Die Lautstärke und die Aggressivität, gemischt mit absoluter Empörung, als hätte man diese Art der Beleidigung zum ersten Mal gehört.

Die Schüler waren geschockt. Sagten gar nichts mehr. Irgendwann fragte mich dann einer leise: »Frau Freitag, sind Sie Jude?«

Ich dann, immer noch schreiend: »NEIN, ICH BIN E-V-A-N-G-E-L-I-S-C-H, ABER AUCH WENN ICH VOM MARS KÄME,

WÜRDE ICH DAS HIER NICHT DULDEN.« Und dann noch als kleines Bonbon: »Hier wird ›Jude‹ nicht als Schimpfwort benutzt, wir sagen hier auch nicht ›Kanacke‹, ›Polacke‹, ›Paki‹, ›Zigeuner‹ oder ›Nigger‹! VERSTANDEN?«

Diese Methode verhindert wenigstens, dass die Schüler, die das miterlebt haben, sich in meiner Gegenwart noch mal mit »Jude« beschimpfen.

## 5. Möglichkeit: Anzeige wegen Volksverhetzung

Als ich meine Klasse bekam, beschimpften sie sich ständig mit »Jude«. Nachdem ich die gerade beschriebenen, doch recht wirkungslosen Methoden angewendet hatte, überlegte ich mir was Neues. Ich druckte den Schülern den Paragraphen über Volksverhetzung aus, las ihn inklusive des Strafmaßes emotionslos vor und stellte folgende Regel auf: Wenn jemand noch einmal »Jude« als Schimpfwort benutzt, gibt es ein Gespräch beim Schulleiter und die Eltern werden informiert. Sollte es ein weiteres Mal vorkommen, stelle ich bei der Polizei eine Anzeige wegen Volksverhetzung. Emotionslos, sachlich und mit einem Gesichtsausdruck, der keine Zweifel zuließ.

Was passiert ist? Schlagartig haben die Schüler angefangen, sich nur noch mit anderen Ausdrücken zu beleidigen. Rutscht einem Schüler doch noch aus Gewohnheit ein »Ju-« aus dem Mund, halten die anderen sofort die Luft an. Ich ziehe dann nur eine Augenbraue hoch und fixiere den Schüler, der sich sofort in Entschuldigungen windet: »Tut mir leid, tut mir leid, wollte ich nicht, mach ich nicht wieder. Schwöre, *vallah*, in escht.«

Was mich neben dem Antisemitismus meiner Schüler noch stört, ist die Lautstärke. Manche Schülerstimmen haben eine unerträgliche Frequenz, Tonlage Folter. So auch alle Mitglieder der Familie El-Lachma. Die Familie hat gefühlte hundert Kinder, alles Söhne, alle mit unerkanntem und deshalb unbehandeltem ADHS (falls jemand ADHS nicht kennen sollte: so dermaßen nerviges Zappelverhalten, dass man sich vergessen möchte), und in jeder Klasse scheint ein Sohn der El-Lachmas zu sitzen. Heute in der zweiten Stunde hatte ich bereits das Vergnügen mit dem ältesten Sohn – der ist mittlerweile recht vernünftig, schreibt nur immer die Hausaufgaben ab. Und gerade hatte ich eine Doppelstunde mit dem Kleinsten, Yusuf.

Wahrscheinlich hat er in der Schule und zu Hause das Problem, dass ihm keiner zuhört und sich keiner mit ihm beschäftigt. Von der Sekunde an, in der er den Raum betritt, bist du von ihm genervt. Er kann keine Minute die Klappe halten. Vielleicht hat er auch eine Schilddrüsenüberfunktion, allerdings vermute ich, dass er einfach nur den Plan verfolgt, mich in den Wahnsinn zu treiben. Aber auf dem direktesten Weg. Und ich doofe Kuh gehe auch noch voll drauf ein. Liefere mir mit ihm jede Stunde Wortgefechte, die man hier gar nicht wiedergeben kann.

Das Harmloseste ist noch die Frage, ob er wahlweise ein Radio, einen Clown oder ein Tier verschluckt hat. Manchmal bellt er, heute machte er Vogelgesänge nach. Er kann auch schlecht rappen. Alles, was er macht, regt mich auf.

»Yusuf, was ist mit dir? Welche Krankheit ist das? Was hast du?«

»Ich weiß nicht? Vielleicht Diabetes?«

»Du weißt doch gar nicht, was Diabetes ist! Du musst zum Logopäden«, ich stocke kurz, habe ich Logopäde gesagt? Ich wollte sagen, dass er Logorrhoe hat. Aber die Schüler wissen eh nicht, was das ist, und da kann ich sein Dauergequatsche auch ruhig als ›Logopädie‹ bezeichnen. »Ja, du hast LOGOPÄDIE.«

»Immer ich, Sie meckern immer nur mich an. Gucken Sie, die anderen quatschen doch auch.«

»Die anderen gehen mir aber nicht so auf die Ketten wie DU! Deine Stimmlage macht mich verrückt. Willst du mir sagen, dass du hier nicht die ganze Zeit störst?«

»Doch, aber die anderen ...«

»Siehst du, schon wieder quatschst du. Ich kann es einfach nicht mehr ertragen. Halt doch endlich mal die Backen!« Ein paar Sekunden Ruhe, dann wieder Vogelgeräusche. Ich wende mich ab und wische die Tafel. Runterkommen! Runterkommen! Nicht so aufregen, du machst dich doch voll lächerlich. Uahhh, jetzt singt er auch noch.

Ich schleiche mich wieder zu ihm, diesmal von hinten. Und schreie ihm ins Ohr: »SEI DOCH MAL LEISE!« Er zuckt erschrocken zusammen. »Aua, mein Ohr. Mir platzt ja das Trommelfell.«

»Und ich hab schon einen Tinnitus von deinem ewigen Gelaber und Rumgeschreie.«

»Aber Frau Freitag, ich bin doch Araber. Haben Sie nicht gesehen, bei Kaya Yanar? Wir Araber sind so laut.«

»Aber Yusuf, es gibt doch auch leise Araber.«

»Ja, aber das sind dann wahrscheinlich Ägypter. Wir sind ja Palästinenser.« Gut, dass er es sagt, wäre ich im Leben nicht drauf gekommen. »Yusuf, aber nicht alle Palästinenser schreien ständig so rum oder bellen.«

»Hmm«, er denkt nach, »vielleicht kommt das auch von zu Hause.«

»Ja, könnte sein«, antworte ich, etwas netter.

Als Geste der Versöhnung lasse ich ihn die Arbeitsmaterialien, die ich ausgegeben habe, einsammeln und lobe ihn, dass er in den letzten drei Minuten des Unterrichts etwas ruhiger war. Irgendwie ist er ja auch süß, auf seine Art. Wenn man ihn fermentieren könnte, gäbe er ein super Blutdruckmittel ab.

# Es gibt keine Ausländer
# in Deutschland!

Meine Schüler sind für mich Deutsche. Alle! Auch Blutdruck-Yusuf. Hier geboren, nicht hier geboren, geduldet, mit Pass, ohne Pass, befristet, unbefristet, und hätte ich Illegale, dann wären die für mich auch Deutsche. Ich unterrichte keine Ausländer! Ich bin keine Ferienschule, wo Ausländer im Sommer Spanisch lernen und dann wieder in ihr Inland fahren. Alle, die hier wohnen und die hier zur Schule gehen, sind für mich meine Schüler, und ich unterrichte an einer deutschen Schule, dann sind die Schüler für mich Schüler einer deutschen Schule, also deutsche Schüler. Was für eine Religion die haben, ist mir persönlich egal. Wo die Großeltern mal gewohnt haben auch. Wir hatten in der Grundschule ein Mädchen in der Klasse, die kam aus Ostfriesland. Und hieß die Schülerin mit ostfriesischem Hintergrund?

Nach wie vielen Generationen darf ich denn meine Schüler offiziell als deutsche Schüler bezeichnen? Ja, sie sprechen schlecht Deutsch. Ja, sie sind (fast) alle hier geboren. Die, die nicht hier geboren sind, sprechen noch am besten Deutsch. Und die Schüler ohne Migrationshintergrund, also diese »Blutsdeutschen«, sprechen genauso schlecht wie ihre Mitschüler.

Wir haben an den Schulen ein Schichtenproblem und kein Migrantenproblem. Ich kann es nicht mehr hören: Die – wir. Die Deutschen – die Ausländer. Migranten – Nichtmigranten. Und dann immer dieser berühmte »Hintergrund«. Reden wir doch mal über den Vordergrund! Und da ist es doch schnurz-piep-egal, warum die schlecht Deutsch sprechen. Sie tun es einfach, und man sollte nach vorne sehen und überlegen, wie man das ändern kann. Meiner Meinung nach tun wir den Schülern keinen Gefallen, wenn wir sie als inzwischen vierte Generation, die hier geboren wurden und die das Herkunftsland ihrer Eltern höchstens aus dem Urlaub kennen, immer noch als Ausländer titulieren. Mich befremdet das und ich will das nicht. Das entfernt mich von den Schülern. Ich fühle mich ehrlich gesagt immer ausgeschlossen, wenn sie von sich als Ausländern sprechen. Wir wohnen doch alle hier, im selben Land – und leben fast alle von den Steuergeldern, die hier in diesem Land bezahlt werden.

Es ist echt an der Zeit, dass man sich von Begriffen wie »Ausländer«, »ausländische Schüler« und auch diesem ganzen Hintergrundskram verabschiedet. Okay, bei Lehrerzumessungen kann das noch eine Rolle spielen, aber im Umgang mit den Schülern muss es echt egal sein, wo der Opa herkommt. Wie würden sich denn die Kollegen fühlen, wenn es hieße: »Na ja, die hat die Klasse nicht im Griff, die Oma kommt ja auch aus Bayern. Aus einem bayerischen Dorf ...«

## Der dicke Dirk

Ach, herrje, diese Montage ... Sagte ich schon, wie schön ich das finde, dass man mir erst eine Doppelstunde in einer 8. Klasse und dann noch eine Doppelstunde in der 7. Klasse verordnet hat? So viel Zutrauen in meine pädagogischen Fähigkeiten macht mich jeden Montag aufs Neue glücklich. Man gibt mir diese schwierigen Klassen. Man muss viel von mir halten.

Vor lauter Glück schleppe ich mich jeden Montagnachmittag völlig ermattet nach Hause und kann gerade mal noch an meinem Kaffee schlürfen. Aber auch nur, wenn er mir gereicht wird.

Ist es eigentlich eine biologische Notwendigkeit oder eine göttliche Fügung, die sich so äußert: »Ihr Siebtklässler, seid nicht wie Menschen! Benehmt euch wie tollwütige Hunde! Und solltet ihr in die Nähe von Unterricht kommen – zerstört ihn!«

Mein Unterricht in der siebten Klasse erstreckt sich von der Stunde vor der Mittagspause bis in die Stunde nach der Mittagspause. Der dicke Dirk muss schon in der ersten Stunde – also vor der Pause – ziemlich lange vor der Tür stehen, weil er seinen Mund einfach nicht halten kann. In seiner Abwesenheit versuche ich die Kunstaufgabe zu erklären. Es geht um Farbe.

»Was sind denn wohl die Grundfarben?«, frage ich und lasse jeden mal zu Wort kommen. Jeder darf drei Farben nennen. Ich höre: rot, grün, schwarz, blau, weiß, braun und sogar bunt. Die nächsten zwanzig Minuten erarbeiten wir gemeinsam, was die Grundfarben sind. Na ja, ich lenke, ich zerre sie in die richtige Richtung.

Nach einer weiteren Viertelstunde habe ich mehrere Kugelschreiber, zwei Gummibänder, eine Colaflasche und einen Spiegel auf meinem Schreibtisch liegen, den dicken Dirk vor der Tür stehen, keine Stimme mehr, aber auch zwei herrliche Sätze an der Tafel: Grundfarben sind Farben, die sich nicht mischen lassen: rot, gelb und blau. Und: Alle anderen Farben kann man mit den drei Grundfarben mischen. Unterricht wie aus den 50er Jahren. Vor lauter Lebensweltbezug können sich die Schüler nur noch schwer am Platz halten.

Dann ist Pause und alle hauen endlich ab auf den Hof. Ich wiederhole mein übliches Mantra vor dem Klingeln: »Nehmt euer Essen mit! Nehmt eure Getränke mit! Vergesst eure Jacken nicht!« Dann ist endlich Ruhe. Aber schon nach 40 Minuten kommen sie wieder. Aufgeputscht von ihren seltsamen Pausenaktivitäten. Meistens rennen sie rum und hauen sich.

Nach der Pause kommt auch der dicke Dirk wieder rein, setzt sich aber nicht auf seinen Platz, sondern ganz nach hinten zu Mohamad. Und mit Mohamad tuschelt er rum, und ich sehe, dass sie da irgendwas haben, irgendwas, was sie wahrscheinlich nicht haben sollen. Ich gehe zu ihrem Tisch und sehe zwei große weiße Papiertüten mit sehr fettigem Inhalt, denn die Tüten haben überall durchsichtige Fettflecke. Mein Adrenalin steigt: FETT! In meinem Raum, auf meinen Tischen! Eine Todsünde! Ich öffne die eine Tüte mit dem Zeigefinger, um den Inhalt genauer zu inspizieren – BÖREK! Die zweite Todsünde. Nach den Frau-Freitag-Gesetzen, die sich an der Scharia orientieren, steht auf Börek mindestens ein Tobsuchtsanfall. Dirk guckt mich etwas schuldbewusst an: »Ich hab voll Hunger.«

»Dirk, du hattest 40 Minuten Zeit zu essen, du wirst hier jetzt nicht essen!«, zische ich durch die Zähne. Mohamad nimmt sofort seine Tüte und stopft das fettige Ding in seinen Rucksack. Dirk nicht. Er greift in die Tüte, reißt sich ein Stück von der Kalorienbombe ab und schiebt es sich in den Mund. Jetzt reicht es mir.

»DIRK! Entweder du packst diesen Scheiß sofort weg und fängst an zu arbeiten, oder du kannst den Raum verlassen, bekommst eine Sechs für die Stunde und deine Klassenlehrerin wird anschließend sofort informiert.«

»Ich hab Hunger, ich muss essen!«, windet sich Dirk. Ich schicke ihn wieder raus. Sein Börek nimmt er mit.

Nach zehn Minuten scheint er satt zu sein und will wieder rein.

»Nein, du bleibst jetzt draußen.«

»Aber ist langweilig hier.«

»Ist mir egal«, sage ich und schließe die Tür vor seiner Nase.

Etwas später gehe ich noch mal zu ihm: »Dirk, jetzt mal unter uns ... du siehst nicht gerade aus, als würdest du verhungern, wenn du nichts isst.« Dirk ist total übergewichtig. Und bei der Statur so einen Börekaufstand zu machen, das ist für Dicke echt untypisch.

181

»Dirk, du hattest 40 Minuten Zeit, etwas zu essen.«

»Nein, ich hatte keine Zeit.«

»Wieso denn nicht?«

»Ich musste einen Kampf gucken.« Ich schüttele nur den Kopf und schließe die Tür wieder vor seiner Nase.

Drinnen warte ich auf das Ende der Stunde, stürze mich in das Aufräummanöver, spiele mit den Schülern in den letzten Minuten noch Vier-Ecken-Raten, damit sie meinen barschen Ton während des Saubermachens wieder vergessen, und irgendwann werden wir alle vom Klingeln erlöst.

In meinem Raum darf einfach nicht gegessen und getrunken werden, weil die Schüler ihren Eistee immer umschmeißen und ich keine Börekkrümel auf den Tischen haben möchte. Alle Schüler, die bei mir Unterricht haben, wissen das. Auch der dicke Dirk. Trotzdem kommt es ab und zu doch wieder anders.

Neulich in einer Klasse von – na ja, sagen wir – leicht minderbemittelten, aber schon älteren Schülern packen zwei zu Beginn der Stunde als Erstes ihre Trinkpäckchen aus. Wie ich diese Dinger hasse. Die sind mir ein Dorn im Auge, denn es spritzt immer was von diesem wässrigen Gesöff auf die Tische und verklebt alles. Noch schlimmer ist nur Eistee in 1,5-Liter-Packungen, der ständig umfällt und eine noch größere Schweinerei verursacht. Jedenfalls will Ahmet gerade den Strohhalm durchpieken, da fliege ich schon über die Tische, schreie »NEIN!« und entreiße ihm die Packung. Ich stelle sie auf das Regal hinter meinem Schreibtisch. Eigentlich ein sehr sicherer Ort, der für jeden unter zwanzig tabu ist. Ich denke: Super – Gefahr erkannt, Gefahr gebannt. Aber eine halbe Stunde später ist die Packung Orangensaftersatz weg, und ich finde sie leer neben dem Papierkorb. Mist. Wie konnte das passieren? Weil ich diesen Kriminalfall nicht lösen kann, da ich nichts mitbekommen habe, schmeiße ich unauffällig die Packung in den Papierkorb und tue so als, wäre nichts geschehen. Innerlich bin ich schon leicht überhitzt.

Kriminalistisch hellwach sehe ich, dass der Partytisch eine Runde Bonbons verteilt. Aha, diese grünen, die schmecken genauso wenig wie dieser Schrottorangensaft. Mal sehen, wo das Papier nachher landet. Jedenfalls weiß ich jetzt schon, wer das Papier später aufheben wird. Diesmal nicht ich!

Der King in dieser Lerngruppe, Ali (Zitat: »Ich bin Pablo Escobar, ich kann das Papier nicht aufheben«), kommt grundsätzlich mit einer Flasche Cola in den Unterricht. Ein ganz typisches Verhalten aller Schüler unserer Schule: Nach einer Hofpause in den Raum zu kommen und zunächst gemütlich frühstücken wollen.

Ich sage dann immer wieder: »Missjöh, du hattest gerade 25 Minuten frei, da konntest du doch essen.«

»Da hatte ich zu tun.«

Wenn ich allerdings eine Doppelstunde habe, unterbrochen von einer großen Pause, dann verlässt niemand den Raum ohne sein Schulbrot. Das muss beim Rausgehen vorgezeigt werden. Aber offenbar machen das die Kollegen nicht, denn die armen Kleinen kommen immer völlig verhungert aus den Pausen.

Sind die Schüler anderer Schulen auch so verfressen? Tun sie auch so, als stürben sie, wenn man ihnen die Nahrungsaufnahme während des Unterrichts verbietet?

## Außerhalb der Schule geht ja gar nicht!

Meine eigene Klasse nervt mich nicht nur mit Essen und Trinken während des Unterrichts, ab und zu blamieren sie mich auch. Wenn sie mich blamieren, hasse ich sie! Wenn sie mich blamieren, denke ich: Eure Abschlüsse sind mir scheißegal, ihr Deppen! Wandert doch in ein langweiliges Hartz-IV-Leben. Ich werde keinen Finger mehr für euch krumm machen. Ihr könnt mir den Buckel runterrutschen. Kommt, fragt mich mal nach einer Klassenfahrt. Kommt, fragt mal, dann lache ich euch nur ins Gesicht und sage: »Klassenfahrt? Mit euch? Auf KEINSTEN!«

Wenn sie mich mal wieder blamiert haben, dann marschiere ich im Stechschritt vor ihnen her und warte nur an den Straßen, weil das meine Pflicht ist. Wenn sie mich dann ansprechen, antworte ich nur einsilbig und gehe sofort in eine andere Richtung, sobald wir das Schulgebäude betreten haben. Erst mal eine rauchen. Erst mal runterkommen. Mich bei den Kollegen ausheulen.

Wie haben die Sie denn jetzt schon wieder blamiert, Frau Freitag?

Indem sie sich wie Vollidioten benommen haben. Wir waren in der Öffentlichkeit, und das vertragen sie schlecht. Sie benehmen sich im öffentlichen Raum wie gehirnamputierte, kulturlose Affenmenschen. Wenn ihnen jemand was erzählen will, was sie eigentlich interessieren sollte – denn es ging um sie, um ihre verdammte Zukunft –, dann quatschen sie miteinander, hören heimlich Musik, spielen mit ihren Handys, schreien irgendwelchen Mist in den Raum, und ich sitze dazwischen, ermahne sie dreimal, (zweimal nett, einmal etwas lauter), aber es nützt nichts. Dann gebe ich auf und gucke mir das Schauspiel an, schäme mich, fange innerlich an, sie zu hassen, hoffe, dass die Zeit schnell vorbeigeht und entschuldige mich bei dem Schulfremden, der meiner Deppenklasse etwas beibringen wollte.

Den ganzen Rückweg zur Schule denke ich: »Arschlochkinder, Arschlochkinder, Arschlochkinder.« Manche merken, dass ich sauer bin, und halten sich von mir fern. Marcella merkt einfach gar nichts mehr und schreit auch noch im Bus rum, bis ich frage, ob sie mich nicht schon genug blamiert hätte und nicht wenigstens zwei Stationen die Klappe halten könne.

Ihre Antwort: »Aber, Frau Freitag, es weiß doch niemand, dass Sie zu uns gehören.«

»Doch, das wissen alle!« Denn das sieht man an meinem Gesicht.

Und jetzt überlege ich schon seit Stunden, wie ich ihnen morgen gegenübertreten soll. Erst habe ich an eine herzzerreißende Ansprache gedacht: »Ich bin sehr enttäuscht, ich fühlte mich total blamiert.« Und so weiter. Aber jetzt denke ich, dass ich morgen die Fräulein-Krise-Methode anwenden werde. Ich werde mich bei ihnen entschuldigen. Dafür, dass ich ihnen zugemutet habe, an einen Ort zu gehen, an dem sie sich mit ihrer Zukunft beschäftigen sollen. Sorry, kommt nie wieder vor. Was habe ich mir nur dabei gedacht? Ich schwöre, ich werde euch nie wieder auf Ausbildungsmöglichkeiten oder Berufswahl ansprechen. Ich verspreche es euch, nie wieder!

Dann am Tag danach. Auftritt Frau Freitag: Freundlich empfängt sie ihre Klasse, hört sich geduldig dies und das an, antwortet sanftmütig und bittet die lieben Kleinen, sich nach dem Klingeln auf ihre Plätze zu begeben.

»Ich möchte gerne noch etwas zu gestern sagen.« Die Klasse schweigt. In manchen Augen sehe ich so etwas wie ein leicht aufflackerndes Schuldbewusstsein. »Ich möchte mich bei euch entschuldigen. Es tut mir leid, dass ich gestern mit euch bei dieser Veranstaltung war. Ich dachte irgendwie, dass euch das interessiert. Aber das war mein Fehler und nicht eurer. Ich

dachte, dass ihr in der 9. Klasse ein Interesse an eurer Berufswahl hättet, aber dann fiel mir ein, dass die meisten von euch
ja gar keine Berufsberatung brauchen. Miriam, du heiratest ja
sowieso einen reichen Mann, warum solltest du da einen Beruf
lernen. Abdul?«

Ich bin gerade voll im Flow, da unterbricht mich Peter, der
direkt vor meiner Nase sitzt »Aber Frau Freitag, wenn man verheiratet ist, dann muss man doch auch einen Beruf haben, das
kostet doch auch alles Geld, also, die Hochzeit, das Brautkleid,
der Kuchen ...«

»Bei Moslems braucht man aber kein Geld, da bezahlt das
alles die Familie«, klärt ihn Elif auf.

Weg war mein Flow. Ich flüstere Peter zu, dass man natürlich
auch arbeiten kann und sollte, wenn man verheiratet ist. Zum
Glück sitzt Miriam ganz hinten und bekommt von der kurzen
Unterbrechung nichts mit. Also versuche ich, mit meiner
Predigt fortzufahren: »Und du, Sabine, klar bist du frustriert.
Deine Schwester macht gerade das Abitur, dein Bruder den
Realschulabschluss, und du wirst nicht mal die 9. Klasse schaf-
fen.«

»Schaff ich wohl«, brummelt Sabine in ihren Schal.

Nach und nach erkläre ich allen Schülern, warum ich total
verstehen kann, dass sie sich nicht mit der eigenen Berufswahl
auseinandersetzen.

Als ich fertig bin, meldet sich Abdul: »Frau Freitag, warum
glauben Sie eigentlich, dass wir das alles nicht schaffen?«

»Abdul, weil ich eure Noten gesehen habe.«

»Aber Sie machen immer alles an diesen Noten fest.«

Süß. Ich grinse: »Ja, woran soll ich das denn sonst fest-
machen? Eure Noten sind doch das Entscheidende für euren
Abschluss.«

»Ja, aber Sie denken ja immer, wir hätten noch diese Noten

von vor dem Elternsprechtag. Sie sollten unsere Noten mal jetzt sehen. *Abó*, Sie würden staunen.« Abdul lehnt sich zufrieden zurück »Ja, Frau Freitag kriegt voll Schock, wenn sie die Noten sieht.«

Samira meldet sich. »Frau Freitag, ich schwöre, auf dem nächsten Zeugnis wird niemand mehr so viele Ausfälle haben, dass er sitzenbleiben muss.«

»Na, das wäre ja was …« Ich fange an, davon zu träumen, wie ich bei der Zensurenkonferenz lauter Realschulprognosen verlesen darf und mich die Kollegen alle missgünstig angucken und tuscheln.

»Okay, dann legen wir mal los. Heute: die indirekte Rede. Wer hat so was oder so was Ähnliches schon mal gehört?«

Sofort gehen die Finger hoch, und wir verbringen eine super Grammatikstunde, in der wir alle viel gelernt haben.

## Warum nicht so?

Bald ist die Schule vorbei. Momentan macht der Unterricht eigentlich Spaß, wahrscheinlich aber nur, weil man weiß, dass er bald vorbei ist. Noch drei Tage.

Ich kriege schon jetzt dieses warmherzige Gefühl, das man hat, wenn man zu den Kollegen sagt: »Tschüß, schöne Weihnachten und guten Rutsch.« Aber sonst ist mir noch nicht so richtig weihnachtlich zumute. Ich verzichte dieses Jahr auf jegliche Deko, wir sind ja sowieso nur vier Christen in der Klasse, die Weihnachten feiern, und ich überhöre sogar das Wort »Julklapp«.

Allerdings kommt Kathrin aus meiner Klasse heute auf dem Hof zu mir: »Frau Freitag, würden Sie mit Ihrer schrecklichen, lauten, nervtötenden Klasse ein Frühstück machen?«

»Wenn ihr das organisiert, dann komme ich gerne. Kriegt ihr das hin?« Sie nickt und geht. Na ja, Hunger habe ich ja immer, vor allem, wenn es kalt ist. Und frühstücken heißt auch, nicht unterrichten zu müssen.

Meine Klasse liebt Frühstücken. Sie könnten glatt jeden Tag frühstücken. Ich könnte ein Restaurant oder Café mit ihnen betreiben, statt sie zu unterrichten.

Fräulein Krise kommt jeden Tag in unser Café, und sobald sie den Raum betritt, schwirren die Schüler um sie herum und lesen ihr jeden Wunsch von den Augen ab. »Wie immer Fräulein Krise? Kaffee und ein Eibrötchen?« Fräulein Krise lässt sich mit schwerem Ausatmen auf einen dieser total bequemen Sessel fallen, aus denen man nicht mehr hochkommt. Abdul und Emre wissen das und bieten sich immer an, die Gäste aus dem Möbel zu ziehen. »Fräulein Krise, erzählen Sie von Ihrer garstigen Klasse!« – »Ja, bitte, Fräulein Krise! Was haben die gesagt zu der schlechten Deutscharbeit? Haben Sie denen die Hölle heiß gemacht? Hat Ömer zugegeben, dass er den Tesa-Abroller geklaut hat?«

Ich sitze neben Fräulein Krise und trinke den ganzen Tag schwarzen Kaffee und rauche – das Besondere an unserem Café: Bei uns darf geraucht werden. Frau Dienstag kommt auch oft vorbei, sie trinkt aber nur Tee und isst nie etwas (Magersucht im Endstadium). Frau Dienstag hat übrigens aufgehört zu unterrichten und eine Schlosserei aufgemacht. Die läuft hervorragend. Sie ist reich und hat unsagbar schwarze Fingernägel.

Ab und zu zwinge ich die Schüler, sich die Hände zu waschen (wegen der Hügiäne), und wenn wir schließen, zähle ich das Geld und gehe glücklich nach Hause. Meine Schüler kommen immer und sind auch immer pünktlich, sie haben tolle Ideen für die Deko und das Essensangebot. Es gibt jeden Tag ein anderes Gericht aus der südeuropäischen Küche, aber auch Pasteten aus Palästina, Kuchen aus dem Kosovo und Allerlei aus Albanien.

Die Schüler sagen: »So macht Schule Spaß. So handlungsorientiert.« Sie sprechen perfekt Pädagogisch, weil wir gemeinsam ein Buch über unser Schul-Café-Restaurant geschrieben haben. Außerdem tingeln wir dauernd durchs Fernsehen und erzählen davon bei Anne Will und den anderen. Ich habe ihnen gesagt, dass sie ja immer schön »isch« und »*vallah*« sagen sollen und nie Artikel benutzen dürfen, denn das wird von ihnen erwartet. Aber höflich sollen sie sein und gut aussehen. Die Mädchen schminken mich vor den Fernsehauftritten immer. Ich sehe gut aus im Fernsehen. Sagen mir auch viele Eltern. Die Kollegen allerdings schweigen sich aus.

Na ja, fangen wir erst mal mit einem Frühstück am Donnerstag an …

## Tipps für neue Kollegen

So, der neue Kollege ist da. Er spricht komisch. Manchmal versteht man ihn kaum. Die Schüler sagen: schwul. So wie manche Kolleginnen um ihn herumschwirren, sage ich: hetero. Ich halte mich da schön raus, hat er sich bei mir doch gleich am zweiten Tag in die Nesseln gesetzt. Da sagte er etwas über meine Klasse, ohne zu wissen, dass ich die Klassenlehrerin bin. Und was bildet der sich ein, nach einer Stunde mit nur einem Teil meiner Klasse überhaupt irgendein Urteil abgeben zu können. Seitdem bin ich höflich distanziert. Der soll mal schön die Bälle flach halten.

**Hier ein paar Todsünden für neue Kollegen:**

1. Lästern

Nie darf man als neuer Lehrer über irgendwelche Kollegen herziehen, wenn man das gesamte Lehrerzimmergefüge noch nicht durchschaut. Man weiß nie, wer mit wem kann und wer nicht!

2. Den Schlendrian zeigen

Nie durchblicken lassen, dass man seinen Unterricht nicht ordentlich vorbereitet hat. Also nicht in der Pause hektisch am Kopierer drängeln und irgendwelche Arbeitsblätter vervielfältigen.

3. Überengagiert sein

Schlimmer noch als zu larifari zu sein, ist zu großer Einsatz. Aufwendige Stundenvorbereitungen, mit denen man dann in den Unterricht stiefelt, kommen bei erfahrenen Kollegen, die sich dem Unterrichtsminimalismus verschrieben haben, gar nicht gut an. Und bloß nicht vom eigenen tollen Unterricht erzählen.

4. Meinungen zur Schülerklientel

Bitte nicht vorschnell die Schülerschaft beurteilen und sagen, dass das alle unpünktliche Idioten sind. Auch wenn sie das sind. Das steht einem Neuen nicht zu. Nicht zu schnell die Schüler für irgendwas loben. Auch nicht einzelne Schüler. Es könnte ein Kollege am Tisch sitzen, der gerade mit diesem Schüler gar nicht klarkommt, und dann wird der Neue mit diesem Kollegen gar nicht mehr klarkommen.

5. Alles ändern wollen

Nicht im Lehrerzimmer rumtönen, wie toll dies und das an

der alten Schule war, und irgendwas verbessern wollen.
Bloß nicht irgendwelche verkeimten Ecken säubern, Sammlungen sortieren oder vermüllte Räume aufräumen. Auf
gar keinen Fall darf man sich als Neuer in der Gesamtkonferenz zu Wort melden, um irgendwas vorzuschlagen.

6. Selbstüberschätzung
Bloß nicht bei der Vorstellung so einen Quatsch sagen wie:
»Ich will hier mal frischen Wind reinbringen.« Oder, wie
an meiner Schule passiert: »Ich bin hier, um Sie zu unterstützen.« Das kam gar nicht gut an. Als Neuer schön die
Klappe halten und abwarten. Beobachten, versuchen zu
verstehen, sich ruhig, hilflos und blöd geben – leichte Verpeiltheit kommt besser an als zu großes Selbstvertrauen.
Sprüche wie »Das wird schon«, »Das kriege ich schon hin«,
»Da mach ich mir keinen Stress« gehen gar nicht. Denn es
wird nicht, hinkriegen tun wir Alten es ja auch nicht und
Stress steht in unserer Arbeitsplatzbeschreibung.

Also, ihr lieben neuen Kollegen, ihr denkt vielleicht, dass ich
hier übertreibe, aber unterschätzt nicht die alten, frustrierten
Kollegien. Da sitzt der eine oder die andere und zieht vielleicht
die einzige Freude am Vormittag daraus, euch das Leben zur
Hölle zu machen.

Und beachtet bitte im Umgang mit den Schülern, die ihr
zum Beispiel bei euren Aufsichten auf dem Hof antrefft: Nicht
jeder Schüler geht auf eure Schule. Es gibt auch schulfremde
Schüler! Der schönste Schulbesuch ist der Besuch einer fremden Schule.

Vor kurzem standen plötzlich zwei sehr unangenehm aussehende junge Männer in der Tür, die offensichtlich nicht zu unserer Schule gehörten. Die musste ich entsorgen. So was kann leider auch ins Auge gehen. Zu einem schulfremden Schüler war ich mal etwas zu vorlaut, da sah ich mich schon mit Messer im Bauch auf dem Schulflur verbluten. So ein Tod ist echt unnötig.

Auch hier ein kleiner Tipp für die Neuen: Schulfremde Schüler, vor allem männliche, spielen sich gerne auf, bewegen sich extrem langsam und sollten nie angefasst oder vor einem breiten Publikum lächerlich gemacht werden. Macht es also nicht wie ich damals:

»Bist du hier auf der Schule?«

Schulfremder: »Ja.«

»In welcher Klasse?« Keine Antwort. Ich deshalb: »Verlass bitte sofort das Schulgelände.«

»Du weißt nicht, wer ich bin.«

»Doch, du bist jemand, der nicht auf diese Schule geht und keine guten Manieren hat.«

Daraufhin kam er ganz nah an mich ran, und wir hatten einige Sekunden eine Eins-A-Wild-West-ich-fixiere-dich-solange-bis-du-den-Blick-senkst-Situation. Mit einem riesigen Publikum, das den Atem angehalten hat. Er ist dann in Zeitlupe davongeschlichen. Aber es war ziemlich brenzlig und dumm von mir.

Am liebsten hätte ich gesagt: »Außerdem hast du einen extrem kleinen Kopf, wodurch die Baseballkappe total lächerlich aussieht, in ihrer Lächerlichkeit aber zu deiner bescheuerten weißen Hose passt. Grauenhaft, wie du die Hose in die Socken gesteckt hast. Und die Schuhe, die sind so hässlich, da fällt selbst mir nichts mehr ein. Und ein kleiner Tipp noch: Drück dir mal die Pickel aus.«

Das Publikum hätte gegrölt und auf dem Schulhof wäre ich eine Legende geworden. Aber wie gesagt, wahrscheinlich eine tote Legende.

# Ein Busenwunder

»Höhö, Christian hat voll Titten«, sagt Tarek. Tarek wiegt wahrscheinlich 190 Kilo.

»Das kommt ja vom Richtigen«, höre ich mich sagen. Tarek springt auf, sein Stuhl fällt um. Alle im Raum drehen sich zu ihm um. Er reckt das Kinn und stemmt seine Hände in die Seite: »Ich habe mehr Titten als Sie!«

»Ja, hast du.« Stille. Wo er recht hat, hat er recht.

»Sie haben überhaupt keine Titten. Absolutes Flachland.« Tarek steht immer noch aufgebracht hinter seinem Tisch und schreit: »Ü-ber-haupt keine Titten!« Das stimmt so nun auch nicht. Tarek kann sich gar nicht mehr beruhigen.

Ich will in dieser Stunde mit den Schülern Trickfilme machen. Stop-Motion-Filme. Mit Digitalkameras. Das hatte ich auch schon am Morgen in einer 8.Klasse versucht. Die haben zwar Kunst gewählt und man sollte annehmen, dass die besonders an Kunst interessiert wären, wenn sie zwei Jahre lang jede Woche vier Stunden Kunst haben. Aber das Erste, was sie mir zu Beginn des siebten Schuljahres kollektiv mitgeteilt haben, war: »Wir wollten zu Sport, aber da war voll, und jetzt mussten wir zu Kunst.« Da dachte wohl jemand bei der Beratung: »Kunst und Sport – das sind doch total ähnliche Fächer.«

Jedenfalls kann ich nicht sagen, dass dieser Kurs vor Kreativität sprüht, aber ich versuche immer wieder, Sachen zu finden, die ihnen Spaß machen könnten. Bisher habe ich aber noch nichts gefunden. Jede Woche werde ich mit der gleichen Frage begrüßt: »Können wir nicht mal was Schönes machen?« Mittlerweile suche ich Themen, die mir Spaß machen oder von denen ich denke, sie hätten mir als Schülerin Spaß gemacht. Und zurzeit ist das, Trickfilme herstellen, unbewegte Gegenstände über den Tisch laufen zu lassen, eine Verfolgungsjagd der Kaffeemaschine mit dem Salz oder die Umrundung des Tisches durch den Stuhl. Ich habe einen Riesenspaß dabei. Heute Morgen habe ich den Schülern voller Begeisterung mehrere Fotokameras mitgebracht und gedacht, jetzt werden sie richtig loslegen, das wird ihnen so viel Spaß machen, die werden sich gar nicht mehr einkriegen und mich lieben, weil ich so geile Sachen mit ihnen mache. Schüler aus anderen Kursen werden zu mir kommen und sagen: »Wir wollen auch Trickfilme machen!«

Frank, Christian und Micha Müller grabschten sich ein Gerät und stritten sich dann darüber, wer fotografieren darf. Ahmet, Lisa, Gabi und Silvie ließen die Kamera in der Mitte ihres Gruppentisches liegen und unterhielten sich einfach weiter.

»So, nun legt mal los, fangt einfach mal an. Probiert mal rum. Wie gesagt, eine Sekunde Film sind vierundzwanzig Bilder und ihr braucht mindestens zwölf.« Niemand hörte mir zu.

»Frau Freitag, was sollen wir jetzt machen?«

»Na, ich hatte euch doch letzte Woche gesagt, dass ihr euch was überlegen sollt. Habt ihr denn Gegenstände von zu Hause mitgebracht? Silvie, du wolltest doch Figuren mitbringen.«

»Vergessen.«

»Na, dann nehmt doch erst mal Stifte oder eure Hefter oder irgendwelche anderen Schulsachen.« Widerwillig fotografierten sie ihre Hefter und drei Stifte. »Ihr könntet doch zum Beispiel was schreiben. Die Stifte kommen so angelaufen und schreiben oder malen was.«

»Haben Sie ein Blatt?« Ich gab ihnen Papier und ging zu einer anderen Gruppe. »Haben Sie Stifte?« Ich reichte ihnen eine Packung Filzer. Sie legten mit den Stiften HALLO.

Ich schloss den Laptop an und startete das Programm, mit dem wir gleich ihre Filme ansehen konnten. Auf jegliche Planung oder Vorüberlegungen in Form von Storyboards hatte ich bewusst verzichtet, denn die Ideen würden beim Machen entstehen, dachte ich. Wenn sie ihre ersten Filme gesehen hätten, würden sie Verbesserungsmöglichkeiten erkennen und neue Ideen bekommen. So war es bei mir auch gewesen, ich hatte die ganze Nacht hindurch immer neue kleine Filme gedreht.

Schon nach zehn Minuten kam die erste Gruppe ans Pult: »Wir sind fertig. Hier ist die Kamera.«

»Wie, ihr seid fertig?«

»Na, der Film ist fertig, können wir den jetzt gucken?« Ich schloss die Kamera an den Laptop an und übertrug 80 Bilder von der Kamera. Ein Hefter drehte sich einmal um die eigene Achse, dann kamen drei Filzstifte aus einer Federtasche und schrieben nacheinander H, A, L, L, O.

»Na ist doch super, seht ihr, wie ein richtiger Film. So, nun macht mal weiter, hier ist die Kamera.«

Verwirrte Gesichter. Die Gruppe hatte sich den Film wortlos angesehen und nun saßen alle wieder an ihren Tischen. »Was weiter? Wir sind doch fertig.«

Ich guckte sie überrascht an: »Wie fertig? Das war doch nur zum Probieren. Jetzt macht mal was Richtiges, denkt euch doch jetzt noch mal was Längeres aus.«

»Äh? Der Film ist doch fertig.«

Bewegungslos klebten sie auf ihren Stühlen, keiner wollte aufstehen, um die Kamera zu nehmen, die ich ihnen die ganze Zeit hinhielt. »Also, ihr meint, das ist jetzt alles? Das ist der einzige Film, den ihr machen könnt? Jetzt könnt ihr euch nichts Neues mehr ausdenken? Jetzt ist alles gesagt? Zehn Minuten, fertig, und jetzt noch die restliche Doppelstunde rumsitzen und quatschen? Oder was?« Lisa zog gelangweilt ihren Liedstrich nach, Ahmet fummelte an den Knöpfen seines MP3-Players. Silvie sagte: »Können wir nicht was anderes machen? Nie machen wir mal was Schönes.«

195

Ganz ruhig bleiben, die können nichts für ihr anregungsarmes Umfeld. »Überlegt doch mal, was man noch filmen könnte.«

»Waaas denn?«, fragte Gabi. »Wir sind doch schon fertig.«

Plötzlich legte Lisa ihr Schminkzeug weg. »Ah, ich weiß was, wir könnten alle Schränke aufmachen und filmen, wie alles aus den Schränken rauskommt.«

»Nee, Unordnung machen geht nun gar nicht. Denkt doch mal nach, vielleicht läuft dein Schminkzeug über den Tisch oder die Schminke kämpft gegen die Federtaschen und deren Inhalt.« Lisa schien zu denken, ich merkte nicht, wie sie die Augen verdrehte. »Oder ihr schreibt oder malt was.«

»Haben wir doch schon«, sagte Ahmet.

»Ja, ihr habt ›Hallo‹ geschrieben.« Langsam reichte es mir. »Hallo, ja, ihr habt ›Hallo‹ geschrieben, damit ist ja auch schon alles gesagt, weitere Möglichkeiten für Trickfilme sind damit ausgeschlossen. Mit dem ›Hallo‹ bleiben in der visuellen Welt gar keine Fragen mehr offen, das ist ja der absolute künstlerische Schlussstrich unter alle Fragen der Kreativität. Stimmt. Damit habt ihr alles gesagt. Und ihr habt recht, ihr seid fertig. Kein Problem, bleibt einfach sitzen und wartet, bis es klingelt.« Ich musste Luft holen, biss die Zähne zusammen und zischte: »Und am Ende der Stunde möchte ich von jedem einzelnen von euch wissen, was ihr am Donnerstag machen werdet. Eine selbst gewählte Aufgabe, die ihr in den nächsten Stunden bearbeitet – und die dann zensiert wird.«

Nach der Doppelstunde Kunst lenke ich mich mit zwei Stunden Deutsch, einer Stunde Ethik und einer Hausaufgabenstunde ab und denke um 14 Uhr bereits wieder: Ja, Trickfilme, ist doch was ganz Tolles! Die werden es lieben!

Und tatsächlich: Ich muss nicht einmal die Kameras verteilen, sie werden mir von den Neuntklässlern sofort aus der Hand gerissen. Ali Escobar und seine Fans stehen schon an der Tafel, und Ali zeichnet eine Figur. Mustafa und Mohamad streiten sich noch darüber, wer fotografieren soll: »Passt auf, dass die nicht runter fällt!«

Nina sitzt mit einem Mädchen, das ich nicht kenne, an einem Tisch in der hinteren Ecke. Ich gehe zu ihr: »Du gehörst nicht in diese Klasse, verlass bitte sofort den Raum.«

»Aber Frau Freitag, das ist doch Susi, die ist in der Klasse.« Susi war in diesem Schuljahr noch nicht einmal in meinem Unterricht, und ich kenne sie nur als Namen, den ich jeden Donnerstag auf den Fehlzettel schreibe. »Ach so. Du bist Susi. Schön, dass du auch mal kommst.« Die Mädchen fotografieren ihre Handys auf dem Tisch.

Hannes, Ulf, Micha und Tarek sitzen an einem anderen Tisch und überlegen noch, was sie filmen wollen. »Können wir die Pinguine haben? Brauchen Sie die noch?« Die Pinguine habe ich mit dem Kunstkurs im letzten Jahr aus Pappmaché gemacht. Daran haben die ungefähr sechs Monate gearbeitet, dann wurden sie ausgestellt und letzte Woche aus den Ausstellungsräumen zurück in meinen Raum gebracht. Jetzt liegen sie in einem Karton vor den Schränken.

»Können wir die kaputtmachen?«

»Nein, auf gar keinen Fall. Ich hatte euch doch gesagt, dass ihr euch was mitbringen sollt, wenn ihr was zerstören wollt.«

»Haben Sie nicht einen alten Computer?«

»Nein.«

Widerwillig holen Hannes und Ulf Federtaschen und Hefter aus ihren Schultaschen und fangen an zu fotografieren. Nach zehn Minuten: »Die Batterien sind alle.« Mist, daran hatte ich überhaupt nicht gedacht. Dann kommt Nina mit der Kamera:

197

»Fertig, unser Film ist fertig, können wir den jetzt gucken?« Ich klappe den Laptop auf.

»Haben Sie MSN?«

»Nein, hier gibt es keine Internetverbindung.« Ich überspiele 20 Bilder von der Kamera auf den Computer. Nina und Susi setzen sich neben mich und kauen intensiv auf ihren Kaugummis.

»So, hier, guckt, euer Film.« Man sieht zwei Handys, die sich so gut wie gar nicht bewegen. »Hm. Habt ihr die denn nicht verschoben? Na ja, ihr könnt das ja noch mal probieren.«

»Nein, heute habe ich keine Lust mehr. Wir ham doch schon was gemacht«, sagt Nina. »Frau Freiiitag?«

»Ja?«

»Kriegen wir eigentlich für heute auch Noten?«, fragt Susi.

»Na ja. Ja. Wieso? Ach so, weil du noch nie da warst. Na ja, so berauschend war euer Film ja eigentlich nicht.«

»Die Batterien sind leer.« Ali hält mir die Kamera hin. Oh Scheiße, was soll ich denn jetzt machen. »So, setzt euch alle mal hin.« Noch zwanzig Minuten bis zum Klingeln. »Also, das tut mir leid, dass jetzt keine Batterien mehr da sind, die muss ich erst aufladen. Aber schön, dass ihr schon mal angefangen habt. Ich schreibe jetzt mal auf, wer nächste Woche zusammenarbeiten will.« Zeitschinden. »Also, Nina und Susi, und wer noch?«

»Nur wir beide.«

»Aber ich habe nicht so viele Kameras. Na ja, und Ulf, mit wem willst du arbeiten?

»Alleine.«

»Hannes und Tarek, wer soll in eurer Gruppe sein? Micha und Ralf? Und habt ihr schon eine Idee, was ihr machen wollt?«

»Ich mach 'n Porno«, sagt Tarek. Ich gehe nicht weiter darauf ein. »Ich mach 'n Porno, ich mach 'n Porno, mach 'n Porno«, Tarek verliert sich in diesem Singsang. Ich versuche, ruhig zu bleiben, nicht aufregen, nicht reagieren, gleich klingelt es, gleich gehen sie ... »Porno, Porno, Porno, Porno ...«

»NEIN, TAREK! Du drehst hier KEINEN PORNO, das kannst du zu Hause mit deiner Mutter machen!«

Wow, das war deutlich. Tarek verstummt, die anderen Schüler schreien los, Mohamad stürzt nach hinten zu Mustafa: »Hast du gehört, was Frau Freitag gesagt hat?« Hannes kichert, Tarek ist schon mal aufgesprungen. »Was, was? Was ist mit meiner Mutter?« Ah gut, er hat es nicht verstanden. Aber er wird es gleich erfahren. Was nun? Jetzt muss ich schnell sein.

»Weißt du, Tarek, wir sind hier in der Schule, da hast du nicht so zu reden, du musst dich mir gegenüber respektvoll verhalten, und ich will so etwas hier nicht hören, dass du einen Porno drehst.«

»Hab ich ja gar nicht gesagt, ich hab gesagt, dass ich einen Porno mitbringen werde.«

»Und was soll das jetzt? Was willst du hier mit 'nem Porno?«

»Da können Sie sich einen drauf runterholen.«

## Ein ganz neues Jahr!

Dieses neue Jahr nervt mich jetzt schon. Was hat es mir denn bisher gebracht? Einen völlig nutzlosen 1. Januar, einen fetten Bauch, der mich wahrscheinlich das ganze Jahrzehnt begleiten wird, ein ganz unsäglich schlechtes Fernsehprogramm, eine ziemlich unaufgeräumte Wohnung, die sich mal wieder nicht von selbst aufräumt, ein finnisches Selbstmordwetter und Schreie aus meiner Schultasche, die ich erst seit dem Jahreswechsel richtig höre: »Öffne mich, öffne mich, hier liegen noch unkorrigierte Arbeiten ...« Konsumieren geht auch nicht, weil man mir nichts verkaufen will, beziehungsweise weigert die Bekleidungsindustrie sich seit längerem, Anziehsachen herzustellen, die mir gefallen, dabei habe ich wirklich jeden Pullover aus den Regalen genommen. Der Freund scheint in diesem Jahrzehnt nur noch schlafen zu wollen und Fräulein Krise und Frau Dienstag befinden sich zurzeit wohl gemeinsam in der manischen Phase ihrer Depression. Sie wollen einfach nicht wahrhaben, wie scheiße alles ist. Fräulein Krise – Meisterin der Verdrängung: »Ich lege auf, wenn du das Wort sagst, das mit ›S‹ beginnt und mit ›ule‹ aufhört.«

Frohes neues Jahr. Ha, dass ich nicht lache. Frohes Jahr – Witz! Wie schön war doch das alte Jahr: Wochenlang frei wegen irgendwelcher Prüfungen, einmal war die Heizung kaputt und ich konnte zu Hause bleiben, Hochsteckfrisur, Unterricht mit dem Lieblingsschüler, paradox interveniert ohne Ende, Ferien – im letzten Jahr gab es dauernd Ferien. Wo sind die Ferien jetzt? Hätte ich einen normalen Beruf, könnte ich jetzt bestimmt bis zum Frühling Resturlaub nehmen, aber so ...

Und morgen wieder die ganzen Knalltüten. Lehrerzimmer: »Frohes Neues!« – »Ja, frohes Neues!« – »Ach, war herrlich gewesen ...« – »Ja dir auch!« – »Ach, muss ja.« – »Na ja, ach, ach ...« – »Du siehst aber erholt aus!« – »Ach, ja, klar, Kanaren, wie immer ...« Und ich mittendrin. Bleich, fett, nur noch eine Hose passt, Pickel, schlecht gelaunt und wahrscheinlich gänzlich unvorbereitet schleiche ich in die Klasse.

Auftritt der Schüler – alle zu spät: »Ich bin erst um drei Uhr ins Bett.« – »Hab verschlafen ...« – »Ich wusste gar nicht, dass die Schule heute schon anfängt ...« Dann endloses Gequatsche, weil man sich ja zwei Wochen nicht gesehen hat. Ich werde ignoriert. Unterricht, wie ging das noch mal?

Ich will in einem Büro arbeiten. Mit Akten. Erst mal Kaffee machen, erst mal E-Mails lesen, erst mal chillen, ach, schon Mittag? Kantine, dann eine Akte bearbeiten, gerne was mit Stempeln, kein direkter Kundenverkehr. Auf keinen Fall telefonieren. Mir die Heiligen Abende der Kollegen anhören: »War schön gewesen, der Kleine war da und Opa hat den Weihnachtsmann gemacht. Es gab Würstchen und Ente und Gans.« Dann wieder eine Akte: stempel, stempel, stempel, dann in die Ablage. Ein wenig über die Kollegen im zweiten Stock herziehen und dann Feierabend. Nach Hause kommen, auf die Couch und an gar nichts mehr denken. Und am Dienstag wieder: Erst mal Kaffee machen, erst mal E-Mails lesen – das wäre definitiv mein Paradies. Auch ohne Weintrauben. Oder was total Sinnvolles machen: Bäcker, Arzt oder Klempner ...

Aber eigentlich, wenn ich es mir recht überlege, möchte ich doch nur Lehrerin sein. Sonst hätte ich gar nicht diesen Alltag. Bin ich froh, dass ich kein normaler Arbeiter bin, der sich seinen Alltag durch selbst gewählte Urlaubstage unterbrechen muss. Ich weiß jetzt auch, was mein Problem ist: Nicht dass ich arbeiten muss, bereitet mir Kopfzerbrechen, ich komme einfach nicht mit den Ferien klar.

Abschaffen sollte man die aber auch nicht, ich muss mich ja auch zwischendrin erholen. Aber vielleicht könnte es ja eine Ferienplatzbeschreibung geben, so wie es auch eine Arbeitsplatzbeschreibung gibt. Eine Art Stundenplan für die Ferien wäre hilfreich.

# Ferienstundenplanvorschlag für Frau Freitag

| Montag | Dienstag | Mittwoch | Donnerstag | Freitag |
|---|---|---|---|---|
| Frühstück<br>In der Wohnung<br>rumdümpeln<br>(im Bademantel) | Frühstück<br>In der Wohnung<br>rumdümpeln<br>(im Bademantel) | Frühstück<br>In der Wohnung<br>rumdümpeln<br>(im Bademantel) | Frühstück<br>In der Wohnung<br>rumdümpeln<br>(im Bademantel) | Frühstück<br>In der Wohnung<br>rumdümpeln<br>(im Bademantel) |
| Schlechtes<br>Fernseh-<br>programm<br>ansehen<br>Stricken | Schlechtes<br>Fernseh-<br>programm<br>ansehen<br>Stricken | Schlechtes<br>Fernseh-<br>programm<br>ansehen<br>Stricken | Schlechtes<br>Fernseh-<br>programm<br>ansehen<br>Stricken | Schlechtes<br>Fernseh-<br>programm<br>ansehen<br>Stricken |
| Kleiner Snack<br>Ans Aufräumen<br>denken (auf<br>keinen Fall<br>durchführen) | Kleiner Snack<br>Ans Aufräumen<br>denken (auf<br>keinen Fall<br>durchführen) | Kleiner Snack<br>Ans Aufräumen<br>denken (auf<br>keinen Fall<br>durchführen) | Kleiner Snack<br>Ans Aufräumen<br>denken (auf<br>keinen Fall<br>durchführen) | Kleiner Snack<br>Ans Aufräumen<br>denken (auf<br>keinen Fall<br>durchführen) |
| Telefonieren<br>Duschen<br>Lesen (wenig) | Telefonieren<br>Duschen<br>Lesen (wenig) | Telefonieren<br>Duschen<br>Lesen (wenig) | Telefonieren<br>Duschen<br>Lesen (wenig) | Telefonieren<br>Duschen<br>Lesen (wenig) |
| Kaffee und<br>Kuchen,<br>Besuch haben,<br>laber, laber… | Kaffee und<br>Kuchen,<br>Besuch haben,<br>laber, laber… | Kaffee und<br>Kuchen,<br>Besuch haben,<br>laber, laber… | Kaffee und<br>Kuchen,<br>Besuch haben,<br>laber, laber… | Kaffee und<br>Kuchen,<br>Besuch haben,<br>laber, laber… |
| Essen<br>Couch/TV<br>Stricken<br>Schlafen | Essen<br>Couch/TV<br>Stricken<br>Schlafen | Essen<br>Couch/TV<br>Stricken<br>Schlafen | Essen<br>Couch/TV<br>Stricken<br>Schlafen | Essen<br>Couch/TV<br>Stricken<br>Schlafen |

# Ferienstundenplanvorschlag für Frau Dienstag

| Montag | Dienstag | Mittwoch | Donnerstag | Freitag |
|---|---|---|---|---|
| Putzen Frühstück Aufräumen Reparieren (Spülmaschine) | Putzen Frühstück Aufräumen Das Auto reparieren (Kotflügel links) | Putzen Frühstück Auto (Reifen- und Ölwechsel) Freiwilligendienst im Altersheim | Putzen Frühstück Wohn- und Arbeitszimmer streichen | Putzen Frühstück Marmelade und Senf machen Gemüse einkochen |
| Tapezieren Backen Unterricht vorbereiten | Unterricht vorbereiten Methoden erfinden Bibliothek Mediathek | Unterricht vorbereiten Steuer machen Firma gründen | Unterricht vorbereiten Jahresplanung machen Akten digitalisieren | Fürs Wochenende vorkochen Pökeln |
| Pflanzen umtopfen Duschen Eine kleine Jacke nähen | Lesen (wenig) Essen (einen Apfel) Meditation | Einen Hosenanzug nähen (beige mit roten Stickereien) | Kühlschrank abtauen Waschen und bügeln Breakdancekurs | Auto waschen Kindheitsfotos digitalisieren |
| Tee Einen Schreibtisch bauen und lackieren Einkaufen gehen | Tee Zwei Sommerkleider nähen Dazu passende Strümpfe stricken | Tee Kräuter anpflanzen Zwei Sahnetorten backen Klöppelkurs geben | Tee Inventur (Firma) Fortbildung vorbereiten Wanddurchbruch (von der Küche ins Wohnzimmer) | Tee Trapeztraining Vorlesedienst im Kinderheim |
| Essen (sehr wenig) Karate Lesen (sehr viel) Schlafen | Essen (Salat) Aufräumen Lesen (viel) Schlafen | Essen (Reis) Nachtwanderung Lesen (ein Buch) Schlafen | Essen (Knäckebrot) DLRG Lesen (1000 Seiten) | Essen (Sellerie) Clubbing Nicht schlafen |

Und am Wochenende: wie gewohnt. Das Wichtigste am Ferienstundenplan ist: Er muss unbedingt eingehalten werden. Und das Tolle ist, dass jeder seinen individuellen Plan bekommt.

# 5.

# Nach den Weihnachtsferien

## Die Felder des Frohsinns

Yeah, wieder voll drin! Alltag! Juchu! Und sagte ich schon, wie gerne ich Lehrerin bin? Das Gute am tiefen Tal der Trauer ist, dass die Realität am ersten Arbeitstag nach den Ferien überhaupt nicht so schlimm sein kann wie die schlechte Laune am Sonntag davor. Dementsprechend gut gelaunt treffe ich also wieder in meiner Wohnung ein und erfreue mich an meinem Beruf. Und um das hier noch einmal ganz klarzustellen: Ich möchte keine längeren oder noch mehr als ohnehin schon Ferien haben. Ich möchte nur dann nicht wieder zur Schule gehen, wenn ich durch das Tal der Trauer wandere. Aber das ist Schnee von gestern. Heute ist ja alles wieder anders. Heute ist: »Schönes neues Jahr, Frau Freitag. Wie haben Sie Silvester gefeiert?« – »Warum haben Sie nur so wenig zu Weihnachten bekommen?« – »Frohes neues Jahr.« – »Guten Rutsch, Frau Freitag!« (Guten Rutsch?).

»Ich bin müde. Um die Zeit gehe ich eigentlich erst ins Bett.«

»Das gewöhnst du dir schnell wieder ab, Abdul. Heute Abend wirst du sehr müde sein.«

»Aber könnten wir nicht statt den ersten Stunden lieber am Nachmittag Unterricht haben?«

»Da musst du an eine Abendschule gehen.«

Ich habe – ein guter Tipp von Frau Dienstag – bereits die gesamte Tafel vollgeschrieben, schön bunt, und lasse nun abschreiben. Die Schüler entdecken die Langsamkeit. »Abó, ich habe zwei Wochen meine Schrift nicht mehr gesehen.« Auftritt Justin: 32 Minuten zu spät, leicht abgehetzt und durchgefroren.

»Schönes neues Jahr, Justin. Setz dich und schreib das von der Tafel ab.« Justin rührt sich nicht. Bewegungslosigkeit mit Handschuhen an.

»Justin? Los, los, ABSCHREIBEN!«

»Das schaffe ich jetzt sowieso nicht mehr.« Deshalb fängt er erst gar nicht an. Wie ich diese Schülerlogik vermisst habe. Kurz vorm Klingeln wird vorzeitig aufgestanden. Ein Tabubruch!

»Abdul, bitte sitzen bleiben!«

»Nein, darf ich nicht. Meine Mutter bringt mich um.«

Herrlich, Humor gibt's noch oben drauf. Ist schon komisch, wie vertraut man mit der Schülerschaft ist. Und als ich sie heute sah, habe ich mich gefreut. Jeder, der zu spät kam, wurde von den anderen lautstark begrüßt, und ein Mitteilungsbedürfnis hatten die – oh Lord. Hoffentlich haben die sich bis Mittwoch alles erzählt, damit wir dann mal mit dem Lernen anfangen können. Ich wandele jedenfalls wieder auf den Feldern des Frohsinns und übe mich in engagierter Gelassenheit.

## Kreuze an: Ja oder Nein

Man könnte denken, ich habe gar kein Privatleben. Und BINGO! So ist es auch: kein Privatleben. Brauche ich auch nicht. Ich bin doch Lehrerin. Ich will gar kein Privatleben. Lehrerinsein ist eine Allroundtätigkeit. Wie bei einer Königin. Die ist ja auch immer Königin. Das sollte man schon wissen, wenn man sich für diesen Beruf entscheidet.

Für alle unentschlossenen jungen Menschen, die noch nicht wissen, was sie werden möchten, und für alle Studierenden, die noch überlegen, ob sie den Lehramtspfad einschlagen sollen, habe ich ein paar nützliche Entscheidungshilfen aufgelistet.

Stellt euch einfach mal die folgenden Fragen:

1. Will ich auf ein Privatleben verzichten?
2. Reichen mir 68 Urlaubstage im Jahr?
3. Kann ich meine Ferienplanung frühzeitig vornehmen oder bin ich ein Auf-den-letzten-Drücker-Bucher?
4. Möchte ich meine Dienstreisen selbst bezahlen und mir die Nächte mit besoffenen, kotzenden Jugendlichen und der Polizei um die Ohren schlagen? (Schüler wollen von Natur aus immer nach Italien, da kommt noch eine ziemlich lange Busreise dazu.)
5. Kann ich es verkraften, wenn ein Haufen Jugendlicher meine mit Liebe vorbereiteten Unterrichtseinheiten erst boykottiert und dann als langweilige Scheiße bezeichnet?
6. Möchte ich Elterngespräche führen, bei denen die Eltern immer nur nicken und zu jedem Vorschlag wimmern: »Du sagen!«
7. Reichen mir 5000 Euro netto jeden Monat? Ich spüre leichte Empörung? Was denn, was denn? Man kann doch auch Schulleiterin werden ...
8. Möchte ich jede Nacht von nicht gemachten Hausaufgaben träumen?
9. Möchte ich mein Leben lang zur Schule gehen, ohne jemals einen Abschluss zu erhalten und dieses schöne Freiheitsgefühl zu spüren?
10. Bin ich ein Action- und Abenteuertyp? Mag ich Gewalt und Polizeieinsatz? Fühle ich mich in Konfliktsituationen wohl?
11. Interessiere ich mich besonders für Streitereien zwischen 14-jährigen Busenfreundinnen? Und wie steht es mit Counterstrike, World of Warcraft, MSN und Facebook?

Solltest du mehr als zwei dieser Fragen mit nein beantwortet haben, bist du leider nicht geeignet, diesen herrlichen Beruf auszuüben. Solltest du allerdings schon Lehrerin oder Lehrer sein und trotzdem die eine oder andere Frage mit nein beantworten, dann bleibt noch Burn-out und die frühzeitige Versetzung in den Ruhestand. Sorry. Und ich möchte von niemandem hören: Ich habe das ja alles nicht gewusst. Mir hat die Schule als Schüler immer so viel Spaß gemacht. Ich dachte, ich hätte nachmittags frei. Ich dachte, die Jugendlichen wollen was lernen. Ich hatte mir das alles so schön vorgestellt. Nix da! Ihr wusstet genau, worauf ihr euch eingelassen habt. Genauso wie ihr das mit den Ferien wusstet.

## Frau Freitag, immer im Dienst!

Es ist Winter. Ich spüre es schon, das Schneechaos. Der Sturm pfeift bereits durch die undichten Stellen meiner Fenster. Und es sieht verdammt kalt draußen aus. Trotzdem werden am Montag wieder Schüler im gestreiften H&M-Kapuzenpulli auf dem Hof rumrennen und rufen: »Nö, ehrlich, mir ist nicht kalt.«

Zu dünn angezogen waren auch die Mitwirkenden des Disputs gestern, der mir die Möglichkeit gab, endlich mal Zivilcourage zu zeigen. Ich komme aus der Schule und singe: »Wochenende, Wochenende, Kaffee, Kaffee, Couch ...« Plötzlich vor dem Supermarkt ein tierisches Geschrei. Von Weitem erkenne ich schon, worum es geht.

Zwei Gruppen von Kindern stehen sich gegenüber. Zwischen ihnen circa fünf Meter Abstand, einer brüllt. Ich denke: Hof? Habe ich Aufsicht? Und dann wird mir klar, dass es sich zwar um meine Klientel handelt, ich die Schüler aber gar nicht kenne.

Und irgendwie sind sie auch kleiner als bei uns. In der einen Gruppe zu dünn Angezogene – vom Typ »Ich bin zwar hier geboren, meine Eltern auch, und wir haben alle deutschen Pass, aber wenn Sie mich jetzt fragen, was ich bin, dann können Sie einen drauf lassen, dass ich Türke oder Palästinenser sage« – und in der anderen Gruppe Kinder von Eltern, die nicht wollen, dass ihre Kleinen frieren, und die sie bei der ersten Kältewelle gezwungen haben, eine Winterjacke zu kaufen. Die Kinder haben allerdings coole Jacken durchgesetzt – Markendaunenjacken. Nur der Größte von ihnen, der, der gerade schreit, hat seine Jacke zu Hause gelassen und trägt ein in seinen Augen noch cooleres Kleidungsstück, nämlich den berühmten Kapuzenpulli, dazu die obligatorischen schwarzen Wollhandschuhe. Weil er die inadäquate Bekleidung beim Verlassen der Elternwohnung durchsetzen konnte und die anderen nicht, ist er der Anführer seiner Gruppe.

Mittlerweile bin ich nah genug an der Szene dran, um zu hören, um was es geht. Coolio schreit immer wieder: »Es ist nicht okay, anderen Leuten von hinten ein Ei auf die Jacke zu werfen! Das ist nicht okay!« Er zieht seinen Pulli aus und hält ihn der anderen Gruppe entgegen. Anscheinend haben die ihm das Ei verabreicht. Ich an seiner Stelle würde noch weitergehen und sagen, es ist nicht mal okay, ein Ei vorne auf die Jacke zu werfen. Überhaupt sollte man gar nicht mit Eiern werfen.

Ich sehe mir die Tätergruppe an. Kinder. Stehen da und grinsen. Streiten nichts ab. Klarer Fall, die haben das Ei geworfen. Im ersten Moment will ich sagen: »Ja, spinnt ihr denn? Wisst ihr denn nicht, dass es haram ist, mit Lebensmitteln …« Dann beschließe ich, erst mal abzuwarten. Eigentlich ist mir kalt und ich will nach Hause und Kaffee trinken.

Die Stimmung wird aggressiver. Auf einmal sehe ich Günther Jauch vor mir, der mich vorwurfsvoll anguckt und dann von seinem Zettel abliest: »Er musste sterben, weil er das gemacht hat, was jeder machen sollte. Er hat Zivilcourage gezeigt und den Kindern geholfen.« Zivilcourage! Ja, die werde ich jetzt auch mal zeigen! Ich bleibe also und gucke mir alles weiter an. Mittlerweile stehen noch mehr Erwachsene herum und warten. Wenn es jetzt gleich zum Kampf kommt, dann werde ich Leute gezielt ansprechen: »Sie da im blauen Anorak, helfen Sie!«

Aber noch stehen die Gruppen sich nur gegenüber, und der Beworfene schreit immer wieder: »Das ist nicht okay! Das ist feige.« Sehe ich genauso. Aber wie soll es jetzt weitergehen? »Du bist feige. Du bewirfst Leute von hinten mit einem Ei.« Dabei hält der Junge dem Täter seine Jacke entgegen. Was will er denn? Soll der andere die mit nach Hause nehmen und waschen? Und wird ihm nicht kalt, so im T-Shirt?

Plötzlich geht alles ganz schnell. Der Eierwerfer zieht seinen Kapuzenpulli auch aus und geht auf sein Opfer zu. Jetzt wollen sie sich schlagen. Das bringt Bewegung in uns Zivilcouragierte. Wir nähern uns von allen Seiten den Kontrahenten. »Hey, hey«, sagt ein Mann beruhigend. Und ich frage den mit der Eierjacke: »Was willst du denn jetzt? Willst du dich mit ihm schlagen?« Der Angreifer weicht langsam zurück und schleicht sich beim Anblick der vielen Erwachsenen, die wahrscheinlich nicht auf seiner Seite wären, mit seinen Kumpels zur nächsten Ecke.

Dann spricht mich ein Kleiner mit sehr warmer Daunenjacke an: »Warum mischen Sie sich denn ein?« Na, das ist doch wohl jetzt die Höhe, dankbar sollten die Kleinen sein! »Meinst du denn, ich will mit ansehen, wie ihr euch schlagt?« Und zu dem Angeworfenen: »Was willst du denn jetzt eigentlich von dem Typen?«

»Ich will, dass er sich entschuldigt. Finden Sie das etwa okay, wenn man jemandem von hinten ein Ei auf die Jacke wirft?«

»Nein, das ist überhaupt nicht okay. Aber der wird sich nicht entschuldigen. Weil er ein Idiot ist«, antworte ich und bin mir ganz sicher, dass es stimmt. Jetzt grinst der Kleine in der Daunenjacke: »Ja, da sagen Sie was sehr Richtiges.«

»Guck mal, du provozierst ihn doch jetzt nur noch«, mischt sich der Passant im blauen Anorak ein. Und ich sage: »Ja, oder willst du dich mit ihm schlagen?«

»Nein«, sagt der Junge mit dem Eierpulli kleinlaut. »Aber das war nicht okay. Das war nur feige.«

»Ja, du hast recht. Und der Typ, das ist einfach ein feiger Idiot.«

Stolz gehe ich nach Hause und weide mich an dem guten Gefühl, endlich mal Zivilcourage gezeigt zu haben. Nun habe ich mir meinen Kaffee wirklich verdient. Aber in meiner Wohnung – Stromausfall. Ich also wieder runter und trinke meinen Kaffee in einem Café. Als ich nach Hause gehe, sehe ich die Daunenjacken-Fraktion auf mich zu kommen. Fröhlich beschwingt trägt jeder ein paar Riesen-Chinaböller in der Hand. Das gibt es ja wohl nicht. Sich erst über so ein läppisches Ei auf der Jacke aufregen und jetzt, eine Woche nach Silvester, mit Böllern durch die Gegend rennen: »Sagt mal, was soll denn der Scheiß jetzt?«, frage ich sie. Etwas verdattert sehen sie mich an und machen, dass sie wegkommen. Langsam verfliegt meine Begeisterung für die Zivilcourage, und ich denke nur sauer: Na wartet nur, euch werd ich noch mal helfen …

## Glück hat immer zwei Seiten

Oh, fieser Montag. Ich kann nicht mehr. Ich bin rohes Fleisch. Ich bin eine offene Wunde, ein gebrochener Knochen, ein alter Waschlappen. Ich bin mir vor allem nicht sicher, dass ich jemals wieder regeneriere. Unglaublich, was ich heute alles gesagt habe. Hier nur eine kleine Auswahl vom Kunstunterricht in der vierten Stunde:

»Sarah, sing nicht!«

»Wieso? Singen macht glücklich.«

»Aber mich nervt das Singen.«

Ahmet: »Dürfen wir atmen?«

»Atmen dürft ihr. Ihr sollt nur nicht singen.«

Sarah: »Seit wann darf man im Unterricht nicht singen?« (Nur zur Erinnerung: Wir befinden uns nicht im Musikunterricht.)

»Ach, dürft ihr in jedem anderen Unterricht außer meinem vielleicht singen?« Mittlerweile singen mindestens fünf Schüler. Alle unterschiedliche Lieder.

Ahmet: »Ja, nur bei Ihnen dürfen wir nicht singen. Bei Ihnen dürfen wir nichts! Nicht mal atmen.«

Ich – schon am Rande des Wahnsinns: »Wer jetzt noch singt, dem ziehe ich Punkte von der Halbjahreszensur ab!« Es wird weiter gesungen. Ich notiere die Sänger, die werden schon sehen. Ich kämpfe innerlich gegen meine Wut: Ignoriere es, ignoriere es! Die wollen dich doch nur noch provozieren.

Sarah: »Auf der Mauer, auf der Lauer, sitzt 'ne kleine Wanze …«

Mandy: »In der Weihnachtsbäckerei …«

»Mandy, raus!«

»Wiesooo, ich hab doch gar nichts gemacht.«

»Du hast gesungen!«

Mandy schmollend: »Aber man muss singen, singen macht glücklich.«

»Tja, mich nicht! Raus!«

Sarah summt weiter vor sich hin. Ich knie mich vor sie und zische: »Pass mal auf, wenn du nicht weißt, wie du dich hier verhalten sollst, wenn du wirklich glaubst, man darf im Unter-

212

richt singen, dann kannst du gleich nach der Stunde mit mir zur Schulleitung kommen. Und dort werden sie dir dann sagen, was du darfst und was nicht.« Plötzlich hört sie auf zu summen.

Die Tür geht auf und Mandy steckt den Kopf in den Kunstraum: »Darf ich wieder rein?«

»NEIN!«

»Aber ich hab doch gar nichts gemacht!«

Ja, liebe Schüler, das ist eine sehr effektive Methode, einen Fachlehrer zu nerven. Das habt ihr ganz toll gemacht. Ziel erreicht. Blöd nur, dass ich die Zensuren für eure Zeugnisse noch nicht eingetragen habe. Und da werde ich jedem, der mich heute mit bescheuerten Kinderliedern genervt hat, mindestens einen Punkt abziehen. And guess what, dabei werde ich die ganze Zeit singen.

Zum Glück stelle ich jede Woche wieder fest: Nach dem Montag kommt immer der Dienstag und da ist alles wieder okay. Da bin ich entspannt und gut gelaunt. Da unterrichte ich, was das Zeug hält. Am Dienstag lernen die Schüler was bei Frau Freitag. Heute haben sie was über die Liebe gelernt. Den Unterschied zwischen Verliebtsein und Liebe.

»Frau Freitag, stimmt es eigentlich, dass die Liebe irgendwann aufhört?«, fragt Bernd aus der ersten Reihe. Ausnahmsweise kein Opfertyp, sondern ein Fan. Eigentlich tummeln sich die coolen Typen ja immer in den hinteren Reihen, und in den ersten Reihen sitzen nur die Loser. Ich relativiere hiermit: In den höheren Klassen können in der ersten Reihe auch Fans der Lehrerin sitzen. Im letzten Schuljahr saß dort natürlich immer der Lieblingsschüler.

Der an der Liebe interessierte Bernd ist auch okay. Nett, sehr charmant, leider nicht so schlau wie der Lieblingsschüler, aber er hat seine lichten Momente, und er hat Humor. Ich benutze ihn oft, um irgendwelchen Blödsinn vorzuführen – wie man Pogo tanzt, wie man einen Heiratsantrag macht, wie man ein Elterngespräch führt – oder einfach so zum Quatschen, wenn ich mich langweile, weil ich den Schülern eine schriftliche Aufgabe gestellt habe.

Es ist kurz vorm Klingeln. »Stimmt das? Dass die Liebe aufhört?«, fragt er noch einmal. Es scheint ihn wirklich zu beunruhigen. »Interessante Frage, Bernd. Also, wenn ihr wirklich was aus meinem reichen Erfahrungsschatz wissen möchtet, dann erzähl ich euch was darüber.«

»Ja! Ja, sagen Sie!« Die Mädchen aus der zweiten Reihe, hoffnungslose Romantikerinnen, die sich permanent ihre eigenen Hochzeiten ausmalen, sind nun ganz Ohr, und auch der Rest der Gruppe wird zum ersten Mal absolut ruhig.

»Also, es gibt das Verliebtsein und die Liebe. Und das Verliebtsein, wo man immer an den anderen denken muss und nichts essen kann, das hört so spätestens nach einem halben Jahr auf.« Entsetzen in den Gesichtern von zwanzig Jugendlichen. Ich überlege kurz, ob ich noch über Sex reden soll, entscheide mich aber schnell dagegen. Zu heikel, zu intim, zu unterschiedliche Lebenswelten – also die meiner Schüler und meine.

»Ein halbes Jahr nichts essen?«, schreit Thomas. Bernd ist völlig aufgelöst: »Wie, und dann ist alles weg? Nach sechs Monaten?«

»Na ja, ich meine das erste, das totale Verliebtsein.«

»Und das gibt es auch nur einmal im Leben!«, ruft Ayla aus der letzten Reihe. Auch eine Romantikerin, allerdings eine, die alles schon vollständig geplant hat. Sie ist ja auch schon sechzehn. Neulich hat sie mir ihr Hochzeitskleid auf einem Bild gezeigt und mir gesagt, was es bei ihrer Feier zu essen geben wird.

Das haut Bernd nun völlig um: »Nur ein Mal?« Wahrscheinlich ist er überzeugt, sein eines Mal schon gehabt zu haben, denn neulich fragte er mich besorgt, ob man wirklich an der Schweinegrippe sterben müsse. Seine Freundin hätte sie und er mache sich große Sorgen. Aber auch diesmal kann ich den armen Bernd beruhigen: »Also, Ayla, ich war schon öfter verliebt. Das kann einem schon mehr als einmal passieren. Bernd, guck mal, wenn das Verliebtsein aufhört, dann kommt ja was anderes dafür. Liebe. Das ist dann irgendwie anders. Ist aber auch gut.« Er scheint nicht überzeugt.

Ich versuche vom Thema abzulenken und zeige ihm meine neue Lücke zwischen den Schneidezähnen, die ich seit der Zahnreinigung habe. Da pfeift jetzt der Wind durch und wenn ich spreche, kommt Spucke durch, das macht mich völlig verrückt. Diese neue Lücke scheint Bernd nun doch mehr als die Liebe zu interessieren, und wir stellen fest, dass er auch so eine hat: »Ach, vielleicht spreche ich deshalb so seltsam.«

Mesut sagt: »Frau Freitag, Sie müssen eine Zahnspange tragen, dann geht das weg.« Ich zeige ihm die Lücke. Wir stellen fest, sie ist nicht groß genug. »Ich warte einfach, bis da wieder Dreck drin ist.« Dann klingelt es und die Schüler gehen. Sie bekommen für die Stunde alle eine gute Mitarbeitszensur.

## Zensuren, Zensuren, Zensuren

Jetzt, kurz vor Ende des Halbjahres, kommt ja überhaupt wieder die schöne Zeit der Zensuren. Zensuren geben, Zensuren eintragen, Zensuren auswerten, Zensuren hinterherrennen, Zensuren besprechen, Zensuren ändern, Zensuren ändern lassen und so weiter. Ich empfinde eine Art vorweihnachtlicher Freude daran, auf die Zensuren meiner Klasse zu warten. Dann kopiere ich sie und streiche die Ausfälle mit einem Marker an. Eins, zwei, drei, vier, fünf, sechs Ausfälle – und Samira wird bestimmt wieder sagen: »Ich schwöre, die kriege ich alle weg. Glauben Sie mir!«

Auch das Zensurenausrechnen macht mir viel Spaß. Und um einmal mit dem Vorurteil über unsere angeblich so willkürliche Zensurengebung aufzuräumen: Ich benote wie schon beschrieben, jeden Furz von jedem Schüler aufs Akribischste, und dann sitze ich mit krummem Rücken stundenlang über mein Notenheft gebeugt und rechne mit dem Taschenrechner mindestens zwanzig Zensuren für jeden einzelnen Schüler aus. Teilweise gibt es in den Fächern drei unterschiedliche Teilzensuren, die sich dann prozentual zusammensetzen, und auch das rechne ich aus. Und weil ich den Taschenrechner nicht so richtig verstehe, sind das unheimlich komplizierte Rechengänge. Ich verharre dabei in ein und derselben Position, bis mir die Bandscheiben rauchen.

Schüler mit denen ich nicht so gut klarkomme, bekommen bei mir tendenziell bessere Noten, weil ich sonst das Gefühl habe, sie ungerecht zu behandeln. Jede einzelne Zensur ist bei mir nachvollziehbar und hätte sogar vor Gericht bestand. Denn bei uns scheint sich ein neuer Trend durchzusetzen: Die Eltern verklagen den Lehrer, wenn sie mit der von ihm gegebenen Zensur nicht zufrieden sind. Scheint sogar vom Jobcenter bezahlt zu werden, sicher bin ich mir allerdings nicht. Aber egal, die Klagen können kommen, ich bin vorbereitet.

Wie versprochen habe ich übrigens jedem, der vor einiger Zeit in meinem Unterricht gesungen hat, einen Punkt von der Endnote abgezogen. Danach habe ich minutenlang auf das Blatt gestarrt und schließlich allen den Punkt zurückgegeben. Soviel dazu.

# Frau Freitags Versetzung
## ist stark gefährdet

Ach, was sagen denn Noten schon aus? In meiner Klasse sagen sie: Die Hälfte der Schüler wird sitzen bleiben, wenn sie sich nicht massiv verbessern. Die Noten sagen allerdings auch, dass meine Klasse wahrscheinlich besser wäre, wenn sie einen konsequenteren und strengeren Klassenlehrer oder eine bessere Klassenlehrerin hätten.

Jemanden, der beim ersten Schwänzen gleich zu Hause anruft und einen Riesenterror macht. Wenn ich jemand wäre, der ihnen bei der Vorbereitung auf jede einzelne Arbeit hilft, sie motiviert, abfragt, ihnen die Sachen erklärt, bis sie alles verstanden haben, dann hätten sie wahrscheinlich jetzt bessere Noten. Ich weiß hingegen gar nicht, wann sie eine Arbeit schreiben, und sie wissen es auch oft genug nicht und vergessen oder verdrängen diese Termine erfolgreich.

Und was haben die Schüler nun davon, dass sie mich als Klassenlehrerin haben? Sie haben KEINE Schulversäumnisanzeigen, schlechte Noten, wenig im Hirn, aber viel Spaß auf dem Hof gehabt. Weder in der Schule noch außerhalb haben sie jemals einen Finger krumm gemacht. Ihre einzige Anstrengung zur Verbesserung ihrer schulischen Leistungen bestand darin, mir und sich, wahrscheinlich auch ihren Eltern und Allah und der Welt zu schwören, dass sie sich verbessern werden. Wir alle werden schon sehen. Die Schülerin, die am häufigsten von allen geschworen hat, sich zu verbessern, hat sich seit der letzten Notenabgabe sogar noch verschlechtert.

Hilfe Fräulein Krise, was soll ich denn machen? Ich starre auf die markierten Fünfen und Sechsen meiner Schüler (die sogenannten Ausfälle) und kann mich noch nicht mal daran erfreuen. Im Gegenteil, sie tun mir unheimlich leid und ich habe jetzt schon Schiss, diese schlechten Zensuren bei der Konferenz vorzustellen: »Frau Freitag, Ausfälle in folgenden Fächern: Konsequenz, Strenge, Nachhilfe, Eltern informieren, zur Leistung motivieren, Fordern und Fördern, Fachlehrer bequatschen, dass sie die Noten raufsetzen, und überhaupt alles.«

Frau Freitag schafft die Versetzung leider nicht. Lehrerin bleiben, ausgeschlossen. Klassenlehrerin – dieses Amt wird ihr sofort entzogen, wegen Gefahr im Verzug. Um Ausschulung wird gebeten. Frau Freitag darf eine Maßnahme machen und nach der Maßnahme wieder eine Maßnahme und danach, tja, das war's dann wohl, Frau Freitag. Hätten Sie sich früher mal mehr angestrengt. Das war ja ein Trauerspiel mit Ihrer Klasse. So hoffnungsvolle Schüler waren das. Nicht dumm, durchaus Potenzial für die gymnasiale Oberstufe, aber durch Sie … Kein einziger hat einen Schulabschluss geschafft. Frau Freitag, so kann und wird unser Sozialstaat sich nicht halten können. Sie sind schuld, wenn das Sozialsystem demnächst zusammenbricht, weil Sie keine Steuerzahler produzieren. Deshalb werden Sie auch NIE Rente bekommen. Und Hartz IV auch nicht. Wer soll denn das bezahlen? Ihre Klasse jedenfalls nicht, die hängt mit Ihnen zusammen in der Maßnahme.

Momentan bin ich davon überzeugt, dass aus keinem einzigen Schüler meiner Klasse etwas wird. Ich kann mir noch nicht einmal vorstellen, wie sie mit den schlechten Halbjahreszeugnissen überhaupt weiterleben können. Allerdings gewährt mir die Realität immer wieder Einblicke in die Welt der Schüler nach der Schule, und zwar in Form von ehemaligen Schülern, die es nach ihrer Entlassung in regelmäßigen Abständen wieder zurück in unsere Schule zieht, vergleichbar vielleicht mit Mördern, die doch auch immer wieder an den Tatort zurückkehren.

Ich stehe auf dem Hof rum und mime eine aufmerksame Aufsicht, hetze zum Unterricht oder sitze abgeschlafft im Lehrerzimmer rum, da tauchen sie plötzlich auf. Die bekannten Gesichter aus einer anderen Zeit, aus vergangenen, längst verdrängten Schuljahren. Die Namen habe ich meistens nicht gleich parat – es sei denn, sie haben meinen Unterricht so massiv gestört, dass ich nächtelang von ihnen geträumt habe, dann fallen mir sofort Vor- und Nachname ein.

»Ah, Ali El-Hamade, was machst du denn hier? Du bist doch abgegangen, oder?«

»Frau Freitag, *abó*, wie geht es Ihnen? Ja, ich bin vor sechs Jahren von Schule weg. Haben Sie mich vermisst?«

»Kein Tag vergeht, an dem ich nicht an dich denke. Was machst du denn jetzt?«

Stolz breitet sich über Alis Gesicht aus: »Ich fange bald Maßnahme an!«

Ich, wenig überrascht: »Maßnahme. Schön. Wo denn?«

Ali leicht verunsichert: »Na, Maßnahme, da, wie heißt das da? Na, so Maßnahme eben.«

»Und wo ist der Ferrari? Wolltest du nicht nach einem Jahr hier im Anzug und im Ferrari vorfahren?«

Ali grinst nur: »Abwarten, Frau Freitag, abwarten. Aber wie geht es Ihnen? Haben Sie neue Klasse? Sind die so schlimm wie wir?«

»Nein, nein, keine Angst, ihr wart die Schlimmsten. Du, Ali, schön dich zu sehen. Melde dich noch mal, wenn du den Hauptschulabschluss in der Tasche hast. Ich muss jetzt zum Unterricht. Tschüssi.« Damit lasse ich ihn stehen, und er sieht sich suchend nach anderen bekannten Gesichtern um.

Diese ehemaligen Schüler tun mir oft leid. Da kommen sie mit hohen Erwartungen zurück an den Ort, an dem sie Jahre ihrer Jugend verbracht haben, nur um dann festzustellen, dass sie nicht mehr dazugehören und sich auch niemand für sie Zeit nehmen kann. Ich versuche immer, kurz mit ihnen zu reden. Es interessiert mich ja auch wirklich, was aus ihnen geworden ist. Meistens hängen sie allerdings in irgendwelchen Warteschleifen.

Momentan sehe ich ständig Frau von der Leyen durchs Fernsehen geistern. Dort sagt sie mit verschiedenen Worten immer wieder sinngemäß den gleichen Satz: Jugendliche dürfen nicht in Maßnahmen und Warteschleifen versauern. Ihnen sollen gute Angebote gemacht werden und so weiter. Wo darf ich denn die in Maßnahmen geparkten Ex-Schüler hinschicken, wo gibt es denn diese guten Angebote? Liebe Frau von der Leyen, kann ich die direkt an Sie verweisen? Sollen die mal vorbeikommen? Medial würde sich das sehr gut machen, wenn Sie Alis Interessen verträten und ihm bei der Zukunftsgestaltung behilflich wären.

Ich sehe es schon vor mir: Einspieler bei *Anne Will*. Frau von der Leyen und Ali vorm Kanzleramt. Daneben Alis Mutter, die weint, Ali fällt von der Leyen um den Hals, dann: eine Großaufnahme von seinem roten Ferrari.

Ali träumt vom Sportwagen, und ich sitze in der Zensurenkonferenz und fantasiere: Meine Klasse ist fein und klein. In meiner Klasse sind nur achtzehn Schülerinnen und Schüler. Ich kenne alle Eltern. Sie kommen oft in die Schule und bringen Essen und Getränke für die Schulfeiern, die wir ständig veranstalten. Sie verkaufen die leckeren Speisen und der immense Erlös fließt in die Klassenkasse. Die ist so fett, dass wir immer irre Wandertage veranstalten: Extremklettern, Kanu fahren, Bungee-Jumping ...

Konflikte gibt es zwischen den Schülern kaum, und wenn doch, dann lösen sie die in herrlichstem Hochdeutsch alleine.

Gewalt ist ein Fremdwort, das die Schüler nur aus den Nachrichten kennen. Überhaupt kennen sie viel, weil sie nicht nur die *Tagesschau*, sondern auch sämtliche Politsendungen ansehen. Der häusliche Computer wird nur für die Hausaufgaben genutzt. Alle Schüler wollen das Abitur machen und sprechen dauernd davon, was sie alles tun, um ihre Leistungen zu verbessern. Manchmal muss ich sie daran erinnern, dass sie als Teenager auch ein Recht auf Freizeit und Spaß haben. Sie kennen weder *MSN* noch *Counterstrike* und sie wissen nicht, was ein Puff ist.

Alle Kollegen schwärmen vom Unterricht in meiner Klasse. Alle reißen sich darum, dort zu unterrichten. Mir werden Unsummen geboten, damit ich sie in mein Fachlehrerteam aufnehme. Der Schulleiter sagt auf jeder Konferenz Dinge wie: »Es kann ja nicht nur Fraufreitagsklassen geben«, oder: »Fragen Sie mal Frau Freitag, wie die das macht.«

Referendare werden immer meiner Klasse zugeteilt. Nach dem ersten Unterrichtsbesuch kommen die Seminarleiter mit all ihren Teilnehmern, um »die perfekte Klasse« zu begutachten. Während des Unterrichts in meiner Klasse kann ich meinen Raum aufräumen oder Kaffeetrinken gehen, weil die Schüler nur noch selbstständig lernen. Ich gehe jeden Tag pfeifend nach Hause und lege mir mehrere Hobbys zu, da ich so entspannt bin und plötzlich so viel Freizeit habe.

Ich streite mich mit Fräulein Krise und habe ein Zerwürfnis mit Frau Dienstag, weil ich deren Gejammer gar nicht mehr verstehe und immer gut drauf bin. Sie sind genervt von mir, da ich ständig versuche, ihnen gute Tipps zu geben. Nachdem sie mich wochenlang nicht zurückrufen, gebe ich es auf und denke, dass sie es im Gegensatz zu mir einfach nicht draufhaben.

In meinem Traum scheint außerdem jeden Tag die Sonne. Wenn ich in die Schule gehe, scheint sie, und wenn ich rauskomme, dann auch. Und es sind immer nette 24 Grad und der Himmel ist blau. Auch im Winter.

Von weit entfernt höre ich meinen Namen: »Frau Freitag, Frau Freitag!« Es ist der Schulleiter. Ich soll die Zensuren meiner Klasse vorstellen. »Äh, also, versetzungsgefährdet sind fünfzehn Schüler. Al-Habibi, Abdul: zwölf Ausfälle in folgenden Fächern ...«

## Frau Freitags Rede
## zum Halbjahresende

In der zweiten Stunde halte ich eine Predigt: »Ich verstehe euch nicht. Warum ist euch eure Schulbildung so egal? Ihr seid jetzt in der 9. Klasse, da müsstet ihr doch endlich mal raffen, dass es um eure Zukunft geht. Wollt ihr euch denn nie etwas leisten können? (Hier inspiriert von Fräulein Krise.) Wollt ihr nie verreisen, euch teure Sachen kaufen? Ihr werdet nie viel Geld haben, wenn ihr keinen Schulabschluss macht. Einige von euch werden nach dieser Klasse die Schule verlassen, wenn sie sich nicht anstrengen. Dann habt ihr gar keinen Abschluss. Wollt ihr denn euer Leben lang Hartz IV bekommen, irgendwelche Hilfsjobs machen oder schwarzarbeiten? Jetzt ist eure Chance, etwas für eure Zukunft zu tun. Es ist doch euer Leben! Abdul, willst du denn später mit fünfzig sagen: Mein Chemielehrer war doof, und jetzt habe ich keinen Schulabschluss, keine Ausbildung und keinen Beruf, weil ich meinen Chemielehrer nicht mochte? Ja, denkt ihr denn, ich mochte meine Lehrer?« Plötzlich spüre ich mehr Aufmerksamkeit als vorher.

»Warum sind Sie denn dann Lehrerin geworden?«, fragt Sabine.

»Ich bin doch nicht Lehrerin geworden, weil ich meine Lehrer mochte!«, schreie ich, völlig fassungslos. Wie die Schüler auf so was kommen. »Die meisten meiner Lehrer mochte ich nicht. Eine habe ich gehasst. Die hätte ich umbringen können. Die hat mir dann auch eine Fünf im Abitur gegeben. Und ich habe trotzdem das Abitur bestanden. Ich habe mich halt in den anderen Fächern mehr angestrengt. Ich wollte mir doch nicht von Leuten, die ich sowieso nicht leiden konnte, meine Zukunft versauen lassen. Ich wollte doch sagen: ›Hier guckt mal, ich hab trotzdem das Abitur.‹«

Die Schüler gucken betreten auf ihre Tische. Sie ärgern sich über ihre eigene Faulheit und merken, dass sie die erste Chance schon verspielt haben. Das erste Halbjahr ist gelaufen. Wenn sie sich jetzt nicht anstrengen, dann gibt es nicht mehr viele letzte Chancen.

Irgendwann klingelt es und ich sehe ihnen nach, als sie aus dem Raum trotten. Ob das nun was gebracht hat? Eines werden sie sich immerhin merken, nämlich dass ich meine Lehrer nicht mochte. Aber ich glaube noch an Wunder, sonst wäre ich bestimmt nicht Lehrer geworden. Vielleicht geht ja doch mal ein Ruck durch die Klasse, *inshallah*.

## Mashallah

Jetzt mal was Positives, denn eine hat heute was gelernt in der Schule: Ich! Endlich weiß ich, was »mashallah« heißt beziehungsweise wann man das sagt. Ich liebe diesen Ausdruck, der hört sich gut an und spricht sich gut aus. »Verpiss dich« spricht sich leider auch immer gut aus, schafft aber Probleme, die einen über kurz oder lang in Erklärungsnot bringen können. Kleiner Tipp: Man sollte sich lieber ein gepflegtes: »Geh mal jetzt« angewöhnen und in der Schule ganz auf »Verpiss dich« verzichten.

Zurück zu »mashallah«. Gülistan malt ein schönes Bild, und sie ist offensichtlich auch selbst sehr zufrieden. Ich sehe das Bild, bin begeistert und sage: »Wow, das sieht echt toll aus!«

Kurz darauf sind dreckige Wasserspritzer auf ihrem Bild: »Gucken Sie, Frau Freitag, was Sie gemacht haben.«

»Das war ich doch gar nicht!«

»Nein, aber Sie haben mir ein Auge geworfen.«

»Häh? Ein Auge geworfen?«

Ihre Freundin mischt sich ein: »Ja, Sie haben gesagt, ihr Bild sieht toll aus, und darum ist das jetzt passiert. Sie haben ein Auge geworfen. Wenn Sie zum Beispiel einem Mädchen sagen: ›Deine Haare sehen toll aus‹, dann können dem Mädchen am nächsten Tag die Haare ausfallen. Das heißt ›ein Auge werfen‹. Wie bei Samira aus Ihrer Klasse: Wenn Sie sagen, sie benimmt sich gut, dann kann es sein, dass sie in der nächsten Stunde bei einem andern Lehrer stört und der sie rauswirft.«

Das mit Samira ist mir auch schon aufgefallen. Ich sage: »Das heißt aber dann, dass ich gar nicht mehr loben darf, weil dann immer was passiert, oder?«

Gülistan: »Nein, nein, Sie können ruhig was Nettes sagen, aber Sie müssen danach ›mashallah‹ sagen, dann ist das mit dem Auge wieder weg.«

»Ah, jetzt weiß ich endlich, was das heißt.« Fröhlich gehe ich den Rest der Stunde durch den Raum: »Sieht gut aus, *mashallah*.« – »Toller Pulli, *mashallah*.« – »Ihr habt heute gut gearbeitet, *mashallah*.«

Man lernt doch nie aus, vor allem nicht als Lehrer, *MASHALLAH*!

# Tag der offenen Tür

Wenn man wie ich seinen Beruf so sehr liebt, dass man ihn auch in der Freizeit nicht missen möchte, umarmt man den Erfinder des Tags der offenen Tür. Tage der offenen Tür an Schulen geben Vollblutpädagogen wie mir die Möglichkeit, sich wenigstens einmal im Jahr auch abends oder am Wochenende in der Schule aufzuhalten. Wenn es nach mir ginge oder nach Frau Dienstag, gäbe es in allen Ferien die Verpflichtung, offene Sprechstunden in der Schule abzuhalten. Für ganz Hartgesottene wahlweise auch freiwilligen Unterricht und Aufsichten. Die Aufsichten könnte man in den öffentlichen Raum verlegen. Einkaufszentren oder Knotenpunkte des Personennahverkehrs böten sich an.

So weit sind wir leider noch nicht, und deshalb begnüge ich mich vorerst mit den Tagen der offenen Tür. Für Nichtlehrer und Nichteltern: Ein Tag der offenen Tür bietet interessierten Eltern die Gelegenheit, sich Schulen anzusehen. Jede Schule bereitet sich auf diesen Schülerfang gut vor: Da werden Kunstarbeiten gerahmt und Plastiken ausgestellt, da tanzen, singen und kickboxen die Musterschüler (den anderen ist der Besuch der Schule an diesem Tag untersagt). Da wird im Chemiebereich geköchelt, im Physikraum sich herabbewegende Masse berechnet, interaktive Whiteboards können bestaunt werden, Mütter reichen Kaffee und hausgemachtes Allerlei. Die Schule wirkt wie eine Riesenspaßfabrik. Man würde sich nicht wundern, wenn hier wöchentlich Schaumpartys stattfänden.

Die zu umwerbenden Schüler sollen begeistert rufen: »Hier will ich hin. Ich will mir auch so eine schöne Handytasche nähen. Ich will auch mit Ton arbeiten und so einen lustigen Trickfilm machen, ich will Breakdancen und Feuerspucken lernen.«

Tja, dann melden sie sich bei der Schule an und es heißt: »Sorry, Feuerspucken nur für die Oberstufe. Mit Ton arbeiten, wo denkst du hin – das machen wir nur in der Ton-AG und die ist schon voll. Ach, die Bilder von der Klassenfahrt nach Italien, na ja, die sind schon älter, das war 1987, da konnte man mit den Schülern noch verreisen. Hat dir denn niemand gesagt, dass wir hier seit Jahrzehnten keine Fahrten mehr machen?«

Und dann sitzen die kleinen, aufgrund falscher Tatsachen angemeldeten neuen Schülerchen in der Klasse und hören zur Begrüßung: »Jacke aus, Blatt raus, Stift in die Hand, ich diktiere.«

Aber für uns Lehrer ist der Tag der offenen Tür eine super Sache. Für ein paar Stunden sind wir alle glücklich. Enthusiastisch präsentieren wir unseren Arbeitsplatz. Wir denken: Ist doch gar nicht so schlecht, was wir hier machen. Wir besuchen die Kollegen der anderen Fachbereiche und stellen überrascht fest: Na, das zischt und spritzt hier in Chemie – ist doch ein Riesenspaß, warum hassen meine Schüler denn den Chemieunterricht so sehr? Beschwingt gehen wir nach Hause und denken: Warum fühle ich mich denn so anders? So gar nicht niedergeschlagen und hoffnungslos? Und dann fällt es einem wie Schuppen von den Augen: Es waren gar keine Schüler da. Die Arbeit könnte so schön und unkompliziert sein.

Was wäre eigentlich, wenn ich nicht Lehrer wäre. Unvorstellbar. Vorstellbar ist aber, dass ich irgendwann in Rente gehe. Mal angenommen, ich ginge nächste Woche in den Ruhestand, wie sähe dann mein Alltag aus?

Also, morgens gäbe es ja gar keinen Grund aufzustehen. Stünde ich dann gar nicht auf? Wer mich kennt, wird sich das nicht vorstellen können, und auch ich bin mir sicher, dass ich wie gewohnt um 6.10 Uhr aus dem Bett springe. Rein in den Bademantel, das automatische Frühstückmachen mit simultanem

Geschirrspüler ausräumen, das hätte ich immer noch im System. Dann wie immer auf das Sofa und mit dem Frühstücksfernsehen frühstücken. Draußen wird es langsam hell. Fertig gefrühstückt. Und dann? Da ich nicht in die Schule muss, brauche ich mich auch nicht anzuziehen, also bleibe ich im Bademantel. Auch das Waschen und Zähneputzen macht dann eigentlich keinen Sinn. Den Fernseher ausschalten – warum?

So vergeht Stunde um Stunde. Draußen wird es langsam wieder dunkel. Ich habe mir sämtliche Gerichtsshows angesehen und bin dann beim Zoo hängengeblieben. Ich bilde mir ein, viel über die Pflege von Wildschweinen gelernt zu haben, und verspüre einen kleinen Hunger. In der Küche bereite ich mir einen Snack zu und breite mich damit wieder gemütlich vor dem Fernseher aus. Gleich kommen *Explosiv* und *Exclusiv – Das Star-Magazin*, ich bilde mir ein, dass ich das sehen muss, um gut informiert zu sein. Das schlechte Gewissen lässt mich daraufhin gleich drei unterschiedliche Nachrichtensendungen hintereinander sehen. Und dann kommt auch schon der 20.15-Film. Um 22.30 Uhr döse ich vor *Spiegel TV* in die erste Leichtschlafphase hinüber.

Mein erster Tag im Ruhestand – war der Tag, an dem ich meine Ruhe fand.

Der zweite und dritte Tag gleichen dem ersten. Unterscheiden sich nur durch den 20.15-Film. Am dritten Tag ist der Kühlschrank leer, und meine Haare starten eine leichte Verfilzung. Ich muss einkaufen gehen. Waschen? Ach, ich ziehe mir schnell was über und setze eine Mütze auf, ich will doch bloß in den Supermarkt.

Soziale Kontakte meide ich, da sie mir meine Ruhestandsroutine durcheinanderbringen und ich nicht genug erlebe, um mich mit anderen Menschen zu treffen. Ich fürchte die Konversation.

Da ich das Haus nicht mehr verlasse und mich nicht mehr bewege, vergrößert sich mein Volumen. Meine Kleidung beginnt zu zwicken. Ich behalte nun ganztägig den Bademantel an. Der passt immer. Ich entdecke die Supermarkt-Internet-Bestellung und bin froh, meine Wohnung nicht mehr verlassen zu müssen. Die Wohnung verkeimt. Die Bewohnerin auch. Tatsächliche Freude empfinde ich nur noch beim Verzehr von Fertiggerichten und gesättigten Fettsäuren. Ich beginne zu trinken. Adipös vegetiere ich bis zu meinem plötzlichen Tod vor mich hin. Als man nach Wochen die Wohnungstür aufbricht, bin ich so dick, dass man mich durch das Fenster aus der Wohnung schaffen muss.

Ja, und das alles nur, weil mir Struktur fehlte. Ruhestand, pah, das will ich gar nicht. Ich arbeite gerne bis 67. Ach, lasst mich ruhig bis 77 arbeiten! Die Schüler werden sich freuen: »Wir haben gleich wieder bei Oma, die sieht nicht mehr so gut. Wenn wir uns hinten hinsetzen, können wir Karten spielen.«

## Wenigstens sind sie ehrlich

Noch bin ich weder 65 noch 67. Aber gestern Abend, als ich völlig lustlos an meiner Unterrichtsvorbereitung saß, fühlte mich wie 77, und es überkam mich wieder dieses So-jetzt-reicht's-Gefühl. Wer morgen erneut sein Buch vergessen hat, bekommt von mir eine schriftliche Aufgabe, die sich gewaschen hat. Aufgebrauchte Geduld verjüngt ungemein.

Sofort schob ich die Unterrichtsvorbereitung zur Seite und verfasste ein Arbeitsblatt mit zwanzig Fragen. Überschrift: »Schreibe diese Fragen ab und beantworte sie ausführlich!«

Dann, heute in der zweiten Stunde: Showdown! Jeder Schüler, der in den Raum kam, musste mir sein Buch zeigen. Wer keines dabei hatte, musste sich sofort mit den zwanzig Fragen in die hinterste Reihe setzen und wurde von mir nicht mehr beachtet. Mit der übriggebliebenen Kleinstgruppe machte ich sehr individualisierten Unterricht.

Am Ende der Stunde sammelte ich die Antworten der Vergesslichen ein. Eben habe ich sie gelesen und war ziemlich überrascht. Nicht vom schlechten Deutsch, aber von den ehrlichen Antworten. Hier ein paar Beispiele:

**Welches Arbeitsmaterial hast du vergessen?**
Alle: Buch

**Warum hast du dein Arbeitsmaterial vergessen?**
A: Zeitdruck und vergessen
B: Hab verschlafen und war spät dran.
C: weil ich morgens nicht auf den Stundenplan geguckt hab.
D: Keine Ahnung, weil alle ihr Buch hier haben und ich mein Buch zu hause ausgepackt habe.

**Welches Arbeitsmaterial brauchst du für den Unterricht? (Zähle ALLES auf!)**
Alle wissen, was man dabei haben sollte ...

**Warum brauchst du diese Dinge?**
A: um zu schreiben und arbeiten.
B: um in Unterricht mit machen zu können
C: Damit ich im Unterricht mitmachen kann
D: um gründlich am Unterricht teil zu nehmen

**Was sollte die Lehrerin tun, wenn du dein Arbeitsmaterial nicht mithast?**
A: keine Antwort
B: Sie sollte straf arbeiten aufgeben

229

C: chilln! Hallo ich hab ein nachbar wo ich mit rein gucken kann oder so?

D: Extra Aufgabe.

E: die Note 6 geben

**Was möchtest du später werden?**

A: Pysiotherapheut/Masseur (wenn das nicht klapt Maler und Lakierer)

B: Ich möchte Kinder erziherin werden.

C: Ich weiß nicht genau so in der Art in der Apotheke

D: Apothekenhelferin

E: Ich habe vor im Büro zu arbeiten aber kp (das bedeutet: kein Plan) was genau.

**Wie wird man das?**

Alle: wissen ganz genau Bescheid, welche Schulabschlüsse sie brauchen.

**Was tust du dafür?**

A: Ich tuh was ich kann ok in Mathe werde ich mich bessern.

B: Ich bereite mich darauf vor wie mann mit Kindern um geht.

C: ein bisschen anstrengen

D: Naja im Moment hab ich nicht wirklich gut mit gemacht im Unterricht aber ich hatte mir vorgenommen mich zu ändern.

E: zur Schule gehen

**Sind deine Eltern mit deinen Schulleistungen zufrieden?**

A: ist nicht so weit gekommen.

B: Mit einigen Unterrichtsverchen schon.

C: nicht ganz … erwarten ein bisschen mehr mühe.

D: ich denk ma nicht ne.

E: Nein gar nicht

**Bist du mit deinen Schulleistungen zufrieden? Begründe, warum ja/warum nicht.**

B: Nein, weil ich damit kein Abi machen kann

C: Nein! Weil ich weiss ich kann mehr.

D: eigentlich nicht weil ich brauch das ja für mein späterin Beruf.

E: neeeee, weil es nicht gut für mich läuft.


**Welchen Schulabschluss möchtest du machen?**

Hier haben alle mindestens den Realschulabschluss oder das Abitur vor Augen.


**Was musst du dafür tun?**

B: gute noten schreiben nicht schwensen

C: genug Punkte bekommen!

D: mitmachen und lernen

E: lernen viel lernen


**Von welchem Geld werden Schulen und Lehrer bezahlt?**

B: Ich glaube vom stad

C: ich weiß nicht

D: vom Start

E: vom Start


**Wer bezahlt deine Schulbücher?**

B: Hartz 4

C: Sozialamt!

D: Job Center

E: Arbeitsamt

**Was würdest du an der Schule ändern, wenn du etwas ändern könntest?**

Alle wünschen sich längere Pausen und einen späteren Unterrichtsbeginn.

**Wie viel Geld wird dir mit 30 Jahren im Monat zur Verfügung stehen? Was schätzt du?**

B: 700 – 800 Euro

C: ich weiss nicht, mein Mann wird ja (auch) arbeiten

D: 50 – 1000 Euro /mein Mann

E: ist nicht so weit gekommen

**Wie viel Geld braucht man im Monat? Mache eine Liste (Miete, Essen, Kleidung, Handy, Krankenversicherung …)**

Hier entstanden herrliche Kalkulationen, zum Beispiel die folgende:

Handy 200 Euro, warm Wasser 200 Euro, Kleidung 400 Euro, Essen 300 E, Auto 1000 E usw. (insgesamt 2900 Euro!!!)

**Wofür wirst du später noch Geld brauchen? Reisen? – Wie viel wird das kosten?)**

Hier kamen noch etliche Euro dazu:

C: Das wird mies teuer aber ich glaub nicht, dass ich das alles bezahlen muss … mein Mann. (Zum Glück ist C bildhübsch und wird freie Ehemannwahl haben – aber die wird sie auch brauchen.)

Jetzt muss ich nur noch überlegen, was ich damit anfange. Ich glaube, es wird mal wieder Zeit für pädagogisch sinnlose Einzelgespräche. Aber ich würde wetten, dass in der nächsten Stunde niemand mehr sein Buch vergessen wird. Der Optimist lächelt und hofft, bis er den nächsten Reinfall erlebt …

# Wenn der Lehrer als Mensch entdeckt wird

Heute war mal wieder ein Tag, da war alles dabei. Aber vor allem wurde viel gequatscht. Nebenbei wurde noch so ein wenig vor sich hin gearbeitet, aber jetzt, so kurz vor den Zeugnissen, will man sich ja auch nicht übernehmen.

Ich liebe diese Tage, wenn eigentlich alles getan ist, die Kopfschmerzen abgeklungen sind und die Schüler friedlich an ihren Arbeiten rumwurschteln. Dann habe ich Zeit zum Aufräumen. Heute habe ich mit einigen Schülerinnen die Tuschkästen sauber gemacht und neue Farben einsortiert. Sehr handlungsorientierter Unterricht, und sogar die Produktorientierung kommt nicht zu kurz, denn man sieht sofort, was man geschafft hat.

In solchen Stunden ist die Stimmung immer gut. Dann trauen die Schüler sich auch mal, etwas Persönliches zu fragen. Aber nicht alle Fragen sollte man als Lehrer beantworten, auch wenn man sich noch so sehr darüber freut, dass man ansatzweise als Mensch wahrgenommen wird. Typische Schülerfragen in netten Stunden:

»Sind Sie verheiratet?« Kann man ruhig beantworten. Verneint man, folgt: »Habe Sie einen Freund?« – »Wie lange sind Sie schon zusammen?« – »Sieht der gut aus?« – »Wo haben Sie sich kennengelernt?« Von diesen Fragen muss man nicht alle beantworten.

Heute wurde mir eine nette Frage gestellt: »Frau Freitag, hören Sie auch Musik?«

»Natürlich höre ich auch Musik, was denkst du denn, was ich bin, ein Roboter?«

Und warum denken Schüler immer, Lehrer hören grundsätzlich nur Klassik. Allerdings umschiffe ich die Frage nach meinen Musikpräferenzen immer geschickt, indem ich so lange über irgendetwas anderes quatsche, dass sie gar nicht merken, dass ich ihre Frage unbeantwortet lasse.

Versteht man sich mit einer Gruppe Schüler besonders gut – das kommt ja vor –, dann fragen sie gerne mal: »Frau Freitag, habe Sie schon mal gekifft?« Hier gibt es nur eine mögliche Reaktion: »Na, was meint ihr denn?« Und dann schnell das Thema wechseln. Bloß nicht Ja oder Nein sagen.

Die Klassiker sind aber: »Wollten Sie schon immer Lehrer werden?«, und: »Warum sind Sie eigentlich Lehrer geworden?«

In der letzten Stunde kam diese Frage wieder, und ich – gut gelaunt die Tuschkästen sortierend – lasse mich dazu hinreißen, den Schülern meinen kompletten beruflichen Werdegang zu erzählen. Irgendwann sagt Meltem: »Frau Freitag, Sie haben es gut, Sie haben Ihren Beruf, verdienen genug Geld, können sich alles leisten.« Endlich hat es mal jemand kapiert.

»Ja, genau, ihr müsst hier sein und bekommt kein Geld, aber ich bin hier und verdiene die ganze Zeit Geld.«

»Ich will auch mal viel Geld verdienen«, sagt Meltem.

»Wie viel ist denn für euch viel?«

Noah: »Mindestens 2 500 brutto.«

Zufällig habe ich meine Gehaltsabrechnung in der Tasche und hole sie raus: »Also ich verdiene mehr als das. Hier …« Ich lese ihnen mein Bruttogehalt vor, sie staunen. Dann lese ich ihnen genau vor, was wieder abgezogen wird. Sie sind entsetzt. Wir sprechen über den Solidarbeitrag, die Pflege- und die Rentenversicherung. Noah fragt: »Werden Sie da nicht sauer, dass Ihnen so viel abgezogen wird?«

»Na ja, ich werde sauer, wenn ein Schüler den Haarpinsel im Wasser stehen lässt, der kaputtgeht und dann von den Steuern ein neuer Pinsel bezahlt werden muss. Oder wenn Schüler ständig zum Arzt rennen, nur weil sie keine Lust haben, zur Schule zu gehen und damit die Krankenkasse belasten.« Plötzlich sagt eine Schülerin: »Oh, es klingelt gleich.« – »Echt? Schon?« Sie räumen auf, stellen die Stühle hoch und gehen.

Und die Bilder, die sie gemalt haben, sehen auch gar nicht schlecht aus.

## Heute Kinder wird's was geben ...

... heute werdet ihr euch freu'n. Welch ein Toben, welch ein Beben wird in euren Häusern sein. Achtzehn Wochen nichts gemacht – heißa, heut ist Zeugnistag!

Hihi, Zeugnistag: Stoisch nehmen sie die Beweise für ihre dumpfe Faulheit in Empfang. Wortlos lassen sie die pädagogischen Worte über sich ergehen, während ich in der einen ihre Hand und in der anderen ihr Halbjahreszeugnis halte.

»Nach oben alles offen.« Wie oft habe ich das schon gesagt? »Bessert euch, tut was, ändert euch!« – »Und seht zu, wie ihr eure Eltern besänftigen könnt.«

»Letzte Chance! Ich schwöre, ich bessere mich. Ich werde ab jetzt immer lernen. Ich werde versetzt. Ich versprech's. Ich schwör!«

Ihr lieben Eltern: Traut den Versprechungen nicht. Nehmt euch die Schultaschen oder das, womit eure Kinder täglich losziehen, wenn sie sich im Laufe des Vormittags aus dem Haus entfernen. Werft mal einen Blick hinein. Nur Schminkzeug und die vermisste Bürste. Keine Federtaschen? Habt ihr nicht ein Hausaufgabenheft gekauft? Und ja, die Bücher gehören der Schule und Frau Freitag wird sie so garantiert nicht wieder annehmen. Noch vor achtzehn Wochen waren die nagelneu, und seht sie euch nun an. Die werdet ihr bezahlen müssen. Fangt schon mal an zu sparen. Und sollte in der Tasche nicht auch ein Hefter liegen oder so etwas wie ein Block? Habt ihr eurem Kind

235

nicht Geld gegeben, damit es sich Schulsachen kaufen kann? Gebt ihr ihm nicht jeden Monat Geld dafür? Und nun das!

Seht euch die Zeugnisse genau an! Überall wimmelt es nur so von schlechten Noten. Nein, eine Vier ist keine gute Zensur, lasst euch das nicht erzählen. Lobt nicht die Drei in Kunst, die ist von der warmherzigen Frau Freitag aus Mitleid spendiert worden. Was ist mit Deutsch, Mathe, Englisch? Fragt nicht schon wieder, was Arbeitslehre ist. Merkt euch doch einmal, dass wir hier Punkte vergeben statt Noten und dass diese Punkte für bestimmte Noten stehen. Eure Kinder gehen doch nicht erst seit gestern auf diese Schule – wie hieß die doch gleich? Nicht gleich fünf Euro geben und das Kind nach draußen schicken! Handy wegnehmen, Kabel vom Computer einziehen, Fernseher konfiszieren! Tasche entrümpeln, gemeinsam mit dem Kind! Vielleicht sogar Nachhilfe. Ja, so was gibt es. Ja, nicht nur für Gymnasiumkinder! Ihr müsst nicht automatisch am Arsch der Gesellschaft hocken bleiben. Müsst ihr ganz und gar nicht, und lasst euch von eurem Kind nicht erzählen, es hätte keine Chance. Die Klassenbeste ist keineswegs ein Bildungsbürgerkind! Und denkt mal daran, was für eine gute Partie eure Kinder auf dem Heiratsmarkt abgeben, wenn sie ihr Geld selbst und vielleicht nicht in der Gebrauchtmobiltelefonvertriebsbranche verdienen würden. Fördern und Fordern. Das gilt nicht nur in der Schule, sondern auch für euch! Für ein wenig mehr Mitarbeit eurerseits wäre ich zutiefst dankbar. Und jetzt wünsche ich euch noch viel Spaß mit euren Gören zu Hause. Vormittags sind sie immer ganz besonders niedlich. Aber nach den Ferien beginnt ja das zweite Halbjahr, und das ist dann wirklich ihre allerletzte Chance.

# 6.

# Das zweite Halbjahr

# Der Herr Geheimrat und seine Freunde

Der Vollblutlehrer hat nur Lehrerfreunde, ist mit Lehrern verheiratet und meidet allgemein den Umgang mit Nichtlehrern. Mit meinem besten Lehrerfreund, dem Deutschlehrer, war ich das Halbjahresende feiern. Dazu brauchten wir Kuchen und betraten die türkische Bäckerei vor meinem Haus. Mein Lehrerkollege ist ein großer Kuchenfreund, und da er regelmäßig zu Besuch kommt, kennt er die türkische Bäckerin lange und gut.

»Einen Bienenstich und eine Apfeltasche, bitte«, sagt er.

»Bienenstich und Apfeltasche, gerne«, antwortet die Bäckerin und beugt sich in das Gebäck. Mein Lehrerfreund, der mir zeigen möchte, wie dicke er mit der Bäckersfrau ist, meldet sich wieder zu Wort: »Und die Zeugnisse der Kinder? Waren die gut?«

»Ach, ach, nicht so gut, aber sie haben versprochen, nächstes Halbjahr wird alles besser.«

Ich denke: Pfff, versprochen.

Mein Lehrerfreund grinst breit und sagt so was wie: »Muss ja, muss ja, wird schon.«

Was denkt der eigentlich, wo wir sind? Und in welchem Jahrhundert wir leben? »Sag mal, was war das denn?«, frage ich ihn draußen. »Wie sehen die Zeugnisse der Kinder aus? Oh, der Herr Lehrer, einen Bienenstich, jawohl, Herr Lehrer, und grüßen Sie die Frau Gemahlin, ach, da kommt ja auch der Herr Geheimrat. Oh, wir haben ein Problem, lasst uns mal den Herrn Lehrer fragen und den Herrn Geheimrat, den Herrn Doktor und den Pfarrer – Mensch, wir sind doch nicht in *Das weiße Band*.«

Mein Lehrerfreund grinst nur zufrieden: »Wieso, ist doch geil.« Er scheint seine Rolle gerade voll zu genießen.

»Das hättest du wohl gern: ›Ach, der Herr Lehrer, noch einen Bienenstich, den Käsekuchen mit Sahne, Herr Lehrer?‹«

»Ja, genau, ist doch super!«

»Herr Lehrer, Herr Lehrer, gab es denn damals nie die Frau Lehrerin? Und hast du noch nicht gemerkt, dass es heute gar nicht mehr so ist? Wir Lehrer sind doch nur noch die faulen Säcke mit den langen Ferien, niemand will einen Rat von uns!«

Aber irgendwie hat er ja recht. Schön wäre es, wenn wir ein wenig mehr Ansehen genössen. Dann bräuchten wir uns auch keinen Kuchen zu kaufen, denn zum Halbjahresende würde man uns mit selbstgemachtem Gebäck und halben Schweinen überschütten: »Hier, Frau Lehrerin, eine kleine Aufmerksamkeit für Sie, und erholen Sie sich gut.«

# Erste Stunde, neues Halbjahr

Ich komme rein, bin übertrieben nett. Warte, Tafelanschrieb, warte, dann hereinschleichende Schülergrüppchen. Ich: Smile!

»Guten Morgen, ihr Lieben.«

Schüler: Smile.

Ich weiter übertrieben nett. Schüler auch übertrieben nett. Wir alle total happy. Ich so glücklich, dass ich mich mit der Hälfte der Klasse gleich für die Mittagspause verabrede.

Zweite Stunde. Dieselben Schüler wie eben, nur weniger. Wir rücken voll nah zusammen und machen gemeinsam den herrlichsten Frontalunterricht, der nur funktioniert, wenn man sich voll lieb hat. Wir lieben uns alle und arbeiten wunderbar zusammen. Das heißt, ich arbeite am meisten, aber sie murren immerhin nicht, wenn sie etwas von der Tafel abschreiben sollen.

»Kriegen wir heute alle eine Eins?«, fragt Sabine.

»Wofür? Dafür, dass ich die Tafel vollgeschrieben habe?« Kurze mentale Notiz: Ich wollte doch nicht ironisch sein. »Ja, ich merke, dass ihr euch heute alle sehr anstrengt.« Beim Rausgehen sagt Esra sogar: »Hat Spaß gemacht heute.« Und ich muss zugeben: »Ja, mir auch.« Glücklich gehe ich in die Pause. Rauche und denke: Ich bin doch wirklich eine Superlehrerin. Bis Frau Schwalle kommt und mich mit Horrormeldungen über meine Klasse zutextet. Dieselben Kinder, die eben noch so übertrieben gut bei mir mitgearbeitet haben. Ich denke: Tja. Lächle sie an und sage irgendetwas, was ich gleich wieder vergesse, dann klingelt es zum Glück.

Freistunde. Lehrerzimmer. Höre mir diverses Gejammer an. Meckere ein wenig mit über die Bildungspolitik – eine sichere Art des Meckerns, denn sie tut keinem Anwesenden weh und man stärkt die Solidarität im Kollegium. Und die Chance ist recht gering, dass jemand es hört und sagt: »Frau Freitag, wenn Sie hier so schlau daherreden, dann kommen Sie jetzt gleich mal mit und verändern Sie das Bildungssystem, Sie scheinen ja ganz genau zu wissen, wie das geht.«

Innerlich erquicke ich mich noch immer am Ich-bin-Superlehrer-Gefühl.

Plötzlich ein Anflug von leichtem Kopfschmerz. Laune droht zu kippen. Es klingelt zum Unterricht. Kunst. Einige Schüler pünktlich, andere nicht. Innerlich steigt Wut auf: Warum kommen die kleinen Scheißer eigentlich jedes Mal zu spät? Jetzt holt der auch noch sein Trinken raus. Warum muss ich Harun eigentlich immer wieder sagen, dass er seine bescheuerte Baseballkappe absetzen soll. Die Mädchen checken das wohl auch

240

nie, dass ich nicht möchte, dass ihre hässlichen Lederimitatbeutel, die sie Schultaschen nennen, auf den Tischen liegen. Jetzt holt sexy Susi auch noch ihren Lippenstift raus. Der neuste Trend ist momentan, großzügig Handcreme an alle Mitschüler zu verteilen. Das machen vor allem die Jungen, vielleicht weil sie sich nicht schminken können und auch irgendwas haben wollen, das den Unterricht stört. Ich denke: Nicht aufregen. Hinsetzen und warten. Ich bin doch der Frühling. Ich bin doch die aufgehende Morgensonne. Lächeln! Ich grinse gequält und sehe mich im Raum um – eine Mischung aus Kosmetiksalon und Restaurant. Außer mir ist kaum jemand daran interessiert, die bombenspitzenmäßige neue Aufgabe erklärt zu bekommen, die ich schon mal zur Motivation an die Tafel gehängt habe.

»Was ist, Frau Freitag, warum gucken Sie so schlecht gelaunt?«

Ich? Schlecht gelaunt – was soll das jetzt? Mein Kopf schmerzt immer mehr. An Anfangen ist gar nicht zu denken. Mützen, Taschen, Essen, Schminke und endloses Gequatsche. Ich hole tief Luft und erkläre, warum ich einen Anflug von schlechter Laune bekomme, bei dem Anblick, den die Schüler bieten. Sie murren, wiegeln ab und lassen dann doch die Einführung über sich ergehen. Als ich das Material verteilt habe, fragt Erol: »Frau Freitag, haben Sie einen Bleistift?«

Mittlerweile bin ich schon längst kein Frühling mehr, sondern notiere mir in meinem Notenheft, dass Erol WIEDER keinen eigenen Bleistift dabei hat. Er sieht das, leiht sich einen Bleistift und verlangt, dass ich den Eintrag streiche. Ich betone, dass er keinen EIGENEN Bleistift hat. Er schmeißt den geliehenen Bleistift in den Mülleimer, geht laut meckernd an seinen Platz und schmollt.

Irgendwann ist auch dieser Schultag vorbei. Ich schleppe mich schlechtgelaunt nach Hause, nehme eine Aspirin und stelle frustriert fest: Ein Sonnenstrahl macht wohl doch noch keinen Frühling.

## Der Lehrer und der Samstag

Und nach fünf Tagen darf ich endlich wieder zu Hause bleiben. Der Lehrer ist am Samstag müde, weil er am Freitag noch dachte: Jetzt beginnt ein neues Leben – das Wochenende. Am Freitagnachmittag dreht der Lehrer immer voll auf. Statt sich auszuruhen und aufzuräumen, quatscht er sich die Woche von der Seele und läuft hochtourig überdreht in den frühen Abend. Da will der Lehrer dann die Freizeitaction, auf die er die ganze Woche verzichtet hat. Plötzlich will der Lehrer leben.

Er telefoniert mit allen drei Leuten, die er noch kennt. Die Hälfte von denen sind auch Lehrer. Dann raucht und trinkt der Lehrer und labert und labert. Obwohl er nur so wenige Freunde hat, verprellt er diese auch noch, indem er sie beim Pokern gnadenlos verlieren lässt und sich dann so lange in seinem Sieg suhlt, bis sie genervt das Lehrerdomizil verlassen.

Alleine bleibt der Lehrer in seiner unaufgeräumten, dafür enorm verrauchten Wohnung zurück und kann nicht einschlafen. Er wälzt sich von links nach rechts und denkt über sich, sein Leben und seine Pokerstrategien nach. Klar gewinnt er beim Pokern. Blufft er sich doch auch täglich durch seinen Beruf.

Samstagmorgen wacht der Lehrer auf und fühlt sich extrem unausgeschlafen. Anstatt wie in der Werbung im Bett zu frühstücken und die Zeitung zu lesen, setzt sich der Lehrer gleich wieder vor den Fernseher und raucht. Erste Anzeichen von Verwahrlosung. Der Lehrer bildet sich allerdings ein, dass er mit dieser Hartz-IV-Lifestyle-Imitation seiner Klientel näherkommt,

Professionalisierung nennt er das. Kopfschmerzen und leichte Übelkeit befallen ihn dort auf der Couch. Er fühlt sich wie ein Entschuldigungszettel seiner Schüler. Draußen nervt die Sonne, die dem Lehrer suggeriert, dass er den ersten Frühlingstag und überhaupt den ganzen Frühling versäumen wird, wenn er sich nicht sofort auf die Straße begibt.

Draußen sind überall zufriedene Kleinfamilien oder gutaussehende Singlemenschen, die sich geschäftig durch den Vormittag bewegen. Zielstrebig und glücklich, denn sie haben bestimmt alle noch super Nachmittagspläne, bevor sie dann auf ihre Megasamstagnachtpartys gehen.

Der Lehrer schleicht einsam um ein Parkhaus und denkt: Spazierengehen, Spazierengehen, Spazierengehen, Vitamin D, Vitamin D, Vitamin D. Heimlich wünscht er sich Regen, damit er sich wieder in seine verrauchte Bude verziehen kann. Ein elender Wettersklave ist er geworden.

Zu Hause denkt er: Essen, Rauchen, Couch und schläft erschöpft vom Nichtstun ein. Erwacht, und der Tag ist vorbei. Man versteht eigentlich nicht, warum sich der Lehrer immer wieder so übertrieben auf das Wochenende freut, wenn er dann mit dem Samstag doch überhaupt nichts anzufangen weiß. Und nach dem Samstag kommt ja auch noch der Sonntag. Wäre der Lehrer religiös, hätte er wenigstens an diesem Teil des Wochenendes weniger Probleme.

Gar keine Probleme hätte ich, wenn ich Fachbuchredakteur wäre. Ich arbeite in einem Schulbuchverlag und bin für die neuen Deutschbücher der Realschulen zuständig. Ich schlafe erst mal gemütlich bis acht und mache mich dann gut gefrühstückt auf den Weg in die Redaktion. Dort ist es nett, sonnig, alles sehr modern. Ich begrüße die Sekretärin, die mir die Post und einen Kaffee reicht. Dann schlendere ich in mein Büro.

243

Großer Schreibtisch, voll mit herrlichstem Bürokram, und ein super Computer mit vielen bunten Post-its am Bildschirm. Erst mal E-Mails checken, Kaffee trinken, Termine angucken. Was steht denn heute an? Meine Lieblingskollegin kommt rein und erinnert mich an das Meeting um 10.30 Uhr im kleinen Konferenzraum. Bis dahin blättere ich in den neuen Ausgaben der Fachzeitschriften, beantworte zwei, drei E-Mails und esse einen Apfel.

Beim Meeting werden gesund belegte Brötchen gereicht, Mineralwasser und Saft in kleinen Flaschen stehen bereit. Wir besprechen das neue Deutschbuch. Klasse 5, 6, und 7 sind schon raus. Heute: Brainstorming für die Themen im Buch und das Arbeitsheft Klasse 8. Flip-Chart, Whiteboard, Beamer – name it, we have it! Aufgrund meiner langjährigen Schulerfahrung bin ich unter den Kollegen klar im Vorteil. Man hört genau zu, wenn ich etwas sage. Man fragt mich nach meiner Meinung – immer. Ich bin die Verbindung zwischen Verlag und Wirklichkeit. Niemand außer mir hat schon mal mit Jugendlichen gearbeitet.

Der Chefredakteur sagt: »Okay, Leute, was haben wir? Wo wollen wir hin? 8. Klasse. Vierzehn, fünfzehn Jahre.« Kurze Pause. Blick in die Runde. Dann: »Frau Freitag, worum geht es in dem Alter? Ich dachte an Tier- und Umweltschutz.«

Ich lehne mich zurück, schließe die Augen: »Tierschutz, Umweltschutz …« Ich tue so, als würde ich nachdenken, nehme mir eine Flasche Wasser und gieße sie in Zeitlupe ein. Dann springe ich plötzlich auf, bewege mich zielstrebig zum Beamer: »8. Klasse, wenn Sie nichts dagegen haben, zeige ich Ihnen etwas. Ich habe da eine Kleinigkeit vorbereitet.« Jemand macht das Licht aus und auf der Wand erscheint eine rote Fläche, dann ein riesiger Schriftzug: Der gemeine Achtklässler! Lady Gaga singt »Pokerface« und dann erscheinen Jugendliche auf

244

einem Schulhof. Alleine, in Gruppen, gut gelaunt, im Streit, Mädchen, Jungen. Die Musik schafft die richtige Atmosphäre. Alles sehr MTV und trotzdem realistisch. Ich stelle mich neben den Beamer: »8. Klasse, das ist: Verliebtsein, der erste Kuss, Klamotten, Gewichtszunahme, Musik, Streit mit den Eltern, überhöhte Handyrechnungen, Absturz der Schulleistungen, Pickel, Streit mit den Freundinnen, Muskelaufbau bei den Jungen, Solarium, scheiß Eltern, scheiß Lehrer, scheiß Schule und keine Ahnung, was man später machen soll. Tierschutz? Umweltschutz? In der 8. Klasse geht es nur um die eigene Person!« Die letzten Worte lasse ich besonders dramatisch klingen.

Tosender Beifall bricht aus. Der Chef springt auf und umarmt mich: »Frau Freitag, Sie haben uns mal wieder gerettet. Was würden wir ohne Sie machen?« Und zu den anderen: »Los, los, Leute, ihr habt gehört, was die Jugend bewegt! An die Arbeit, bis Donnerstag will ich erste Entwürfe sehen!«

Zufrieden gehe ich in mein Büro und entwerfe ein Kapitel zum Thema Erörterung: Gangsta-Rap – okay oder nicht okay? Um 13.30 Uhr gehe ich in die Kantine und esse einen fettarmen Salat, scherze mit den Kollegen aus der Presseabteilung, lasse mir noch mal zu meiner Präsentation gratulieren und dümple dann noch bis um 17.30 Uhr in meinem Büro rum. Dann fahre ich direkt zum Yoga. Abends bin ich fürs Kino verabredet und sehe einen französischen Film in Schwarz-Weiß.

Um Mitternacht komme ich leicht angetrunken und zufrieden in meine Wohnung, wo ich von zwei netten Katzen begrüßt werde. Glücklich schlafe ich nicht nur ein, sondern auch bis zum nächsten Morgen durch.

Meinen Urlaub verlängere ich durch Überstunden und verbringe ihn auf traumhaften Inseln. Mein Leben könnte so schön einfach sein.

Eine gar nicht so schlechte Idee kam heute von Abdul: »Frau Freitag, stimmt es, dass Lehrer mehr Geld verdienen, wenn sie viele Tadel geben?«

»Häh? Wie kommst du denn darauf? Abdul, wenn das so wäre, dann hättest du jetzt schon mindestens drei. Einen fürs Zuspätkommen und zwei für diese bekloppte Frage.«

Ein Teil meines Gehirns nimmt den Gedanken allerdings auf und erfreut sich an der Vorstellung, das Gehalt durch Ordnungsmaßnahmen aufzubessern. Kopfpauschalen aufs Vor-die-Tür-Schicken, für jedes Anschreien gibt es einen Zehner extra. Da klingelt die Kasse. Den fettesten Bonus erhält der Kollege, der es schafft, am Ende des Schuljahres möglichst viele Schüler von der Schule verwiesen zu haben. Jeden Nachmittag versammeln wir uns zu Klassenkonferenzen und haben Dollarzeichen in den Augen.

»Los Leute, wer stimmt für die Versetzung in die parallele Kerngruppe? Ich will nächste Woche in den Skiurlaub, also jetzt mal die Finger hoch.«

Dann wieder Unterricht: »Frau Freitag, Sie sind voll streng geworden. Früher haben Sie nie Tadel gegeben, jetzt immer. Aber Ihre Jacke ist schön. Neu? Echtes Leder?«

»Samira! Reden, ohne dran zu sein: Tadel!«

Ich muss schon zugeben, an diese Art der leistungsbezogenen Vergütung könnte ich mich gewöhnen.

## Wer spinnt denn nun?

Unglaublich, aber wahr: Mehmet steckt in einem Paralleluniversum fest. Er lebt in einer anderen Realität als wir anderen. Oder er versucht, mich in den Wahnsinn zu treiben.

Mehmet war nicht nur am Montag nicht in der Schule, sondern auch mehrere Male nicht im Deutschunterricht. Wir haben eine neue Deutschkollegin, Frau Böckstiegel, und deshalb wurde der Kurs, in dem Mehmet eigentlich ist, aufgeteilt. Das passierte schon vor vier Wochen. Mehmet hat also seitdem bei Frau Böckstiegel. Der alte Deutschlehrer Herr Johann ist heilfroh, dass Mehmet weg ist, denn er hat eine Mehmet-Aversion.

Nachdem Frau Böckstiegel sich bei mir beschwert hat, frage ich nach: »Mehmet, in welchem Deutschkurs bist du jetzt eigentlich?«

»Ich bin doch bei Herrn Johann.«

»Ach ja? Du bist doch schon seit ein paar Wochen bei Frau Böckstiegel.«

»Nein, Frau Freitag, ich bin bei Herrn Johann«, sagt Mehmet sehr überzeugend.

Ich bin verwirrt: »Aber Herr Johann sagt, dass ihr aufgeteilt wurdet, und jetzt bist du bei der neuen Lehrerin.«

»Bin ich aber nicht. Wer ist diese Frau Böckstiegel? Die kenne ich gar nicht.«

»Ja, die kennst du nicht, weil du seit Wochen den Deutschunterricht schwänzt. Anscheinend schon so lange, dass du noch gar nicht gemerkt hast, dass du in einem neuen Kurs bist.«

»Nein, ich schwänze nicht.«

»Ach, du warst also am Dienstag und gestern bei Herrn Johann im Deutschunterricht, ja?«

»Ja.«

»Du hast im Raum gesessen, an einem Tisch, auf einem Stuhl und hast am Unterricht teilgenommen?«

»Ja.«

Jetzt wird es echt interessant, weil mir Herr Johann schon mehrfach gesagt hat, wie gut sein Kurs läuft, seitdem Mehmet nicht mehr dabei ist. Also frage ich: »Was habt ihr denn gestern gemacht?«

247

»Irgendwas mit Drama. Und Wörter raussuchen im Buch«, sagt Mehmet.

Es klingelt zur großen Pause. »Soso, Drama … Mehmet, warte mal kurz.« Alle Schüler verlassen den Raum.

»Komm mal kurz mit, Mehmet«, sage ich und gehe direkt zu Herrn Johann ins Lehrerzimmer. »Kollege Johann, ich wollte mal fragen, wie Mehmet gestern in Deutsch war.«

Der Kollege guckt erst mich, dann Mehmet an: »Mehmet? Der ist doch jetzt bei Kollegin Böckstiegel, der war schon seit vier Wochen nicht mehr in meinem Unterricht.«

Mehmet bleibt ganz ruhig. Ich frage Herrn Johann: »Und habt ihr gestern was mit Dramen gemacht und was im Buch, so Wörter raussuchen?«

»Nein, wir haben ein Diktat geschrieben«, sagt Herr Johann.

Ich gehe mit Mehmet auf den Hof: »So, Mehmet, du hast es gehört. Warum lügst du mich so dreist an?«

»Ich hab nicht gelogen. Ich war gestern da. Ich schwöre«, antwortet Mehmet ernst.

»Mehmet, denkst du, du bist in einem Paralleluniversum, in dem man sich die Realität so hinbiegen kann, wie man will?«

»Ich schwöre, Frau Freitag, ich war da«, fängt er noch einmal an.

Ich lasse ihn einfach stehen und gehe rauchen. Sein Wahnsinn fängt schon an, sich auf mich zu übertragen.


# Wir müssen menschlicher werden

Immer wieder frage ich mich, warum uns die Schüler nicht als Menschen wahrnehmen. Liegt es vielleicht daran, dass ich durch Schüler wie Mehmet bereits total wahnsinnig rüberkomme?

Wenn ich sie auf der Straße oder im Bus treffe, tun sie so, als sähen sie einen Außerirdischen, der gerade gelandet ist. In ihren Blicken kann ich lesen: Frau Freitag geht einkaufen? Lebensmittel? Sie ist doch Lehrerin, wozu braucht sie Lebensmittel?

Ich war als Schülerin ja nicht anders. Ich habe meinen Lehrer mal auf einem Fahrrad gesehen. Ein für mich seltsames, fast erschreckendes Bild, das sich auf Ewigkeiten in mein Hirn gebrannt hat wie der Anblick eines spektakulären Autounfalls.

Warum sehen uns die Schüler nicht auch als Menschen, sondern nur als fleischige Erfüllungsgehilfen der Bildungspolitik? Sind wir für die Schüler Bioabfall der Schule? Die Antwort ist ganz einfach: Wir sind für sie nur Lehrer und keine Menschen, weil wir immer nur lehrerlich und nie menschlich reagieren. Wir nennen das »pädagogisch«. Aber die Schüler denken: Er nun wieder – typisch Lehrer. Hier ein paar Beispiele:

Schüler kommt zehn Minuten nach dem Klingeln in den Unterricht.

**Lehrerreaktion:** »Schüler, der Unterricht hat bereits vor zehn Minuten begonnen. Du bist zu spät. Das ist nicht das erste Mal. Die Verspätungen werden auf deinem Zeugnis erscheinen, und das ist dein Bewerbungszeugnis. Du musst dich bemühen, pünktlich zu sein ...«
**Menschliche Reaktion:** »Du bist ja schon wieder zu spät. Das nervt so dermaßen, das kannst du dir gar nicht vorstellen. Ich habe bereits mit dem Unterricht angefangen. Vielen Dank für die Störung! Jetzt raus, und mach die Tür hinter dir zu, damit wir hier weitermachen können.«

Schüler A beleidigt immer wieder Schüler B.

**Lehrerreaktion:** »Schüler A, lass bitte Schüler B in Ruhe, der hat dir gar nichts getan. Ich möchte diese Ausdrücke hier nicht hören. Ihr versteht euch doch sonst so gut. Was ist denn heute mit euch los?«

**Menschliche Reaktion:** »Was hast du gerade zu ihm gesagt? Hihi, ist ja witzig. Ja, stimmt, er ist auch voll dick. Aber guck dich mal genauer an. Du hast ja die übelsten Pickel. Und was willst du mit seiner Mutter machen? Warte mal, ich geb dir ihre Telefonnummer. Hier, ich wähle schon mal. Sag ihr das doch gleich selbst.«

Lehrer sagt, Schülerin soll den Raum verlassen.
Schülerin geht nicht. Lehrer nimmt die Tasche der
Schülerin und will die schon mal vor die Tür stellen.
Schülerin springt auf und schreit:
»FASS DIE NICHT AN!«

**Lehrerreaktion:** Tasche loslassen. Schlechtes Gewissen: Als Lehrer darf ich das Eigentum der Schüler nicht berühren. Gang zum Pult, Eintrag ins Klassenbuch …

**Menschliche Reaktion:** »Warum soll ich deine billige Plastiktasche nicht anfassen? Ist die kontaminiert oder was? Und was duzt du mich überhaupt, du blöde Schlampe? Pass mal auf, wie du mit mir redest!« Die Tasche greifen und vor die Tür schmeißen. Dann die Schülerin am Arm nehmen (muss ja nicht doll sein) und rausführen.

Schülerin beleidigt Lehrer. Flüstert vor sich hin: »Ist
die hässlich. Voll behindert. Ich hasse sie.
Wie sie aussieht …«

**Lehrerreaktion:** So tun, als hörte man es nicht. Weiter unterrichten. Sich den ganzen Nachmittag schlecht fühlen. Später darüber grübeln, was die Schülerin gegen einen hat. Was hat man falsch gemacht?
**Menschliche Reaktion:** Hingehen und wortlos eine scheuern.

Vielleicht müssen wir alle menschlicher werden, damit die Schüler über ihr Verhalten nachdenken. Im richtigen Leben können sie schließlich auch keine pädagogische Reaktion auf ihr Verhalten erwarten. Deshalb ist Authentizität doch geradezu unsere Pflicht. Ich fange gleich Montag damit an!

## Kindergeld kürzen?

»Zweimal nicht die Hausaufgaben gemacht – 50 Prozent des Kindergeldes kürzen!«, sagt Thilo Sarrazin. Was halten wir denn nun davon?

Als ich das hörte, dachte ich: »Zweimal nur? Solche Streber kriegen bei uns doch gleich das Abitur. Und wie wäre es mit: Viermal keine Hausaufgaben – kein Kindergeld mehr? Was wäre mit: Nie die Hausaufgaben machen, keine Blätter, Stifte, geschweige denn Hefter oder Bücher mit in die Schule bringen? Was wäre mit: Sechsundsiebzig unentschuldigten Stunden in einem Halbjahr? Mit: Immer den Unterricht stören, wenn man mal im Unterricht ist? Was würde das kosten? Bisher nur meine Nerven. Aber ich hätte gar nichts dagegen, darauf Strafzölle zu erheben.

Hier mein Vorschlag: Wir drehen alles um. Es gibt nicht einfach Kindergeld wie bisher, das Geld muss verdient werden. Die ganze Woche pünktlich gekommen gleich 5 Euro. Dann gibt es Geld für: Das Arbeitsmaterial mal mitbringen, vielleicht auch für gute Mitarbeit und natürlich für Hausaufgaben machen. Ich glaube, dann würde ich wieder welche aufgeben können.

Hat jemand ein wirksames – ich wiederhole: wirksames – Mittel gegen Unpünktlichkeit? Das kriege ich nämlich nicht hin. Nachsitzen habe ich probiert. Bin ich nicht dafür, das bestraft nur mich, da es den Schülern entweder nichts ausmacht oder sie nicht kommen.

Noch mal zu Thilo Sarrazin: An welche Art von Schüler denkt er eigentlich, wenn er seine Vorschläge macht? An meine jedenfalls nicht. Ich werde seinen Vorschlag mal mit meinen Schülern diskutieren. Mal sehen, was die sagen. Wenn es nach ihnen ginge, gäbe es sowieso nur noch schariaartige Strafen in der Schule.

Ich frage Ferhat aus meiner Klasse, ob er die Diskussion über Integration in den Medien verfolgt hätte.

»Ja, das ist voll schwierig mit der Integration. Meine Mutter lernt Deutsch und arbeitet auch, aber sie bekommt keinen deutschen Pass.«

»Nein? Warum nicht? Du hast doch auch einen, oder?«, frage ich.

»Ja, schon lange. Mein Vater will nach ihr einen beantragen, aber bei ihr dauert das voll lange. Die Deutschen wollen das irgendwie nicht. Da müssten die Politiker mal mehr machen.«

»Ja. Stimmt. Kann denn deine Mama schon gut Deutsch sprechen?«

»Ja, ist schon ganz gut. Ich spreche mit ihr immer zu Hause und dann übt sie.« Ferhats Eltern kommen aus dem Libanon. Beide Eltern arbeiten, er spricht sehr gut Deutsch und ein Kopftuch trägt er auch nicht – vielleicht ist er ja die Ausnahme, die die Regel bestätigt. Und sein Vater ist Elektriker, nicht mal Gemüsehändler.

In der nächsten Stunde versuche ich es wieder: »Hat eigentlich jemand von euch die Diskussion um Sarrazin mitbekommen?«

»Sarrazin?«

»Ja, Thilo Sarrazin. Weiß jemand, wer das ist?«

»Sarrazin, ich weiß!«, meldet sich Yusuf. »Sarrazin ist doch so eine Säure.«

Ich schüttele den Kopf und versuche ihnen zu erklären, wer Sarrazin ist, aber meine Bemühungen gehen in einem allgemeinem Gebrabbel unter, bis Ines sagt: »Frau Freitag, geben Sie's auf, Ihnen hört jetzt keiner mehr zu.«

In der letzten Stunde unterrichte ich ältere Schüler und frage in eine herrliche Stille hinein: »Sagt euch der Name Sarrazin etwas?«

»Ja!«, ruft Lucy. »Da geht es um Integration.« Sie wendet sich an ihre Mitschüler: »Das sollte euch interessieren.« Jetzt sind alle ganz Ohr und lassen sich die groben Details von ihr erklären. Auch Baris hat schon davon gehört, und alle Schüler scheinen sich bereits eine Meinung über die Integration bzw. Nichtintegration gebildet zu haben. Ich frage, was sie von dem Vorschlag halten, den Eltern das Kindergeld zu kürzen, wenn ihre Kinder nicht in die Schule gehen. Zustimmung von allen. »Ja, das würde was ändern. Die Eltern werden dann voll sauer und dann kriegen die Kinder Stress.«

Ich frage, ob man auch Geld streichen sollte, wenn jemand nicht Deutsch lernen will. Alle sind sich einig, dass man Deutsch beherrschen muss, wenn man in Deutschland leben will. Allerdings sagt Baris, man solle eher Anreize schaffen, als Geld abzuziehen. Salina sagt: »Mehr fördern, nicht immer nur fordern. Aber ist doch auch kein Wunder, dass die türkischen Frauen hier kein Deutsch lernen, das brauchen die ja gar nicht, hier ist doch eh alles auf Türkisch. Die sprechen ja jeden hier in der Gegend auf Türkisch an.«

Baris: »Ich gehe neulich mit meinem Freund in eine Döner-bude, und da fragt der Verkäufer ihn auf Türkisch, was er essen möchte. Dabei war mein Freund blond und konnte auch gar kein Türkisch.«

So quatschen wir uns von der Ghettoisierung über den beid-seitigen Irrglauben der ersten Gastarbeiter-Generation – »Alle dachten, die arbeiten hier nur und gehen dann wieder nach Hause …« – bis hin zur traurigen Tatsache:«Die Schüler sehen halt in der 8. und 9. Klasse noch nicht, dass sie was lernen müssen, damit sie später einen guten Beruf bekommen, die wollen halt jetzt Fun haben.« Lucy sagt, dass man es mit einem ausländischen Namen später schwer hat, einen Job zu bekom-men. Ich gebe zu bedenken, dass in vielen Bereichen gerade Menschen mit Fremdsprachenkenntnissen besonders gefragt seien. Baris sagt, man müsste mehr Lehrer mit Migrationshin-tergrund haben. Genau meine Meinung. Ich frage ihn sofort, ob er nicht Lehrer werden möchte. Möchte er leider nicht. Aber genau diese Kinder bräuchten wir. In den Schulen, als Lehrer, im Jugendamt, im Jobcenter, in den Ausbildungsbetrieben – überall.

»Baris, warum willst du nicht Lehrer werden? Guck mal, die ganzen Ferien. Lehrer ist echt ein toller Beruf. Ist easy und macht Spaß.« Da lachen die Schüler und zeigen mir einen Vogel. »Lehrer? Niemals!« Und sie wissen ja am besten, wovon sie sprechen.

## Frau Freitag und ihre vier Bodyguards

Eine neue Gruppe, mitten im Schuljahr. Neues Glück, aber auch Gefahr: Werden sie leise und nett sein? Was ist, wenn sie voll stören und nicht machen, was ich sage? Was ist, wenn sie mich ständig mit ihrem alten Lehrer vergleichen? Das hört man ja besonders gerne: »Bei Herrn Meiermüller-Schmidt war es viel besser wie bei Ihnen. Wir wollen wieder Herr Meiermüller-Schmidt haben. Nicht bei Sie.« Wie kann ich Autorität vortäuschen? Diese berühmte natürliche Autorität könnte jetzt auch ruhig mal kommen.

Die Stunde beginnt. Die Schülerinnen trudeln ein. Nur Mädchen – ist das jetzt gut oder schlecht? Sind nicht viele, aber genug. So etwas wie zu wenig Schüler gibt es eigentlich gar nicht, oder Frau Dienstag? Die Frage ist eher, ab wie vielen Schülern in einer Lerngruppe man sich als richtiger Lehrer fühlt. Bei fünf Schülern und einer Lehrerdoppelspitze käme ich mir vor wie im Erziehungscamp von Frau Noble.

Jedenfalls habe ich alles vorbereitet. Tafelanschrieb, Aufgabenstellung, Listen und so weiter. Man will ja in der ersten Stunde nicht mit dem Rücken zur Gruppe stehen und ihnen die Möglichkeit geben, einem auf den Arsch zu stieren oder Grimassen zu schneiden.

Die Mädchen hören ruhig zu, was ich zu sagen habe. Ich denke schon: Super, läuft ja wie am Schnürchen, das wird ab jetzt meine Wohlfühllieblingsstunde, als plötzlich eine mir unbekannte Schülerin anfängt, Faxen zu machen. Eigentlich macht sie nichts Schlimmes, aber sie ist eben nicht so ruhig wie die anderen, und das fällt auf. Dauernd holt sie Kram aus ihrer Tasche, reicht den rum und versucht so, andere Schülerinnen in ihr Stören mit einzubeziehen.

Vier Mädchen sind aus meiner Klasse. Laute, störende Schülerinnen, mit denen es immer wieder Ärger gibt. Richtig kleine Diven sind das. Jede ihr eigener kleiner Superstar. Immer bedacht auf den großen Auftritt. Aber jetzt sind sie ruhig. Hören mir zu. Quatschen nicht, hören noch nicht mal Musik. Nur diese eine Schülerin krepelt weiter vor sich hin. Ich überlege, was ich machen soll. Ganz offensichtlich versucht sie auszutesten, wie weit sie bei mir gehen kann.

Ich will gerade was sagen, da dreht sich plötzlich Mariam aus meiner Klasse zu ihr um und schreit: »Jetzt halt endlich deine Klappe! Sei leise!«

Dann dreht sich auch Sabrina um: »Jetzt benimm dich! Das ist meine Klassenlehrerin!«

Die störende Schülerin sagt irgendwas, das ich nicht verstehe. Mariam schreit sie daraufhin an: »Rede nicht so über sie! Nur weil sie nette Lehrerin ist, denkst du, du kannst dich hier so benehmen?«

Plötzlich schreien alle Mädchen aus meiner Klasse auf sie ein. Ich stehe da und sehe mir dieses Schauspiel an. So doll hatte die gar nicht gestört. Jedenfalls hat es mich gar nicht so sehr tangiert. Aber die Mädchen stürzen sich wie Bestien auf sie und schreien und schreien. Ich flüstere ruhig ihre Namen, damit sie sich wieder beruhigen, und sehe zu, dass wir mit der Arbeit beginnen.

Die restlichen vierzig Minuten wird in absoluter Ruhe herrlich konzentriert gearbeitet.

Am Ende gibt es sogar von einer Schülerin den Ritterschlag: »*Tschüch*, is schon vorbei? Ging voll schnell.«

Ich werde die Mädchen mal fragen, ob sie nicht nächstes Schuljahr in alle meine neuen Gruppen mitkommen möchten. Vielleicht schaffen die es sogar, die ständige Beschäftigung mit unterrichtsfernen Dingen einzudämmen. Wie zum Beispiel …

## Außen hui

Schminke. Schminke ist fast so wichtig wie Handy. Für mich war Schminke immer der Inbegriff von »Nichts im Hirn«. Eine

Jugend zu verleben, in der man sich gar nicht und nie geschminkt hat, heißt aber auch, dass man als Erwachsener nicht weiß, wie das geht.

Selbst wenn ich wollte, wüsste ich überhaupt nicht, wie ich mich durch Kosmetik verschönern könnte. Oft habe ich es bereut, dass ich mich auf das Abitur und nicht aufs Schminken konzentriert habe. Nun habe ich zwar einen Job, sehe aber immer bleich, pickelig oder müde aus. Da ließe sich bestimmt was hinbiegen, so augenschattentechnisch oder Smokey-Eyes-mäßig.

Meine Schülerinnen sind da schlauer. Bewusst interessieren sie sich nicht für irgendeinen schnöden Schulabschluss, sondern perfektionieren ihr Können im Bereich »Besser aussehen, als man aussieht«. Und da sich viele muslimische Mädchen nicht schminken dürfen oder es zumindest nicht gerne gesehen wird, wenn sie ihre Gesichter herausputzen, als gingen sie in irgendein Etablissement, wird sich einfach in der Schule aufgebrezelt. Dazu sind die ersten beiden Stunden in den Augen der Mädchen auch da. Schließlich muss der Lidstrich bis zur ersten Hofpause sitzen.

Bevor jemand fragt: Nein, Schminken im Unterricht ist an meiner Schule nicht erlaubt. Und wenn ich es schaffe, dann nehme ich den Schülerinnen ihre Utensilien auch ab. Ich habe bereits eine ansehnliche Sammlung billigster Kosmetikartikel. Aber das Schminken hört trotzdem nicht auf. Ich frage mich oft, ob das Make-up, das Mariam benutzt, wirklich orangefarben ist und sie es sich bewusst kauft und draufschmiert, um auszusehen wie ein Kürbis. Die meisten Mädchen sehen aus wie Zirkuspferde. Nur manche beherrschen die Kunst des Minimalismus, des »Weniger ist mehr«. Dabei steht »Weniger ist mehr« bei allem, was die Schule betrifft, sonst sehr hoch im Kurs.

Kürzlich besuchten wir unterschiedliche Ausbildungswerkstätten, und bei den Friseuren lag überall Schminke rum. Die Schülerinnen sahen das als Einladung zur Selbstbedienung, und diese ungünstige Verquickung von Zufällen führte zu folgender Situation: »Jaaa, Frau Freitag schminken!« Gesagt – getan. Zuerst machte sich Sabrina ans Werk und pinselte mir die unmöglichsten Grüntöne über die Augen. Mein ganzes Gesicht wurde mit einer klebrigen Make-up-Masse zugekleistert und Sabrina bestand auf einem nach oben gezogenen Lidstrich. Das Ergebnis war so schockierend, dass sie laut zu lachen anfing und sagte, dass das die Rache für den letzten Elternbrief sei.

»Quatsch, Sabrina, du kannst das einfach nicht«, stellte Mariam fest, schminkte mich sofort wieder ab und dann neu. Diesmal mit silbernem Glitzer um die Augen rum: »Voll schöön, Frau Freitag.« Ein Pfund Wimperntusche und Puder dazu. »Und, wie gefällt es Ihnen?«, fragte sie stolz.

Und was sollte ich da sagen? Ich sah aus, als ginge ich gleich zur Arbeit in eine Table-Dance-Bar. »Oh, schön. Ja, sieht gut aus.«

»Ja, jetzt werden sich alle auf der Straße nach Ihnen umdrehen.« Damit hatte sie wahrscheinlich gar nicht so unrecht – so schrill wie ich aussah, würde das auch Fremden auffallen.

»Was wird Ihr Freund sagen?«

Der Freund guckte mich an und lachte sich schlapp: »Oh Mann, deine Mädchen und ihre billige Teenagerschminke. Das musst du dir aber sofort runterwaschen.«

Irgendwie war ich von der Reaktion ein wenig enttäuscht, denn ich fand, ich sah gar nicht so schlecht aus – vielleicht ein wenig zu viel Glitzer, aber sonst …

# Einfach mal ein Krankenhaus besuchen

Wenn man sich mit der Klasse aus dem Schulgebäude wagt, bleibt es nicht aus, dass etwas passiert. Wir sind einen Tag lang in Werkstätten, in denen den Schülern die raue Arbeitswelt nähergebracht werden soll.

Eigentlich hatte ich mich schon auf das Mittagessen gefreut, da kommt Mehmet plötzlich blutend an. Mit geschulten Augen stelle ich fest, dass er auch einen kleinen Fußmarsch aushalten wird. Ich latsche also mit Mehmet ins Krankenhaus. Mehmet ist noch nicht so lange in unserer Klasse. Erst war er auf einer Gymnasiumschule, dann an einer Realschule, dann an einer anderen Realschule und jetzt ist er bei uns gelandet. So ganz schlau werde ich noch nicht aus ihm. Ich habe den Eindruck, dass er nicht ganz sauber ist.

Mit seiner Lehrerin alleine unterwegs zu sein ist für ihn wahrscheinlich unangenehmer als für mich. Spätestens im Warteraum wird klar: Ich bin nicht Mehmets Mutter. Und das liegt nicht nur daran, dass er mich siezt, sondern auch daran, dass wir uns angeregt unterhalten. Ich beginne unseren kleinen Ausflug mehr und mehr zu genießen.

Das Krankenhauspersonal guckt Mehmet an, als sei er ein Außerirdischer. Wahrscheinlich verarzten die dort nicht viele Jugendliche mit Migrationshintergrund. Man lässt uns lange warten. Dann bringt uns eine Schwester in einen sterilen Untersuchungsraum. Mehmet: »Voll Operationssaal und so. Mit Fernseher und so.«

Mir wird schlecht in diesem Raum. Ich schlage vor, dass Mehmet sich auf die Liege legt, damit ich mich auf den einzigen Stuhl im Raum setzen kann. Nun liegt er da, und ich sitze an seinem Fußende. Es entsteht eine therapeutische Atmosphäre, in der wir über Gott und die Welt plaudern. Streng genommen könnte man sagen, dass ich ihn ausfrage, da ich die Gesprächsthemen bestimme. In der Stunde, die wir in diesem Raum zusammen warten, verändert sich mein bisheriges Bild von Mehmet.

Ich hätte nie gedacht, dass er gut kochen kann und sogar backt. Er erklärt mir die Zubereitung eines Pilzgerichtes mit Sahne so detailliert, dass ich ihn bitten muss, über etwas anderes zu reden, da ich dem Hungertod nahe bin.

Wir reden über Mode. Mehmet beschreibt, nach welchen Gesichtspunkten er seine Klamotten kauft. »Also, die Schuhe müssen zu den Hosen passen und die Jacke zum Käppi.« Wir reden über Mädchen. »Mit den Mädchens kann man sich viel besser unterhalten als wie mit den Jungs. Wir gehen immer spazieren, dies, das.«

Wir reden über die Pokerräuber. Das waren mehrere Jugendliche mit Migrationshintergrund, die eigentlich auch auf unsere Schule hätten gehen können. In die Presse kamen sie, weil sie mit Pistolen und Macheten ein großes Pokerturnier überfielen und sich dabei unheimlich blöd anstellten. Die Polizei sagte damals: »Die Dummheit hat eine neue Dimension erreicht.«

Ich sage: »Einen roten Pulli anzuziehen, wenn man einen Überfall plant, ist doch wohl sehr bekloppt, oder? Vielleicht haben die sich ja auch noch Namensschilder gemacht.«

Mehmet erstaunt: »Ja, haben sie?«

Ich erfahre interessante Details: »Wir haben auch eine Machete. Für die Küche. Meine Mutter kocht damit.« Ich sehe Mehmets Mutter vor mir, wie sie mit Kopftuch und langem Mantel in einer kleinen Küche steht und eine Machete über dem Kopf schwingt. Wir einigen uns darauf, dass sie ein Hackebeil benutzt und keine Machete.

Ich spreche noch seinen missglückten Solariumbesuch von

neulich an. Mehmet hatte danach Verbrennungen dritten Grades. Er sagt, jetzt muss man seinen Ausweis vorzeigen. Eigentlich darf man ja erst ab achtzehn unters Solarium.

Mehmet erzählt mir, dass er zurzeit vom Unglück verfolgt sei. »Ich hatte diese Marco-Polo-Jacke, kennen Sie? Und die habe ich in M gekauft. Und dann hat meine Mutter die gewaschen mit 70 Grad oder 170 Grad und dann war sie XS. Und dann das mit dem Solarium und dann beim Friseur, er schneidet mir die Augenbrauen mit der Maschine, und alles wird voll schief. Und Frau Freitag, gestern, ich kaufe mir ein Eis, mach es auf, und das ganze Eis fällt runter.«

Und jetzt liegt er verletzt auf diesem Krankenhausbett und muss sich stundenlang mit seiner Lehrerin abgeben. Er ist wirklich vom Pech verfolgt.

Irgendwann kommt ein Arzt und guckt Mehmet kurz an. Dann versorgt eine Schwester Mehmets Wunde. Der Arzt verabschiedet sich mit den Worten: »Danke, dass Sie nicht mit der Feuerwehr gekommen sind und somit das Gesundheitssystem nicht unnötig belastet haben.«

Ich sage, dass ich versucht hätte, einen Hubschrauber zu bestellen, und das würde ich jederzeit wieder tun, denn ich möchte nicht später verklagt werden, weil der ganze Arm meines Schülers amputiert werden musste.

## Wussten Sie schon?

Aber nicht nur bei kleinen Krankenhausexkursionen, auch in mündlichen Prüfungen und sogar im normalen Unterricht erfährt man immer wieder Interessantes. Schüler interpretieren die Welt anders als Erwachsene. Fakten kommen in ihren Hirnen irgendwie anders an. Da werden Verknüpfungen hergestellt, die man schwer nachvollziehen kann. Hier etwas vom jugendlichen Weltwissen:

Die Berliner Mauer wurde von den Amerikanern gebaut.
(Abschlussprüfung)
Die Berliner Mauer wurde von Hitler gebaut.
(Abschlussprüfung)
Vulkane sind entstanden, weil Allah es so wollte.
(Abschlussprüfung)
Im Schweinefleisch ist ein Stoff enthalten, der die Eifersucht hemmt. Deshalb dürfen Moslems kein Schwein essen, denn sonst könnten sie nicht mehr auf ihre Schwestern aufpassen. (Abschlussprüfung)
Die weißen Blutkörperchen sind in den Pickeln.
(Unterricht Fräulein Krise)
London ist die Hauptstadt von Florida.
(Unterricht Frau Freitag)
Heterosexuell ist Sex mit Tiere.
(Pausenaufsicht Frau Freitag)
Ein Bäcker verdient 5000 Euro.
(Träumerei von Abdul)
Drei Banditos kamen mir zu Hilfe und haben fünfzig Jugendliche in die Flucht geschlagen.
(Erzählung von Mehmet)
Eine Leiche wurde mit kaltem statt mit warmem Wasser gewaschen. Da hat sich die Leiche aufgesetzt und gefragt: »Warum wäscht du mich mit kaltem Wasser?«
(Unterricht Fräulein Krise)
Es ist auch nicht gut, wenn man nur Stulle essen tut.
(Abschlussprüfung zum Thema Ernährung, Frau Dienstag)
Ich schaffe auf jeden Fall den Realschulabschluss.
(Träumerei einer ganzen Klasse, Frau Freitag)

Frau Merkel zahlt alle Hartz-4-Gelder (persönlich).
(Fehleinschätzung eines Schülers, Unterricht Frau Freitag)

Ich könnte hier noch ewig weitermachen. Es wird echt nicht langweilig. Und es gibt noch viel zu tun für uns. Aber wo soll man anfangen bei Schülern, die davon überzeugt sind, dass es den Fernseher schon seit 10000 Jahren gibt? Ich finde, jeder Schüler müsste in der Grundschule gezwungen werden, alle WAS IST WAS-Bücher auswendig zu lernen. Und danach übernehmen wir dann.

# Die Schule ist kein Jobcenter

Mal angenommen, ich ginge zum Friseur, um mir die Haare schneiden und färben zu lassen. Es dauert Stunden und ist teuer. Das Resultat ist furchtbar. Ich fange an zu heulen, weil ich so schrecklich aussehe: »Was haben Sie denn gemacht? Das sieht ja schlimm aus! Ich möchte mit Ihrer Chefin sprechen!«

Die Chefin kommt: »Ups, das tut mir leid. Aber wir haben solche Schwierigkeiten, ausgebildete Friseure oder Friseurinnen zu finden, da mussten wir auch unausgebildete Vertretungskräfte einstellen.«

Schluchzend frage ich die Dame, die meinen Kopf total verhunzt hat: »Was sind Sie denn von Beruf, wenn Sie nicht Friseurin sind?«

»Ich bin ausgebildete Erzieherin.« Ich kann es nicht glauben und gehe.

Kann sich jemand vorstellen, dass Jurastudenten im Krankenhaus arbeiten? Denkmalschützer in Restaurants kochen? Mathematiker Flugzeuge fliegen? Und weshalb darf jeder Krethi und Plethi Vertretungsunterricht an unseren Schulen machen?

Da tummeln sich Studenten, Architekten und alle möglichen anderen Leute zwischen den Lehrern.

»Ach, Sie waren schon mal verreist, dann können Sie doch sicher den Erdkundeunterricht der 8. Klassen übernehmen. Sie haben einen Hund? Machen Sie doch bitte auch Bio.«

Warum darf eigentlich jeder unterrichten? Ist die Kunst des Unterrichtens so easy zu erlernen, dass man sie sich übers Wochenende aneignen kann? Und die zensieren dann meine Schüler, die wiederum bekommen schlechte Zensuren und bleiben sitzen. Oder sie bekommen schlechten Unterricht und lernen nichts. Vielleicht bekommen sie ja auch guten Unterricht, aber die Chancen, dass jemand, der nie ein Didaktikseminar besucht hat, ein Naturtalent in der Unterrichtsgestaltung ist, sind doch eher gering. Ich finde, die Schüler und auch wir Lehrer haben das nicht verdient. In den Schulen sollten nur ausgebildete Lehrkräfte arbeiten. Die Schule sollte kein Tummelplatz für Studenten und Lebenskünstler werden, die woanders nichts finden.

## Impressionen eines Montags

»Frau Freitag, wie lange wollen Sie hier eigentlich noch arbeiten?«

»Bis ich sterbe, warum?«

»Na, wird das denn nicht langweilig? Ist doch immer dasselbe hier.«

»Aber Mariam, in den meisten Jobs macht man jeden Tag dasselbe. Was willst du denn später mal machen?«

»Zahnarzthelferin.«

»Na, da hast du doch auch nicht gerade viel Abwechslung.«

»Doch. Andere Zähne.«

Dschingis ist neu. Er ist ziemlich klein und ziemlich süß. Dschingis fällt mitten in meiner Einführung vom Stuhl. Grundlos. Er hatte noch nicht einmal gekippelt. Dann springt er auf und tanzt durch die Klasse, stümperhaft beatboxend. Während er tanzt, gibt er Cihat einen Nackenklatscher und reißt Cindys Federtasche vom Tisch. Ich stehe vorne, es ist meine achte Stunde und ich kann nicht mehr: »Dschiiingis! Raaauuus.«

»Neiiin. Bitte, letzte Chance!«

»Nix letzte Chance, ich kann nicht mehr! Ich kann dich nicht mehr ertragen!«

Irgendwann hole ich ihn wieder rein. Er schmiert irgendwelchen Scheiß auf sein Blatt – nichts, was auch nur annähernd mit der Aufgabe zu tun hätte. Es klingelt. Ich nehme seinen Rucksack und stelle ihn neben meinen Schreibtisch. »Stühle hoch und tschüß und schöne Ferien. Dschingis, du bleibst noch hier.«

Er windet sich jammernd, Hundeblick, er setzt an: »Letzte ...« Ich halte ihm seinen Rucksack unter die Nase: »Hausaufgabenheft!«

Er gibt mir sein Heft, ich kliere irgendwas über sein schlechtes Verhalten rein und zwinge mich zu einem pädagogischen Tonfall: »Dschingis. Hast du eigentlich ADHS?«

»Warum fragen das alle? Nein, hab ich nicht. Ehrlich!«

»WAS? Du hast noch nicht mal ADHS? UND WARUM BENIMMST DU DICH DANN SO? Jetzt werde ich ja echt gleich sauer. Mit ADHS könnte ich ja noch umgehen. Aber so!?«

»Frau Freitag, ich verspreche Ihnen, nach den Ferien lernen Sie einen neuen Dschingis kennen, ich schwöre.«

Sein Wort in Allahs Ohren. Dschingis ändert sich laufend vor und zurück – mehrmals in einer Stunde. Zur Sicherheit werde ich mir ein wenig Ritalin besorgen und ihm mal 'ne Cola spendieren.

265

# Was so alles an einem Tag passieren kann ...

Ich habe Dschingis, aber Frau Dienstag hat es auch nicht leicht. Frau Dienstag hat sich vorgestern an einem Schüler verletzt. Fräulein Krise hatte gestern eine Schlägerei, mit Polizei und so. Ich hatte heute schon eine schriftliche Aufgabe in der 10. Klasse mit vielen falschen Artikeln – oder sagt man heute schon »das Mittelpunkt«? Außerdem hatte ich miese Mädchenkeilerei auf dem Hof wegen:»Sie hat Schlampe gesagt ...« – »Sie soll mal aufpassen, wie sie mit mir redet, und wer denkt sie, wer sie ist ...« War alles mit Mädchen aus meiner Klasse, aber ich habe mich mal zurückgehalten, weil so was immer nur in Arbeit ausartet. Die Informationen habe ich mir dann später heimlich bei Schülern aus anderen Klassen geholt. Meine Mädchen habe ich gefragt: »Und, ist alles geklärt?«

»*Abó*, Frau Freitag, da ist gar nichts geklärt. Gar nichts! Dieses Mädchen wird noch so Schläge bekommen, ich schwöre.« Ich sitze diesen Konflikt kohlmäßig aus. Mal sehen, ob der noch so heiß ist, wenn die Ferien vorbei sind.

Yusuf aus der 8. Klasse fragt mich, ob Emre in meiner Klasse ist. Ich nicke.

Yusuf: »Frau Freitag, Emre kann nicht gut rappen.«

Stimmt, denke ich. Ich habe mir seine Songs schon auf YouTube angehört. Alles noch sehr dünn. »Der hat keinen guten Flow.« Pause. »Flow. Wissen Sie, was das ist?«

Ich hole mir einen Stuhl und setze mich zu Yusuf. »Klar weiß ich, was Flow ist.« Schließlich habe ich doch intensiv im Internet recherchiert. Ich will doch FREESTYLEN lernen.

»Aber Yusuf, erklär mir das noch mal mit dem Flow, wie geht denn ein guter Flow?« Ich kriege eine Gratislektion von ihm. Schließlich freestylt er schon seit vier Jahren. Flow, das ist die rhythmische Bewegung der Stimme zum Beat beim Rappen. Bushido und Sido sind für Yusuf gar keine richtigen Rapper, weil die nicht freestylen, also direkt frei und in Reimen rappen können. Er kann das. Habe ich mich auch schon oft im Unterricht von überzeugen lassen müssen.

ICH WILL DAS AUCH KÖNNEN! Das ist meine Mission für die Ferien! Freestylen üben. Auch wenn ich mich dazu wieder in ein Jugendzentrum schmuggeln muss. Ich MUSS das einfach lernen. Und dann blas ich die weg!

## Schulfremde in the House

Zu Hause habe ich mich gleich hingesetzt und meinen ersten Rap-Song geschrieben:

Die Tür geht auf, du bist zu spät. »Und wer ist er?«, frage ich streng.
Du kommst herein, du guckst mich an: »Na, sehn Sie doch, das ist mein Kuseng.«
Schulfremde ham im Gebäude nichts zu suchen.
Nein, da nützt kein Betteln und schon gar kein Fluchen.
So, Leute, Bücher raus und Klappe halten.
Kann jemand mal das Licht hinten anschalten?
Und dein Kuseng soll sich mal verzieh'n.
Ach, er hat sich von dir nur die Monatskarte geliehen?
Schülermonatskarten sind aber nicht übertragbar.
Nee, echt nicht, auch nicht dieses Exemplar.
Und die ist ja auch schon abgelaufen, die ist von Januar.
Jetzt ham wir März.
Nee, mein ich ernst, ist echt kein Scherz.
Kann der Kuseng jetzt bitte geh'n?
Ach, der ist an der Hand verletzt? Na, lass mal sehen.

Ah, der hat sich auf dem Hof mit einem geschlagen?

Na, dann kann er den leichten Handschmerz auch ertragen.

So, der Kuseng soll jetzt endlich abhauen.

Der wird uns hier nicht die gesamte Stunde versauen.

Der Kuseng geht jetzt bitte sofort nach Hause!

Nein, der bleibt nicht hier bis zur nächsten großen Pause!

Ach, dein Kuseng muss nur noch kurz was klären.

Pass mal auf, ich werd mich nachher bei deinem Klassenlehrer
über dich beschweren.

Und dann rufe ich deinen Vater an.

Was hast du gemurmelt: Rede nicht, Lan?

Pass mal auf, wie du dich mir gegenüber verhältst!

Und, eẏ, Kuseng, es nützt dir nichts, dass du deinen Fuß in die
Tür stellst.

So, raus jetzt und weg mit dem Fuß aus der Türspalte!

Was sagst du: Ham sie ne Macke, Alte?

Nennst du mich Alte, du Dreckskuseng?

Ja, tu ich, und pass mal jetzt auf: Say hello to my little friend:
PENG!

Abó, er hat Frau Freitag erschossen.

Da liegt sie, überall Blut und die Augen geschlossen.

Tschüch, er hat voll Frau Freitag getötet, ich schwöre.

Ach, nee, sie lebt noch, sie flüstert was, seid mal leise, damit
ich sie höre:

»Ich sterbe. Jetzt gleich. Das merke ich schon,

Aber sag deinem Kuseng, er ist ein HURENSOHN!«

Ich habe den Song sogar schon mit Beats unterlegt aufgenommen. Leider fehlt mir, genau wie Emre, noch jeglicher Flow. Vielleicht können wir beide mal bei Yusuf Nachhilfe nehmen.

# Äh?

Heute ist mir etwas ganz Seltsames passiert. Ich stehe wie gewohnt auf, dusche, frühstücke mit dem Frühstücksfernsehen und gehe um sieben Uhr aus dem Haus. Eigentlich ist alles wie jeden Morgen.

Aber dann ... Das Schultor ist abgeschlossen. Na ja, denke ich, wird der Hausmeister wohl vergessen haben aufzumachen. Vielleicht bin ich ja heute auch früher losgegangen als sonst. Ich gehe zu meinem Raum, schließe auf und bereite meinen Unterricht vor. An der Tafel ein schönes Tafelbild, nicht zu viel und nicht zu wenig. Dann warte ich. Fünf vor acht. Drei vor acht. Acht. Es klingelt. Aber niemand kommt. Wo sind die denn alle? Die können doch nicht alle zu spät kommen ... Ich warte bis um 8.15 Uhr und gehe dann runter. Der Hof ist auch leer. Komisch. Die anderen haben wahrscheinlich schon längst mit dem Unterricht angefangen. Aber wo ist meine Klasse? Vielleicht stand was auf dem Vertretungsplan, das ich übersehen habe. Mist, wahrscheinlich hätte ich später kommen können, weil meine erste Stunde nach hinten verschoben wurde. Das ist mir schon mal passiert.

Ich stehe vor dem Vertretungsplan, als der Hausmeister auf mich zukommt: »Frau Freitag, was machen Sie denn hier?«

»Ich suche meine Klasse.«

»Na, da wird wohl keiner kommen. Sind doch Ferien.«

»Ferien? Was für Ferien?«, frage ich verwundert.

»Na, Osterferien«, sagt er.

»Osterferien? Seit wann denn das?«, frage ich.

»Schon seit Freitag. Und heute ist Mittwoch.«

»Seit Freitag? Kann doch gar nicht sein. Ich habe doch gestern noch so schönen Unterricht gemacht. Und am Montag, da war doch alles ganz schrecklich. Das weiß ich doch noch. Mit Dschingis und so.«

269

Der Hausmeister schüttelt den Kopf. »Nein, nein, Frau Freitag, heute ist der dritte Ferientag, und gestern und vorgestern waren auch schon Ferien.«

Er schiebt mich sanft zum Schultor. »Und Sie fahren jetzt schön wieder nach Hause und erholen sich.«

»Aber ich muss doch unterrichten. Die Kinder warten doch«, stammele ich, während wir uns dem Ausgang nähern. Eine Stunde später komme ich verwirrt nach Hause. Ich trinke einen Kaffee und gucke kurz irgendeinen Blödsinn im Fernsehen. Leider muss ich dann aufhören, denn die Arbeit ruft. Ich will doch morgen einen Test schreiben und die Arbeitsblätter vom Wochenplan muss ich auch noch zensieren …

## Haufen

Ich habe einen rie-si-gen Schreibtisch. Bestimmt mehrere Meter lang. Trotzdem habe ich momentan nur etwa 60 Zentimeter freie Fläche. Was liegt hier eigentlich so rum? Ganz an der Seite sind zensierte Kunstarbeiten der Schüler, die ich eigentlich mal wieder mit in die Schule nehmen sollte. Daneben ein Stapel mit unzensierten Kunstarbeiten, die ich eigentlich zensieren sollte. Dann mehrere Ausgaben von Fachzeitschriften, die ich in dem Glauben abonniert habe, dadurch eine bessere Lehrerin zu werden. Sie mir bloß liefern zu lassen, scheint nicht zu reichen. Vielleicht sollte ich sie mal auspacken und lesen. Oder wenigstens ins Regal stellen.

Dann gibt es noch die Stapel mit den amtlichen Papieren, meine Gehaltsabrechnungen, Fortbildungsnachweise, Lohnsteuersachen, Rentenkram und so weiter. Diese Papiere sollte ich vermutlich lesen und sie dann so verstauen, dass ich sie auch wiederfinde. Dann sind da noch einige Haufen mit Schüler-

texten, die ich noch nicht zensiert habe, und Kopien von Eltern-
briefen, die eigentlich in die Schülerakten gehören.

Ich sehe ein paar Zeilen für Raptexte: »Eltern unterschreiben
keine Klassenarbeit, Eltern wissen aber alle: Wir sind von der
Schulbuchzuzahlung befreit.« Daneben liegen einige Bücher,
die ich mir geliehen habe und die ich demnächst mal zurückgeben sollte, außerdem ein Haufen Arbeitsblätter, die ich
kopieren wollte oder schon kopiert habe.

Und dann gibt es noch die zwei Haufen des Grauens – ganz
hinten in der Ecke liegen die, und zwar, ungelogen, seit letztem
Schuljahr. Nie sehe ich nach, was da genau liegt. Ich sollte die
Haufen nehmen und einfach wegschmeißen. Das wäre der ultimative Befreiungsschlag. Bis ich so weit bin, muss ich allerdings
noch sehr viel Yoga machen.

Ich werde jetzt anfangen abzurüsten. Stapel für Stapel werde
ich abbauen, bis ich einen japanischen Schreibtisch habe und
Feng Shui wieder lacht. Genau dafür hat man die Feiertage mit
den vielen Spielfilmen erfunden, um seinen Schreibtisch zu
entrümpeln. Fräulein Krise wird vor Neid platzen. Das spornt
mich noch mehr an. Und wenn ich schon dabei bin, werde ich
heute Nachmittag noch schnell den Rest des Schuljahres vorbereiten. Und morgen mach ich dann noch den Lohnsteuer-
jahresausgleich, damit schocke ich Frau Dienstag. Herrlich, die
Ferien können so schön sein. Wozu verreisen, wenn man doch
auch zu Hause so viel Spaß haben kann.

# 7.
# Nach den Osterferien

# Frau Freitag hat voll Bodyguard

Nach den langweiligen Ferien freue ich mich immer auf den ersten Schultag. Und auch diesmal muss ich sagen: Hat Spaß gemacht. Ich war gleich wieder voll drin.

»Frau Freitag, wen finden Sie besser, Mehrzad oder Menowin?«

»Ich habe keinen Bleistift mit.«

»Können wir nicht was anderes machen? Die Aufgabe ist langweilig.«

»Kann ich aufs Klo?«

Als wäre nichts gewesen. Nur war ich vielleicht etwas erholter als sonst und habe dementsprechend wenig rumgemeckert. Allerdings kam ich in der letzten Stunde schon ganz nah an meine Grenzen. Jeden Donnerstag unterrichte ich in der sechsten und siebten Stunde Kunst in einer lebhaften 7. Klasse. Die sind alle sehr süß, aber gehen mir wahnsinnig auf die Nerven. Siebte Stunde und 7. Klasse sind nicht kompatibel. Vorsorglich hatte ich mir schon Putzzeug besorgt, um am Ende der Doppelstunde einen Phasenwechsel einzubauen. Ein guter Lehrer baut viele Phasenwechsel in seinen Unterricht ein. Also erst was Mündliches, dann was Schriftliches und so weiter. Eine gute Stunde hat auch immer ein Lernziel. Lernziel heute: Tische von Frau Freitag saubermachen. Allerdings kam alles ganz anders.

Plötzlich geht die Tür auf, und Samira aus meiner Klasse kommt rein. Die 7. Klasse, die ich noch die letzten zwanzig Minuten im Zaum zu halten versuche, gibt ein grauenhaftes Bild ab: lautes Rumgekreische, Murat am Straftisch direkt neben der Tafel schaukelt mit dem Oberkörper vor und zurück und rappt dabei. Alle Mädchen stecken die Köpfe zusammen und quasseln ohne Pause. Der adipöse Dirk hat sein dickes Bein auf den Nachbarstuhl gelegt, sich zurückgelehnt und diskutiert lautstark mit der ganzen Klasse. Dschingis und Ali unterhalten sich quer durch den Raum über ihre Penisgrößen. Hassan latscht durch die Klasse und schmeißt Federtaschen runter.

Samira setzt sich neben mich ans Pult und erzählt, dass sie aus dem Chemieunterricht geflogen sei. Dann beobachtet sie stumm das bunte Treiben. Plötzlich springt sie auf und schreit: »SEID DOCH MAL LEISE! SPINNT IHR? IHR HABT UNTERRICHT. WAS SEID IHR FÜR EINE KLASSE?«

Die Schüler sind sofort mucksmäuschenstill. Dann zeigt sie auf den dicken Dirk: »Ey, du da hinten. Du denkst wohl, du wärst voll der Coole.«

Dirk: »Meinst du mich?«

»Nein, ich meine nicht dich, ich meine den hinter dir.« Hinter Dirk sitzen Anne und Emma. »Natürlich meine ich dich! Sag mal, wie benimmst du dich hier eigentlich?«

Zu mir: »Frau Freitag, ist der immer so?« Ich nicke.

Zu Dirk: »Merkst du nicht, dass du die ganze Klasse kaputtmachst? Du denkst, du wärst cool? Cool bist du, wenn du hier in der 10. Klasse den Realschulabschluss geschafft hast.«

Dann zu allen: »Ihr könnt euch doch nicht so benehmen! Denkt ihr, nur weil Frau Freitag nett ist, könnt ihr hier so einen Larry machen? Wenn man in der 7. Klasse schlecht ist, schafft man auch die andern Klassen nicht. Was wollt ihr denn mal werden? Ihr braucht doch einen Schulabschluss.« Allgemeines Schweigen.

»Sie müsste voll in unserer Klasse sein, *abó*«, flüstert ein Mädchen.

274

Dschingis sieht mein Grinsen: »Guck, wie Frau Freitag grinst. Sie hat voll Bodyguard.« Und recht hat er.

Ich lasse Samira die Klasse bis zum Klingeln in Schach halten. Inklusive: »Frau Freitag hat den Unterricht noch nicht beendet! Also setzt euch alle wieder hin!« Beim Rausgehen werfen die Siebtklässler noch einen ehrfürchtigen Blick auf Samira, die ihren Auftritt genossen hat.

Wir gehen gemeinsam die Treppe runter: »Sag mal, Samira, willst du nicht Lehrerin werden? Das hast du eben so gut gemacht.«

»Ich Lehrerin? *Abó*! Mit solchen Spastenkindern – niemals!«

## Mehmets Zukunft

Ich hatte seit langem mal wieder meine durchgedrehte Klasse. Die Schüler arbeiten geistlos, aber sehr zufrieden vor sich hin. Ist 'ne eher manuelle Aufgabe.

Wir quatschen. Mehmet erzählt, dass er einen Brief vom Jobcenter bekommen habe. Sie wollten mal mit ihm über seine Zukunft reden. Das haben sie dann wohl auch gemacht: »Sie haben gesagt, wenn ich keine Lust mehr auf Schule hab, dann kann ich einen Ein-Euro-Job machen.« Er ist empört.

»Ah, super«, sage ich, »ich habe gerade gelesen, dass man da jetzt die Hundescheiße von den Fußwegen räumen muss. Das ist doch mal was Nützliches ...« Jetzt ist der Rest der Klasse auch noch empört – so eine niedere Tätigkeit – sie doch nicht!

»Na, Mehmet, was willst du denn werden?«, frage ich.

»Mein Onkel hat Taxiunternehmen. Ich mach auch Unternehmerschein, und dann mach ich mein eigenes Taxiunternehmen auf«, antwortet er stolz.

»Ja, aber da reicht doch der Schein nicht. Da brauchst du

doch auch Geld. Du musst doch die Autos kaufen«, gebe ich altklug zu bedenken.

»Geld? Kein Problem. Geld hab ich.« Mehmet grinst zweideutig. Mein Verdacht verstärkt sich, dass er nicht ganz sauber ist.

»Mehmet, du mit deinen krummen Geschäften, dich kriegen sie doch sofort. Du sitzt doch eher im Knast als im Fahrschulauto. Und überhaupt: Was willst du denn sagen, wo das ganze Geld her ist?«

»Ich sag, ich hab geerbt.« Überwältigt von seiner tollen Idee lehnt Mehmet sich zurück.

»Der Experte spricht«, kommentiert Abdul trocken.

Ich lache. »Mehmet, komm mal in der Realität an! Wenn du was erbst, ist das doch eine ganz offizielle Sache. Ist doch nicht so, dass jemand stirbt, dann wird er verscharrt, und es bleibt ein Haufen Geld übrig. Da musst du Erbschaftssteuer zahlen und so weiter.«

»Steuer?« Ein Fremdwort für meine Schüler. »Dann sage ich, ich habe das gespart.«

»Dann wollen sie dein Sparkonto sehen.« Mehmet denkt nach. Er hatte sich seine Zukunft offensichtlich nicht so kompliziert vorgestellt. Er sagt nichts mehr. Stattdessen erzählt Mariam, wie sie am Wochenende einen Hund gerettet hat. »Wir waren in einem Wald drinne …«

»›Drinne‹? ›In einem Wald drinne‹? Mariam, sprich mal ordentlich!« Ich kann ihrer verworrenen Geschichte einfach nicht folgen. Irgendwas mit einem Obdachlosen, einem Hund und der Polizei. Der Obdachlose hatte seinen Hund verloren oder der Hund den Obdachlosen, und dann kam die Polizei und hat die beiden wieder vereint. Und das alles geschah in einem Wald DRINNE.

»Bekommen Obdachlose eigentlich Hartz 4?«, fragt Abdul.

Wir unterhalten uns den Rest der Stunde über Wohnungslosigkeit, Formulare, Schulversäumnisanzeigen und ihre schulische Zukunft. Die Stunde endet wie immer, wenn wir uns gut verstehen: »Frau Freitag, können wir nicht Klassenfahrt gehen?«

»Mit euch? Wo ihr immer den Unterricht der Kollegen stört und ständig zu spät kommt?« – Meine Standardantwort.

»Aber auf Klassenfahrt kommen wir nicht zu spät. Bestimmt nicht!«

## Und was waren Sie für eine Schülerin?

So, die erste Woche ist rum. Juchu! Ging schnell, war leicht, hat Spaß gemacht. Danke für meine Arbeitsstelle. Die Schüler an meiner Schule sind echt der Hit. Ich könnte mich den ganzen Tag über die bepfeifen. Ich frage mich immer, ob das an jeder Schule so ist. Sind die Schüler anderswo auch so witzig, schlagfertig, originell und noch dazu so verdammt gutaussehend? Na ja, die sehen jetzt auch nicht alle gut aus, aber die meisten holen schon ziemlich viel aus sich raus. In meiner Klasse bin ich ja die Einzige, die sich nicht so sehr um ihr Aussehen kümmert. Die anderen Mädchen – halleluja! Da gibt es den Disco-Islam – alles in pink oder türkis (man revivalt die Achtziger – auch mit Kopftuch). Samira – eindeutig Punk-Islam – immer das Kopftuch auf halb acht, die Haare hängen verschwitzt an der Seite raus. Die Klamotten cool, meistens schwarz oder grau, keine Schminke und kurze dreckige Fingernägel – genau wie ich. Meine Fingernägel sind auch Punk. Und morgens wünsche ich mir manchmal, auch einfach ein Kopftuch über die fettigen Haare zu ziehen, anstatt sie mir um 6.10 Uhr waschen zu müssen.

277

Gestern fragte mich Ali aus der 10. Klasse, was für ein Schüler ich früher gewesen bin.

»Wie meinst du das, Ali?«

»Na, haben Sie sich immer an alle Regeln gehalten, haben Sie auch mal geschwänzt?«

»Geschwänzt … na ja.« Ich kann ihnen ja nicht erzählen, dass ich in der Oberstufe gar nicht mehr zum Matheunterricht gegangen bin und deshalb später auch nur zwei Punkte hatte. »Na, ich habe jedenfalls nicht so bescheuert geschwänzt wie ihr. Nicht immer die gleichen Fächer und nur bei Lehrern, wo ich wusste, dass die nicht …« – Ich begebe mich auf gefährliches Terrain. »Na ja, so schlecht kann ich ja nicht gewesen sein, ich habe schließlich Abitur gemacht.«

»Aber was waren Sie für eine Schülerin? Waren Sie so strebermäßig oder waren Sie so Freak. So cool und checkermäßig?«

»Checkermäßig?«

»Na, so wie wir.«

»Ich habe jedenfalls nicht wie du die 10. Klasse zweimal wiederholt.«

Würde ich mich eigentlich heute gerne als Schülerin haben? In den Klassen, die ich unterrichte, gibt es Schüler und Schülerinnen, die so sind, wie ich als Schülerin war. Das sind die, die ich als Menschen total gut finde, die mir aber durch ihre Art fast jede Unterrichtsstunde kaputtmachen. Wahrscheinlich die späte Rache vom Pädagogikgott. Samira, Abdul, Dirk, Dschingis – alle zeigen Verhaltensweisen von Frau Freitag als Schülerin. Sogar Mehmet. Manchmal. Der große Unterschied: Keiner von denen wird je Lehrerin werden. Keiner von denen wird mit achtzehn ausziehen und eine eigene Wohnung haben. Keiner wird durch Europa trampen und fast zwanzig Jahre studieren. Leider. Das Potenzial für so eine Biografie hätten sie alle.

# Blaue Briefe

Morgen erfahre ich, welche Schüler meiner Klasse stark, weniger stark oder überhaupt nicht gefährdet sind, sitzenzubleiben. Und morgen muss ich auch die Blauen Briefe schreiben. Ich weiß sogar, warum die so heißen. Weil die amtliche Post früher aus recycelten Uniformen gemacht wurde. Das hat uns jedenfalls damals unsere Klassenlehrerin erzählt. Damit kann man die Schüler kurz aufheitern, wenn es um dieses für sie schreckliche Thema geht. Für die heißt es ja weiterkommen oder klebenbleiben. Für mich ist die Frage eher wie: Wer wird Superstar, Mehrzad oder Menowin? Ich würde mich schon freuen, wenn meine Schüler möglichst geschlossen mit mir in die 10. Klasse wanderten, aber da sehe ich schwarz.

Am nächsten Tag krakele ich hektisch die Ausfälle (Note 5 und Note 6) auf die Einladungen zum Elternsprechtag. Meine Klasse malt müde irgendetwas aus. Sie malen da schon seit drei Stunden dran rum und werden einfach nicht fertig. Dauernd geht die Tür auf: »Verschlafen.« – »Bus.« – »Ich dachte, Sie wären heute nicht da.«

Ich bin hochkonzentriert. Ich will diese blöden Zettel heute fertig schreiben. Dauernd kommt ein Schüler oder eine Schülerin und setzt sich neben mich. Ich lege dann meine Hand auf die Notenliste. »Ich will doch nur meine Ausfälle sehen.« – »Ich will nur mal kurz gucken.«

»Datenschutz!«, sage ich. »Okay, dann mache ich das eben nach der Stunde.«

»Nein, nein, machen Sie jetzt. Ich geh schon.« Sie sind sehr interessiert an ihren Noten. Ist wie Schorf abpulen.

Fertig. Ich lese die Namen vor und überreiche ihnen das Unausweichliche. »Annabel, komm, hier, deine Ausfälle ... Benni ... Burak.«

Um jeden, der seine Einladung zum Elternsprechtag erhält, bildet sich eine Schüleransammlung. »*Abó*, fünf Ausfälle.« – »*Tschüch*, warum hab ich in Deutsch eine Fünf?«

Die Notenliste mit den umkringelten Ausfällen liegt vor mir. Ich schreibe hinter jeden Namen, wie viele Fünfen und Sechsen er oder sie hat. Samira: 5, Abdul: 6, Mehmet: 7, Christine: 1, Ronnie: 2.

Allen Schülern mit drei oder mehr Ausfällen muss ich in meiner Freistunde einen Blauen Brief schreiben. Das sind elf Schüler. Elf! Fast die Hälfte meiner Klasse ist gefährdet, sitzenzubleiben.

»Frau Freitaaag?« Samira schleicht mit ihrer Elternsprechtagseinladung zu mir. »Frau Freitag, kann es sein, dass hier gar nicht die Physiknoten draufstehen?« Ich sehe mir die Notenliste genauer an. Mist, da sind weder die Ausfälle in Physik noch in Erdkunde und auch nicht in Sport eingetragen. Schönen Dank auch. Na, super, da werden ja jetzt noch mehr Fünfen dazukommen. Kann ich meine Klasse ja gleich ganz auflösen. Die drei Streber, die versetzt werden, die tun wir in die Parallelklassen, und mich kann man dann gleich wegen Unfähigkeit entlassen.

Nach ein paar Tagen haben wir uns alle vom Zensurenschock erholt. Die Schüler haben ihre schlechten Noten einfach vergessen, und ich habe alles erfolgreich verdrängt. Und dann scheint auch noch die Sonne und es ist Freitag. Das ändert alles. Ach, die Schüler, die sind schon süß. Wenn man nett zu denen ist, dann sind sie auch nett. Ist man sehr nett zu ihnen, dann werden sie auch sehr nett. So einfach ist das. Aber kann es wirklich so einfach sein?

»Ist so heiß hier, Frau Freitag, können wir denn nicht rausgehen?«

»Nö.«

»Aber ist doch letzter Tag vor Wochenende.«

Überall ist heute so eine Ferienstimmung – vor allem in mir. Unsere Hofaufsicht halten meine Kollegen und ich auf der Bank ab. Der ältere Kollege etwas widerwillig. Aber ich beruhige ihn: »Guck mal, ich latsche sonst auch immer rum. Aber heute können wir doch mal einfach nur hier sitzen. Wir gucken rum, und solange keiner schreit oder blutet oder irgendwas explodiert, bewegen wir uns nicht.« So sitze ich dann zwischen dem älteren und dem nicht ganz so alten Kollegen und quatsche mit ihnen über die Schüler, die vorbeilaufen: »Der ist doch auch nicht ganz schussecht, oder? Hast du den im Unterricht?«

ADHS-Dschingis kommt vorbei, grinst mich an: »Hallo, Frau Freitag!«

»Dschingis, warte mal, ich habe neulich bei einer Fortbildung deinen alten Lehrer Herrn Schmidt getroffen. Kannst du dich an den erinnern?«

Dschingis ist erst seit ein paar Wochen an unserer Schule. »Meinen Sie den Alten mit der Brille?« Ich nicke.

»Jaaa, Herr Schmidt, er ist voll Playboy.«

Playboy … Herr Schmidt steht kurz vor seiner Pensionierung. Dann klingelt es, und wir beobachten die lieben Kleinen, wie sie in ihren Unterricht strömen. Der jüngere Kollege geht, der ältere und ich bleiben sitzen. »Ich habe fertig.«

»Ich auch. Herrlich, oder?«

»Jaaa, Wochenende!«


## Tausend Nutten


Frau Dienstag erzählt mir, dass sie neulich zwei Jugendliche im Bus belauscht hat. Der eine fragte: »Was würdest du machen, wenn du wüsstest, dass du nur noch ein Jahr zu leben hättest?«

281

»Ich würde alle Drogen ausprobieren, die es gibt, Einbrüche machen und tausend Nutten ficken. Und du?«

»Ich würde Leute töten, um mal zu sehen, wie das ist.«

»Was sagst du denn dazu?«, fragt mich Frau Dienstag.

»Na, ich würde sagen, dass die dann wahrscheinlich ihr letztes Jahr im Gefängnis verbringen. Und dass man ihre Eltern anrufen und ihnen sagen sollte, dass sie ihre Idiotensöhne auf keinen Fall von deren todbringender Diagnose unterrichten sollen.«

Aber was würde man wohl machen, wenn man nur noch ein Jahr hätte? Leute töten – tzzz. Ich glaube, ich könnte ganz gut ohne diese Erfahrung sterben. Tausend Nutten ficken – na ja, bräuchte ich wahrscheinlich auch nicht. Würde ich noch weiter zur Arbeit gehen? Wahrscheinlich. Lange Projekte gäbe es aber nicht mehr. Zu intensive Vorbereitung – lohnt sich dann auch nicht mehr. Ich frage den Freund, was er machen würde. Seine Antwort: »Gar nichts.«

»Gar nichts?«

»Ja, gar nichts, das ist doch der größte Luxus.«

Gar nichts … Luxus? Gar nichts – das alleine wäre ja schon mein Tod. Das kann ich doch auch in den Ferien haben. Davor graust es mir doch immer. Bei so morbiden Gedanken kommt man immer wieder zu dem gleichen Schluss: Man sollte das Leben einfach mehr genießen. Jeden Tag und jede Minute. Alles intensiv erleben und auskosten. Vielleicht auch nicht jeden Abend auf der Couch abgammeln. Und heute ist doch die beste Gelegenheit. Heute ist Montag, der 1. Mai.

Fräulein Krise sagt: »Grauenhaft, dass ist ja wie zwei Sonntage.« Ich sage: »Super, ich muss was erleben, ich werde mir gleich mal eine schöne Nazidemo raussuchen.«

# John Lennon ist Klassensprecher

Ich möchte den Sänger der Easybeats in meiner Klasse haben. Der soll direkt vor meiner Nase sitzen und grinsen. Lernen bräuchte der nicht. Ab und zu tanzen würde reichen. Neben ihm sitzt der Folk-Sänger Tim Hardin. Chronisch traurig, weil er ständig Liebeskummer hat. Schon in der 9. Klasse schreibt er: »How can we hang on to a dream?« Das Lied schreibt er für die schwedische Austauschschülerin Agnetha, in die er seit fast einem Jahr verliebt ist, die aber nichts von ihm wissen will. Ich mag Tim, obwohl ihn die anderen immer ärgern. Er ist sehr introvertiert, aber nett.

Direkt hinter ihm sitzen Iggy Pop und David Bowie. Iggy tritt von hinten immer gegen Tims Stuhl. Überhaupt stört Iggy oft den Unterricht – schweres ADHS. David B. macht manchmal mit, aber meistens stachelt er Iggy nur zum Stören an, lacht über seine Späße und hält sich sonst zurück. David ist ein wenig hinterhältig und ein Zensurenschleimer.

Hinter Iggy und David sitzen Lady Gaga und Madonna. Beide passen überhaupt nicht auf. Sie schminken sich die ganze Zeit, quatschen oder schreiben Briefchen. Lady Gaga ist in Iggy verliebt. Der ist aber noch zu kindisch, um das zu merken.

Ganz hinten in der Ecke sitzt Eminem. An den komme ich überhaupt nicht ran. Der hat immer nur seine Kopfhörer im Ohr und kritzelt wirre Texte auf die Rückseiten seiner Arbeitsblätter. Nie beteiligt er sich am Unterricht. Die anderen halten sich von ihm fern. Er lächelt nie.

Klassenbester und Klassensprecher ist John Lennon. Er will aber leider ständig diskutieren. Das stresst. Das gute Klassengefüge wird durch Yoko Ono, die neu in die Klasse kommt, ganz schön durcheinandergebracht. Keiner aus der Klasse mag sie. Sie ist arrogant und stresst mich ebenfalls sehr. Wegen seines ausgeprägten Helfersyndroms nimmt sich John ihrer an, und die beiden bilden ein nerviges Können-wir-das-nicht-noch-mal-diskutieren-Duo.

Die Klasse ist anstrengend. Alle Schülervariationen sind vertreten. Interesse am Unterricht haben die wenigsten. Brian Wilson ist total depressiv, und ich halte ständigen Kontakt zum Jugendamt und zu den Eltern. Eine sehr bürokratische Nerverei. Gerne würde ich ihm sagen: »Nun nimm dich mal nicht ganz so ernst.« Kurt Cobain trägt das ganze Jahr den gleichen grünen Pulli und müffelt. Die Mädchen stehen trotzdem auf ihn. Ich begreife das nicht. Prince wird dauernd an den Kartenständer gehängt und in den Schrank gesperrt. Dann bekommt er immer anstrengende Tobsuchtsanfälle.

Die Kollegen gehen nicht gerne in meine Klasse. Ich mag meine Klasse eigentlich, bin aber oft mit den Nerven runter und ständig müde. »Was soll denn aus denen werden?«, fragt mich die Deutschlehrerin. »Aus deiner Klasse wird keiner auch nur den Hauptschulabschluss machen. John vielleicht, wenn er sich anstrengen würde, aber der fängt ja jetzt auch schon an zu schwänzen. Und Lady Gaga und Madonna, wenn die mal noch Friseusen werden.«

Ich sage: »Stimmt, die machen nicht gut mit im Unterricht, aber irgendwie glaube ich schon, dass aus denen noch was wird. Die haben nur andere Interessen. Hast du mal gesehen, wie toll Tupac tanzt? Und der kann sogar freestylen, das ist gar nicht so leicht.«

»Ach, hör mir auf mit diesem Tupac, ich will unbedingt Frau Shakur beim nächsten Elternsprechtag sehen.«

Alle meckern über meine Schüler, aber ich glaube trotzdem, dass aus denen noch was wird. Auch ohne Abschluss.

Heute saßen weder Iggy Pop noch Kurt Cobain und nicht mal

Lady Gaga in meinem Unterricht. Nur die üblichen Verdächtigen. Yusuf aus der Achten wieder direkt vor mir, laut rappend.

»Sch!« Er reagiert nicht. »Yusuf, bitte nicht rappen.« Nach ein paar Minuten Stille rappt er weiter.

»Yusuf! NICHT RAPPEN!«

»Ich rappe nicht. Machmuts Oma rappt.« Auf Machmut wird immer rumgehackt. »Machmuts Oma rappt mit DJ Azab.«

»Seine Oma rappt mit deinem Opa«, flüstere ich kraftlos vor mich hin. Ich bringe keine pädagogische Moralpredigt mehr zustande.

»Mein Opa? Mein Opa befriedigt seine Oma«, antwortet Yusuf.

Jetzt reicht es. Ich gebe ihm meinen strengsten Blick. Nonverbal muss auch mal gehen.

Er wird unsicher. »Ich meine, also, ›befriedigen‹ kann doch auch was anderes heißen. Also, das kann doch heißen, dass er sie mentalisch befriedigt, indem er sie ermutigt, dass sie so gut rappt.«

»Mentalisch befriedigt? Na ja, wenn du meinst.« Er beugt sich über sein Blatt und arbeitet den Rest der Stunde ruhig vor sich hin, ohne zu rappen. Ich zähle die Minuten bis zum Klingeln.

Sosehr ich den Kunstunterricht liebe, weil man da immer über alles Mögliche mit den Schülern quatschen kann, so sehr genieße ich auch den Englischunterricht, weil man eben nicht ständig über alles Mögliche quatscht.

Empfehlenswert für eine gut funktionierende Englischstunde sind Hörverstehensaufgaben. Kopien ziehen, CD ausprobieren, hinsetzen, auf die Schüler warten, fertig ist die Unterrichtsvorbereitung.

Am Stundenbeginn fängt man damit an, dass man die folgenden 45 Minuten als weltveränderndes Lernerlebnis verkauft. Jeder soll alleine an einem Tisch sitzen. »Verhaltet euch mal so, als wäre das jetzt eure Abitursprüfung oder euer Staatsexamen. Alles vom Tisch, Stift raus und gut zuhören.«

Dann setzt man sich hin, lauscht der CD und malt mit den Schülern gemeinsam die Kreuzchen in die Multiple-Choice-Aufgaben. Oben aufs Blatt schreibe ich LÖSUNG und fertig ist der Kontrollbogen. Da die Schüler zuhören müssen, ist es total still im Raum und man hört nur das Gelaber von der CD.

Bei der letzten Aufgabe spricht ein irisches Mädchen. Die Stimme ist quakig und bricht ständig weg. Den Schülern scheint das gar nicht aufzufallen. Ich muss innerlich grinsen. Wie redet die denn? Reden die in Irland alle so? Merken die Schüler das gar nicht? Ich gucke hoch, alle sitzen total konzentriert über ihren Arbeitsblättern, lauschen und kreuzen an. Warum lacht keiner über diese Stimme? Die ist doch total komisch.

Ich möchte die Stimme nachmachen. Wäre bestimmt ein Brüller. Aber dann kommen die Schüler aus dem Takt. Die wollen doch die Aufgabe erledigen, und wenn alle lachen, dann können sie bestimmt ein oder zwei Kreuzchen nicht machen. Ich unterdrücke den Impuls. Fällt mir echt schwer. Manchmal wäre ich wirklich lieber Schülerin, ich hätte so eine geile Parodie dieser Irin abgeliefert, meine Mitschüler hätten am Boden gelegen.

## Was Trümmerfrauen?

Heute, in der einzigen Stunde, in der meine Schüler etwas bei mir gelernt haben, kam eine interessante Diskussion auf. Vorweg: Abgesehen von den Hörverstehensstunden finden die wenigen wirklich wirkungsvollen Stunden in Kunst statt. Denn wenn sie so friedlich vor sich hin pinseln, kommen die Schüler immer mit Themen, die sie interessieren. Dann wird diskutiert, erklärt und wahrscheinlich auch gelernt.

Heute wurde es mal wieder politisch. Einen Schüler hatte ich gerade zum Kanzler von Deutschland ernannt: »Also, Ufuk, du sagst also, dass dein Freund ausziehen durfte, obwohl er noch nicht fünfundzwanzig ist, und alles wird vom Staat bezahlt. Also, sagen wir mal, du bist jetzt Kanzler und die Steuereinnahmen sind mies. Also, mies wenig. Finanzkrise und so. Wo würdest du denn sparen?«

Wir diskutieren ein wenig rum, Ufuk macht den Vorschlag, die Insassen von Gefängnissen für lau alles Mögliche arbeiten zu lassen. Ich schlage vor, dass sie ihren Haftaufenthalt in Rechnung gestellt bekommen. Schnell sind wir wieder bei den Pokerräubern. Davon können meine Schüler und auch die von Fräulein Krise gar nicht genug bekommen. Ähnlich wie ich mich an den schlechten Stunden von Referendaren erfreue, macht es ihnen Spaß zu hören, dass sich jemand noch viel bekloppter angestellt hat als sie.

Plötzlich fragt Erol von hinten: »Frau Freitag, warum sagen die Deutschen denn immer, dass die Ausländer ihnen die Arbeit wegnehmen?«

»Sagt das denn noch jemand? Das ist doch ein uralter Spruch.« Und außerdem haben nur die wenigsten Eltern meiner »ausländischen« Schüler einen Job, also dachte ich, dieses Vorurteil wäre vom Tisch. Erol findet die Aussage extrem undankbar: »Schließlich wäre Deutschland ja jetzt immer noch kaputt ohne die Ausländer.«

Ich frage: »Wie, kaputt?«

»Na, durch Hitler und den Krieg war doch Deutschland zerstört, und dann kamen die Ausländer und haben alles wieder aufgebaut.«

Häää, die Ausländer? Meint der die sogenannten Gastarbeiter, die Mitte und Ende der 60er Jahre kamen?

»Wieso Ausländer? Deutschland wurde doch nach dem Krieg nicht von den Ausländern aufgebaut.«

»Doch, doch!« Jetzt mischen sich auch noch andere ein.

Ich bin verwirrt. »Nein! Stopp, ihr verwechselt da was. Das war anders. Mert, jetzt sag doch auch mal was.« Ich wende mich an den einzigen Gymnasialempfohlenen in der Gruppe.

»Na ja, da waren die Trümmerfrauen.« Ja, denke ich, die Trümmerfrauen! Endlich. Aber von denen hat noch nie jemand gehört. »Häh, Trümmerfrauen?« – »Was Trümmerfrauen?« Aus langjähriger Erfahrung an meiner Schule weiß ich aber, dass die Tatsache, dass selbst dann, wenn die gesamte Gruppe von irgendwas noch niemals gehört hat, es nicht automatisch bedeutet, dass diese Sache nicht existiert.

»Mert, komm, die Fakten bitte! Wann kamen die ersten Gastarbeiter nach Deutschland?« Jetzt höre ich Jahreszahlen, »Italiener«, »Vollbeschäftigung«, »Fabrikarbeit« und beruhige mich wieder etwas. Allerdings guckt Erol immer noch skeptisch, er scheint noch nicht völlig überzeugt zu sein.

Es klingelt. Ich renne entsetzt ins Lehrerzimmer, suche Erols Geschichtslehrer und berichte allen Kollegen von Erols persönlicher Geschichtsinterpretation. »Das geht doch nicht. Ich bin zwar kein Historiker, aber man kann sich die Geschichte doch nicht so hinbasteln, wie man will. Die können doch nicht einfach so was behaupten, nur weil sie das gerne hätten. Die Türken haben auch nicht Amerika entdeckt. Den Kaffee haben sie nach Wien gebracht und natürlich stammt auch der heilige Nikolaus aus der Türkei – aber die können doch nicht den Trümmerfrauen so in den Rücken fallen.«

»Wieso?«, fragt ein Kollege. »Lass sie das doch glauben. Hitler hat doch auch die Mauer gebaut.«

# Die Rache der frühen Geburt

»Das verstehen Sie nicht, das ist was mit Telefon«, sagt Harun.

»Telefon. Aha, das verstehe ich nicht, ja? Ich habe schon telefoniert, da warst du noch gar nicht geboren«, antworte ich gekränkt.

»Ich bin erster als Sie geboren!«, ruft Ömer aus der letzten Bank zu mir nach vorne.

»Ach, meinst du, du bist älter als ich? Danke für das Kompliment, aber dann frag dich mal, warum du da hinten sitzt, und ich hier vorne stehe.«

Schüler denken immer, man hätte von nichts eine Ahnung. Der Mathelehrer interessiert sich NUR für Mathe, und ich habe auch gar keine Ahnung von irgendetwas anderem als von dem, was ich ihnen da täglich präsentiere?

In gewisser Weise haben sie ja recht. Aber sie unterschätzen meine exzessive Persönlichkeitsstruktur. Wenn ich mich für *World of Warcraft* interessieren WÜRDE, wäre ich nach ein paar Tagen total süchtig und dann auch irgendwann sehr gut darin. Wäre Breakdance in meiner Jugend nicht so dermaßen uncool gewesen, ich würde heute noch den Original Old School Headspin beherrschen. Und nur weil ich kein Handy besitze (brauche ich nicht, bin ja entweder in der Schule oder zu Hause), heißt das nicht, dass ich, wenn ich eines hätte, mich nicht damit auskennen würde. Außerdem hätte ich natürlich das neuste iPhone, und das hätte ich mir in einem Laden gekauft und nicht irgendjemandem weggenommen oder gebraucht von einem Kuseng bekommen.

Lehrer sind ja nicht automatisch alt und oll und interessieren sich für nix. Wenn ich singen könnte, würde ich mich jedes Jahr bei Popstars bewerben.

Ihr lieben Schüler, seid mal nicht so arrogant und traut uns mal mehr zu, als Fehlzettel oder Tadel zu schreiben. Ja, wir hören auch Musik. Nein, nicht nur Klassik oder Jazz. Wir kennen H&M, auch wenn wir da nicht einkaufen müssen, weil wir uns auch T-Shirts für 25 Euro leisten KÖNNEN. By the way, nur die halten den Stressschweiß aus, den wir während des Unterrichtens produzieren.

Und, ihr lieben Kleinen, es gab auch früher schon coole Sachen. Stellt euch das mal vor. Tolle Musik, abgefahrene Modetrends, Tanzstile, die schwer zu erlernen sind – das gab es alles, obwohl IHR noch nicht geboren wart. Die Welt fing nicht mit eurer Geburt an – eure schon, aber meine nicht und die von ganz, ganz vielen anderen auch nicht. Und sogar vor meiner Geburt gab es schon Leute, die cool waren. Ihr habt die Coolness nicht erfunden. Und jetzt muss ich euch noch was ganz Trauriges sagen: Es gab sogar schon Hip-Hop, bevor ihr überhaupt geplant wart.

## Chillen Sie mal!

Ja, Ritalin, das möchte ich auch. Bin ich doch zurzeit recht gestresst von mir selbst. Ich rauche wie in einem 50er-Jahre-Film, aber irgendwie entspannt mich das nicht. Der Kaffee verfehlt bei mir seine beruhigende Wirkung. Selbst wenn ich vier Tassen am Tag trinke, bin ich noch aufgedreht. Ritalin könnte mir wirklich helfen. Abends bin ich von mir und dem Tag so fertig, dass ich wie eine Tote in Sekunden einschlafe.

Frau Dienstag sagt: »Na, lass uns mal nur zweimal in der Woche treffen, du bist so anstrengend.« Dabei wäre sie selbst ein Großabnehmer für jede Art von Beruhigungsmitteln. Beim Sport zappelt sie schon rum, bevor die Musik überhaupt angeht. Unter der Dusche ist sie so hektisch, dass ihr immer alles runterfällt und andere duschende Frauen genervt und ungewaschen aus dem Waschraum flüchten. Aber ich soll anstrengend sein.

Fräulein Krise dagegen erträgt meine Stresserei mit einer bewundernswert stoischen inneren Ruhe. Sie ist wie Buddha. So will ich auch sein. Zu ihr sagt bestimmt kein Schüler: »Chillen Sie mal!«

Ich bringe so eine Hektik ins Lehrerzimmer, dass ich mich wundere, dass sich da überhaupt noch jemand entspannen kann. Vielleicht sollte ich mich wie mein Kollege in den Pausen in meinen Raum einschließen und mich auf die Tische legen. Aber da käme ich mir auch komisch bei vor. Einfach so rumliegen ist ja auch langweilig. Da ziehe ich doch die schnelle Einnahme von beruhigenden Mitteln vor. Kann jemand Ritalin besorgen? Oder ist das am Ende schon das Klimakterium?

Mit Schrecken habe ich festgestellt, dass wir auch noch einen Wandertag haben. Fräulein Krise hatte eine tolle Idee für ihren letzten Tag außer Haus. Sie ist mit ihrer garstigen Klasse zu einem Flughafen gewandert und hat sich mit den Schülern ganz nah ans Rollfeld gestellt. Dorthin, wo die Flugzeuge landen. Dann mussten die Schüler den Krach aushalten. Nett. Machen die bestimmt nicht in ihrer Freizeit, und daran werden sie sich noch lange erinnern. Überhaupt sind doch die Wandertage und die Klassenfahrten – wenn man das Glück hat, eine zu machen – die einzigen Ereignisse, an die sich die Schüler später noch erinnern werden.

In meiner Klasse heißt es immer: »Voll schööön, voll gemütlich – picknicken, grillen, frühstücken.« Meine Schüler wollen es sich immer gemütlich machen. An Wandertagen oder am letzten Schultag habe ich ja auch nichts dagegen, aber im Unterricht kann ich auf ihre gemütliche Lass-ma-chill'n-Art echt verzichten.

# Muttertränen

Abduls Mutter kam heute mal wieder zum Gespräch. Die Tanten-Cousine-Übersetzerin war auch wieder dabei. Als ich die beiden sah, freute ich mich richtig, als würde ich alte Freundinnen treffen.

Abduls Noten sind sehr schlecht. Alle sind sehr überrascht. Vor allem Abdul: »Äh, in Bio eine Fünf und in Musik auch?«

Zur Unterstützung habe ich Frau Schwalle mitgenommen. Sie legt gleich los: »Ich glaube, mit dem Jungen stimmt was nicht, den müssen Sie mal testen lassen.«

Ich zische ihr zu, dass sie ein wenig runterfahren soll, denn die beiden Frauen sind sichtlich geschockt. Abdul ist meiner Meinung nach völlig intakt, nur leider stinkend faul. Nun bekommt er die Quittung dafür. Dachte er, er kommt damit durch? Dachte er, wir versetzen ihn einfach so, ohne dass er sich auch nur ein Mü (das ist doch so eine Minimaßeinheit) anstrengen muss?

Bisher hat Abdul noch immer alles wieder hingebogen. Kurz vor der Zensurenabgabe hat er sich in diversen Fächern um eine, manchmal sogar um zwei Noten verbessert. Und ich bin mir sicher, er wird es auch diesmal schaffen. Aber ganz sicher ohne seinen Computer. Der wird jetzt wieder mal konfisziert.

Mitten im Gespräch – die Physiklehrerin Frau Schwalle verschießt gerade ihr stärkstes Pulver – sehe ich plötzlich Tränen über das Gesicht von Abduls Mutter laufen. Mir wird ganz anders. Jetzt weint sie wieder. Sie soll nicht weinen. Ich will, dass Frau Schwalle aufhört. Ich will Abduls Mama sagen: »Der geht schon in Ordnung. Der ist so nett und so lustig und bei allen so beliebt, ich lasse den nicht sitzen. Ich will den auch nächstes Jahr in meiner Klasse haben. Ich brauche den doch auf der

Abschlussparty, für die Stimmung und zum Tanzen. Machen Sie sich keine Sorgen, wir kriegen das schon hin. Bitte hören Sie auf zu weinen, sonst fange ich auch noch an.«

Aber ich sage nichts, versuche sie anzulächeln und streichele ihr unauffällig den Arm. Irgendwann ziehen sie ab. Ein sehr verwirrter Abdul trottet hinter seiner verheulten Mutter und der sauren Tanten-Cousine her.

Manchmal ist das Lehrerdasein echt nicht leicht. Ich wäre heute lieber der Überbringer guter Nachrichten gewesen: »Sie haben die sechs Richtigen getippt! Und du bist im Bandhaus!«

## Am Schüler riechen

Unterricht, 8. Klasse. Es klingelt, ein paar Streber sind schon im Raum. Ich beginne mit der Stunde. In regelmäßigen Abständen geht die Tür auf. Mal leise, mal wird sie aufgerissen und einzelne Schüler oder ganze Schülergruppen stürzen herein. »Ich war Klo.« – »Cafeteria.« – »Musste was klären.« – »Hat es schon geklingelt?« – »Hat noch nicht geklingelt.« Ich notiere jede einzelne Verspätung.

Nach einer Viertelstunde sind fast alle Schüler der Klasse da. Nur Yusuf und Mohamad fehlen. Aber das stört mich nicht weiter, denn ich erhoffe mir von ihrer Abwesenheit eine Stunde ohne lästiges Gerappe und Vogelstimmenimitationen.

Nach 25 Minuten geht jedoch leise die Tür auf und die beiden schleichen rein, wollen sich unauffällig auf ihre Plätze verkrümeln. Nicht mit Frau Freitag: »Stopp mal! Wo kommt ihr denn jetzt her?«, frage ich streng und stelle mich ihnen in den Weg.

Mohamad: »Ich hatte was am Bein.«

»Ja was denn? Einen Fuß oder was?«

293

»Nein, mein Bein hat wehgetan, und Yusuf hat mir geholfen.« Sie machen beide ein Gesicht, als hätten sie sich mit letzter Kraft in meinen Unterricht geschleppt, obwohl ein schneller Tod auf der Treppe ihr eigentliches Schicksal gewesen wäre. Yusuf guckt mich entrüstet an: »Ist doch nett von mir, dass ich ihm geholfen habe.«

»Ja, wie hast du ihm denn geholfen? Wart ihr im Sekretariat?«

Beide: »Nö.«

Jetzt steigt mir ein wohlbekannter Geruch in die Nase. Ich stehe dicht neben Mohamad und rieche Zigarettenrauch. Ich halte meine Nase an seinen Kopf, kann aber nicht eindeutig sagen, ob es Rauch oder nur Kopfhautfett ist. Deshalb nehme ich kurz entschlossen seine rechte Hand und rieche daran. Eindeutig frischer Rauch!

»Was machen Sie da?«, ruft Yusuf empört.

»Du hast geraucht!«, stelle ich fest und gucke Mohamad böse an.

Jetzt baut sich Yusuf vor mir auf: »Sie dürfen nicht Schüler anfassen und an ihnen riechen!«

»Wieso darf ich das nicht? Ist er aus heiligem Material, oder was? Geht er kaputt, wenn ich ihn anfasse, oder wie?« Aber Yusuf scheint sich gut auszukennen: »Das ist Belästigung!«

Jetzt hört sich ja wohl alles auf, denke ich und mache ein entsprechendes Gesicht: »Jetzt pass mal auf, Yusuf, erzähl hier nicht solchen Mist. Belästigung! Krieg dich wieder ein! Und jetzt setzt euch hin, ich spreche nachher mit eurem Klassenlehrer!«

Damit hat sich für mich der Fall erledigt, und ich lasse sie nach hinten schlurfen.

# Warst du nicht eben noch Emo?

Jeden Morgen zähle ich im Bus die verbleibenden Schultage. Und es sind nicht mehr viele. Wirklich nicht. Da fällt noch so viel weg. Wandertag, Sportfest, mündliche Prüfungen, Zeugnisübergabe – man muss gar nicht mehr krank werden, das halten wir jetzt noch durch. Und dann kommen die Sommerferien. Vorher noch die Abschlussfeier mit Hochsteckfrisur und Getanze. Leider habe ich es wieder nicht geschafft, mir ein paar coole Breakdance-Moves beibringen zu lassen. Muss ich also wieder durch den Pädagogentanz beeindrucken – da rudert man mit den Armen durch die Gegend, die Hände zu Fäusten verkrampft. Sieht nicht cool aus. Sieht aus wie: Guck mal, die Lehrerin tanzt auch. Egal, Hauptsache, die Hochsteckfrisur fetzt.

Ich habe gerade noch mal nachgezählt: Bis zur Zeugnisausgabe sind es wirklich nur noch dreißig Tage, ungefähr. Und bis zur Zensurenabgabe nur drei oder vier Wochen. Dann endet jede letzte Chance. Rien ne va plus. Die Schüler sehen das irgendwie anders. Für die scheinen drei Wochen eine halbe Ewigkeit zu sein, und ich bin mir sicher, die denken, sie könnten ihre sieben Ausfälle noch problemlos wegbekommen.

Na ja, für mich sind drei Wochen wie ein Wimpernschlag. War was? Ach, drei Wochen sind rum. Wahrscheinlich liegt das daran, dass bei mir viel weniger passiert als bei meinen Schülern. Die können sich innerhalb von drei Wochen völlig neu erfinden: »Warst du nicht Emo?« – »Frau Freitag, das ist doch schon eeewig her. Ich bin doch schon laaange B-Boy.« Lange – drei Wochen eben. (Emos sind so traurige Gestalten, die viel schwarz tragen. B-Boys sind die in den weiten Hosen, die Hip-Hop hören.)

Ich war vor drei Wochen Lehrerin, bin es immer noch und werde es wohl auch in den nächsten drei Wochen noch sein.

Bei mir ändert sich wenig. Die Haare werden grauer, die Hosen enger und ab und zu geht das Telefon kaputt. Aber sonst … Stört mich das? Will ich noch mal Teenager sein? Auf keinsten! Mit den Eltern zusammenwohnen? Was für ein skurriles Konzept. Ständig Stress mit den besten Freundinnen? Jungs gut finden, die einen nicht beachten? In der Schule nichts von Mathe verstehen? Überhaupt immer zur Schule gehen und auf der falschen Seite sitzen? Lernen statt vor- und nachbereiten? Nö! Keinen Bock. Vielen Dank, aber ich passe. Ha, und überhaupt – zur Schule gehen, ohne dafür auch nur einen Cent zu bekommen: Wer will denn so was?

Ich verstehe gar nicht, warum die Schüler so gerne jung sind. Warum tun die nicht alles dafür, endlich alt und erwachsen zu sein. Merken die denn nicht, dass Erwachsene es viel besser haben? Okay, gebt mir die Teenagerfähigkeit, Breakdance zu können, aber ansonsten lasst mich mal schön in Ruhe älter werden.

## Was Hallo?

Viele Lehrer auf einem Haufen bedeuten selten etwas Gutes. Erster Gedanke: Lehrerzimmer. Aber Lehrer treffen sich auch privat. Gestern wimmelte es nur so von Lehrern in meiner Wohnung. Alle haben schlechte Augen. Keiner hört dem anderen zu. Jeder ist es gewohnt, Chef zu sein. Alle wissen immer alles besser und alle sind viel zu laut. Ich liebe es. Ich finde, die Welt könnte nur aus Lehrern bestehen.

Wir sitzen und reden und reden und essen und reden und reden und reden. Ich erzähle, dass ich mir die Telefonnummer von Fräulein Krise nicht merken kann. Ich denke immer, die ist 8 09 90 54 44, aber eigentlich ist die 80 90 54 44. Ich kann mir das einfach nicht merken, aber ich habe die richtige Nummer irgendwo aufgeschrieben.

»Jedenfalls, immer wenn ich sie anrufe und die falsche Nummer wähle, dann ist am anderen Ende erst mal Stille, und ich sage vorsichtig: ›Hallo?‹ – und dann schreit so ein total unfreundlicher Typ in den Hörer: ›WAS HALLO?‹« Fräulein Krise kichert. Sie kennt dieses Phänomen schon.

»Der ist so krass, so gemein, und ich hab voll Angst vor dem. Wenn ich dann frage: ›Ist da bei Krise?‹, dann sagt er nichts, wartet einfach nur ab und brüllt irgendwann: ›WAS JETZT?‹«

Fräulein Krise grinst übers ganze Gesicht. Ich erzähle von meiner Vermutung, dass sie sich in ihrer Wohnung einen fiesen Typen hält, den sie ab und zu ans Telefon gehen lässt.

»Ich bin immer total geschockt, wenn ich mit dem Typen gesprochen habe, die richtige Nummer raussuche und dieses typisch süße, niedliche ›Kriiise!‹ ertönt. Aber dann hat sie so einen ominösen Unterton in der Stimme und ich bin mir gar nicht sicher, dass dieser Typ nicht direkt neben ihr steht.«

Der Physiklehrer holt sein Handy raus: »Also, wie ist die Nummer? Komm, wir rufen da mal an!«

»Nein, lass mal.« Leichte Panik steigt in mir auf. »Wenn der jetzt rausfindet, welche Nummer …«

»Unterdrücke ich. Also, sag mal die Nummer.« Er wählt und stellt auf Lautsprecher. Wir beugen uns alle über sein Telefon und warten gespannt. Ich habe Angst und flüstere: »Aber sag nicht, dass ich auch hier bin.«

Tuut, tuut, tuut – niemand nimmt ab. Ich bin erleichtert. »Schade«, sagt Frau Dienstag. Aber ich bin mir sicher, sie würde sich alleine nie trauen, die Nummer anzurufen. Leicht ratlos sitzen wir in der Küche. Der Physiklehrer hält immer noch sein Handy in der Hand.

Plötzlich habe ich eine super Idee: »Lass mal Schüler anrufen!« Alle sind total begeistert. Es ist zwei Uhr nachts. Der Deutschlehrer fragt: »Aber wen? Wessen Schüler?«

Außer mir hat ja niemand die Nummern seiner Schüler dabei, ich trage die auch nicht dauernd mit mir rum, aber wir sind ja in meiner Wohnung.

Plötzlich ruft Fräulein Krise triumphierend: »Wir rufen Hassan an! Die Nummer kenne ich auswendig. Ich telefoniere täglich mit seiner Mutter.«

Gesagt, getan. Zehn Lehrerköpfe beugen sich über das Handy. Es tutet. Nach 20 Sekunden nimmt jemand ab. Eine müde Stimme sagt: »Ja?«

Und plötzlich schreit Fräulein Krise los: »Arschlochkind! Arschlochkind! Arschlochkind!«

## Mieser Absturz

Schüler kennen nur Picasso. Und wenn sie nicht Picasso werden können, dann lohnt sich das mit dem Künstlerleben auch nicht.

»Man kriegt doch kein Geld von Luft«, sagt Erol.

»Künstler sein ist doch auch scheiße, oder Frau Freitag?«

»Keine Ahnung, ich bin ja nicht Künstler, ich bin ja Kunstlehrerin. Aber wieso soll das scheiße sein?«

»Weil, irgendwann hat man keine Ideen mehr.«

»Wieso sollte man denn keine Ideen mehr haben?«

»Na, wenn man alles schon gemacht hat.« Für meine Schüler würde dieser Zustand ziemlich schnell kommen, sitzen sie doch täglich ideenlos in meinem Unterricht. Und wenn sie mal eine Idee hatten, dann kann es Jahre dauern, bis da wieder eine nachwächst.

Erol lässt das Thema keine Ruhe: »Oder man hat miese Absturz.«

Komische Idee haben die vom Künstlerleben.

Ömer sagt: »Ich muss mich nicht bewerben, ich kann bei mein Onkel oder mein Vater arbeiten.« Wir diskutieren die Vor- und Nachteile von: Dein Vater ist nicht nur dein Vater, sondern auch dein Chef. Ich ziehe die Ehrenkarte: »Also, ich fänd es furchtbar, wenn der Schulleiter mein Vater wäre.«

Ömer: »Wieso, dann haben Sie immer viele Freistunden.«

»Aber das ist doch total peinlich, wenn mein Vater auch mein Chef ist«, gebe ich zu bedenken. »Dann hätte ich doch immer das Gefühl, dass ich gar nichts alleine auf die Reihe gekriegt habe.«

Ömer denkt kurz nach und sagt unvermittelt: »Ich verdiene mehr als Sie.«

»Wieso, wie viel verdienst du denn?«

»Na, alles, was mein Vater verdient.«

»Wieso, Ömer, bist du denn dein eigener Vater?« Ich verstehe schon, was er meint, aber langsam wird mir diese Angeberei zu blöde: »Ist doch voll peinlich, wenn du dein Leben lang deinen Vater nach Geld fragen musst.«

Ömer schmollt ein wenig: »Nö. Wieso?«

»Ach, Ömer, mal dein Bild zu Ende und werde mal erwachsen.«

## Perfekter Unterricht

Der Stundenplangott meinte es dieses Schuljahr gut mit mir. Meine Montage sind die Hölle, aber von Dienstag bis Freitag ist alles schön. Gestern hatte ich herrliche Stunden. Nachdem ich ausgeschlafen in die Schule tanzte, erwarteten mich eine Hand- voll halb erwachsene Schüler, die bereitwillig meine lahme Auf- gabe bearbeiteten: Beschreibt und vergleicht diese Bilder. Sie sitzen stumm da und schreiben, während ich organisatorischen Bürokram – Listen, Zettel, Formulare – erledige. Diese Art von Unterricht ist überhaupt nicht anstrengend und kommt dem Lehrersein an Gymnasiumschulen wahrscheinlich recht nahe. Das kann ich aber auch nur vermuten – ich war selbst auf einer Gesamtschule und kenne nicht einen Gymnasiallehrer. Wenn niemand in einer Lerngruppe motiviert oder zur Ruhe angehalten werden muss, dann fühle ich mich immer wie Felix Krull – inklusive schlechtem Gewissen, dass ich für dieses Eierschaukeln auch noch Geld bekomme.

Jedenfalls ist alles tutti. Ich labe mich am Zustand extremer Zufriedenheit und bin so glücklich, dass ich kurz davor bin, meinen Körper zu verlassen, da höre ich auf dem Gang ein tumultartiges Durcheinander, jemand schreit und immer wieder erklingt mein Name. Plötzlich geht die Tür auf und der Kollege von nebenan kommt rein: »Frau Freitag, in meinem Raum wurde mit Reizgas gesprüht, jetzt können wir da nicht mehr drin arbeiten.«

»Kommt doch zu mir«, sage ich. »Ihr könnt hier Asyl haben, kein Problem.« Sofort ist es mit der herrlichen Stille vorbei, als die etwa zwanzig Schüler in den Raum poltern. Unter ihnen ist auch der Lieblingsschüler, den ich leider dieses Jahr überhaupt nicht mehr unterrichte. Er kommt mich immer besuchen, wenn er nebenan beim Kollegen ist: »Wie geht's, Frau Freitag? Alles klar?«

Der Lieblingsschüler setzt sich direkt vor meine Nase. Wie früher. So haben wir ein ganzes Schuljahr verbracht. Er zeichnet irgendwelche stupiden Aufgaben, und wir unterhalten uns über Gott und die Welt. Was die Schüler bei meinem Kollegen gerade machen, erschließt sich mir nicht, denn alle zeichnen etwas anderes. Der Lieblingsschüler sitzt vor einem DIN-A3-Blatt und schreibt mit Edding in perfekter Graffitischrift FRAU

FREITAG. Schön in 3D und mit liebevollen Verzierungen. Dabei quatschen wir rum, der Kollege sitzt neben mir, und wir reden eine Weile über die Schüler. Irgendwie wird diese Stunde immer besser. Unser sinnloses Rumgelabere genieße ich noch mehr als die perfekte Stille. Als es klingelt, überreicht mir der Lieblingsschüler sein Werk: »Mach ich irgendwann fertig.« Ja, denke ich, mach mal. Eigentlich könnte das mit dem Reizgas jede Woche passieren. Wenn jeder Schultag so wie dieser wäre, ich würde glatt auf mein Gehalt verzichten!

## Voodoo

»Weißt du eigentlich, dass ich immer Voodoo mit dir mache?«, fragt der Freund, während er Frau Dienstag und mir herrlichste Butterbrote für unseren bevorstehenden Wochenendtrip schmiert. Ich trinke hektisch meinen Kaffee, rauche und lausche meinem Ohrwurm: »Klamotten raussuchen, Waschzeug, Fön nicht vergessen, Geld, Geschenk einpacken, Klamotten raussuchen, Waschzeug, Fön nicht vergessen ...«

»Wie? Was für Voodoo?« Der Freund packt unseren Proviant in Frühstücksbeutel und verschließt sie mit den alten Verschlüssen von Toastpackungen. Er sammelt alle Verschlüsse in einer Dose. Die ist bis zum Rand gefüllt. Immer. Die wird gar nicht leerer. Wir essen auch viel Toast.

Seit ich in der Schule arbeite, habe ich die schönste Pflegestufe 5. Ich mache Schmutz, der Freund putzt. Ich liege auf der Couch, der Freund kocht. Und ich weiß nicht wieso, aber jeden Morgen, wenn ich den Kühlschrank aufmache, lachen mich zwei Tüten mit leckeren Schulbroten an. So viel Luxus habe ich nicht mal als Kind genossen. Als Baby vielleicht, aber ich kann mich gut daran erinnern, dass es später mein Job war, das Bad zu putzen, und in meiner eigenen Schulzeit gab es auch keine Schulbrote. Wir ernährten uns von einer Tüte Chips, einer Dose Cola und zweimal die Woche gab es Altgebäck zum halben Preis. Damit haben diese Gourmethappen, die ich täglich verschlinge, nicht das Geringste zu tun. Wenn man ausgehungert aus einer Doppelstunde mit einer fiesen 7. Klasse kommt, dann schmecken die Brote vom Freund wie das beste Essen der Welt.

»Ja, Voodoo«, sagt der Freund. »Montags mache ich dir immer blaue Verschlüsse um die Tüten. Weil Blau beruhigend wirken soll. Dienstags gelbe, weil da ein leichter Tag ist, und am Ende der Woche rote, damit du noch mal Kraft hast für den letzten Schultag.«

Ich bin baff. Er gibt sich so viel Mühe mit der Farbauswahl, und ich reiße die Tüten einfach auf, inhaliere den Inhalt und schmeiße die bunten Voodoo-Dinger in den Müll.

»Ist ja total süß von dir«, säusele ich. Der erste nette Satz, den ich seit dem Betreten der Wohnung gesagt habe. »Aber warum hast du denn jetzt graue Verschlüsse genommen?«

»Weil du mich eben so angeranzt hast«, antwortet der Freund etwas säuerlich. Ich falle auf die Knie und entschuldige mich von ganzem Herzen.

## Wer ist Oslo?

»Frau Freitag, haben Sie geguckt Eurovision am Samstag?«

»Ja.«

»Haben Sie gesehen, diese Lena hat gewonnen.«

»Mehmet, ich hab doch gerade gesagt, dass ich das geguckt habe. Meinst du, ich hätte irgendwie versäumt mitzukriegen, wer da gewonnen hat?«

Esma will auch was fragen: »Frau Freitag, wer ist eigentlich Oslo?«

Von allen Seiten: »Oslo ist ein Land! Bist du bescheuert, Esma!«

Ich: »Land?!«

Dann Ronnie (er verdient eigentlich jetzt schon den Nobelpreis in der Kategorie Wissen): »Oslo ist eine Stadt in Norwegen. Oslo ist sogar die Hauptstadt.«

Nachdem wir das geklärt haben, machen wir Unterricht.


Merves Tasche kommt mir so klein vor. Ich gehe zu ihrem Tisch, nehme die Tasche und öffne sie trotz allen Protestes: »Hey, das dürfen Sie nicht!« – »Dürfen Sie das?« – »Hallo, Privatsphäre?!«

Merve belastet ihr Täschchen nicht mit schulischem Firlefanz. Da ist weder ein Block noch ein Hefter noch ein Buch drin. Nicht mal Schreibzeug, es sei denn, sie schreibt mit Kajal.

Ich bin entsetzt: »Merve! Was ist das? Weiß deine Mutter, wie es in deiner Tasche aussieht? Was soll das? Bist du hier, um dich zur Tussi ausbilden zu lassen? Wir sind hier in einer SCHULE, nicht in der DISCO!«


Eine andere Stunde. Esra: »Ich hasse übertrieben kleine Familien!«

»Ja, *abó*, nur so drei oder vier Kinder, voll langweilig.«

»Wie viele seid ihr zu Hause?«

»Sieben Kinder. Und ihr?«

»Acht. Mein Vater hat elf Geschwister.«

»Super. Meine Oma auch.«

Die Konversation spielt sich direkt vor meiner Nase ab. Ich visualisiere elf kleine Esras und Duygus. Stelle mir total überfüllte Wohnungen und ewiges Geschreie vor.

»Wie wollt ihr denn sieben Kinder ernähren?«, frage ich. Sie denken nach. Sagt jetzt nicht Hartz IV, bitte! Sagt nicht, Jobcenter macht das schon. Bitte! Ich habe gerade meine Steuererklärung gemacht.

»Ich werde Zahnärztin«, sagt Duygu. Duygu wird wahrscheinlich nur mit Ach und Krach versetzt, aber bitte, soll sie doch Zahnärztin werden. Ich muss da ja nicht hingehen.

Ansonsten war es heute mal wieder ein typischer Montag:

- Kraft- und Lustnachlass mit jeder gehaltenen Stunde: massiv
- Zu spät kommende Schüler: gefühlte 1 000
- Sich für die Verspätung entschuldigende Schüler: 0
- Berichterstattungen der Kollegen über negatives Verhalten meiner Klasse: 5
- Daraus resultierende Verhaltensverbesserungen der Klasse: 0
- Daraus resultierende Stimmungsverschlechterungen bei mir: 5
- Anzahl der Schüler, die ich heute vor die Tür gestellt habe: 3
- Völlig unpädagogische Sätze, die ich gesagt habe: viele – alle in der letzten Stunde.
- Geräusch in meinem rechten Ohr: Indischer Ozean.

Fazit des Tages: Wenn man Lehrer werden will, dann nicht montags!

Das Schöne am Lehrerleben: Jeder Tag ist anders. Heute war der perfekte Tag. Ich liebe meinen Job. Heute war echt alles super. Und das lag bestimmt an den Schülern! Die sind echt super. Haben sie doch heute wirklich mal gezeigt, dass sie bei mir auch was gelernt haben. Und wie sie das gezeigt haben. Ich könnte vor Stolz platzen. Ich komme mir vor wie Gymnasiumschullehrer – nur eben mit die cooleren Schüler.

Eigenlob stinkt – ach, was soll's, soll es doch – verpeste ich heute halt mal alles. Aber ich muss wirklich sagen – ich bin eine sehr gute Lehrerin! Wenn mir das niemand anders sagt, dann sage ich es mir eben selbst. Ich bin so eine super Lehrerin – ich hätte selbst gerne bei mir Unterricht.

Und meine Schüler sind die tollsten Schüler, die man sich vorstellen kann. Sagte ich das schon? Einfach perfekt! Ich bin so begeistert, dass ich sogar meinen Schreibtisch aufgeräumt habe und kurz davor bin, die Fenster zu putzen. Die Sonne scheint auch – so soll das Leben sein! Ihr armen Nicht-Lehrer, ihr tut mir echt ein bisschen leid. Versucht doch auch, noch Lehrerin zu werden – das fetzt echt, ich kann mir nichts, wirklich gar nichts vorstellen, was schöner sein könnte!

Okay, ich bin wieder auf Normal gelandet. Die Schüler, von denen ich gestern so begeistert war, waren übrigens nicht die aus meiner Klasse. Ist ja auch ganz gut, dass man nicht nur seine eigene Klasse unterrichtet. Die verstopfen mir nur mein Fach im Lehrerzimmer mit ihren Fehlzetteln und Tadeln und dem ganzen Mist. Also heute bin ich wieder ganz auf dem Boden der Realität. Vielleicht war ich nur gestern eine sehr gute Lehrerin. Vielleicht bin ich auch einfach keine gute Klassenlehrerin. Meine Klasse hält sich zurzeit, glaube ich jedenfalls, nur auf dem Hof auf. Kann es nicht wieder regnen, dann würden sie auch zum Unterricht gehen, aber so …

Ach was soll's, bald sind Sommerferien, und wer weiß, wie meine Klasse im nächsten Jahr ist. Und dann kommt eine andere Klasse und noch eine und noch eine und noch eine und nur noch die Rente und dann der Tod. Bei diesen recht ernüchternden Zukunftsaussichten sollte ich vielleicht mal rausgehen und die Sonne genießen.

# Schüler mal wieder irgendwo abholen

In der kleinen Pause hole ich unauffällig den WM-Spielplan aus meiner Schultasche und blättere darin rum. Sofort bin ich umringt von den Jungen meiner Klasse.

»*Abóóó*, ist das der Spieleplan?«, fragt Abdul.

»Brasilien gewinnt sowieso«, flüstert Mehmet.

»*Story*. Spanien oder Argentinien! Messi, der spielt übertrieben!«, mischt sich Emre ein.

Wir befinden uns in der schönsten Spezialistendebatte. Ich gucke in den Spielplan. »Ähhh, wann spielt denn die Türkei?«

»Hahaha, Frau Freitag, sehr witzig.«

»Zeigen Sie mal, wer zuerst spielt!« Ich schlage die Mittelseite mit der Übersicht aller Spiele auf. In der Gruppe D finde ich Deutschland. Deutschland ist rot, die anderen Länder sind schwarz.

»Ah, hier, Serbien gegen Ghana, das ist doch unsere Gruppe. Und dann Deutschland gegen Australien.« Und darunter steht Deutschland gegen Serbien.

»Boah«, sage ich gespielt entsetzt. »Das ist ja gemein. Voll fies von der FIFA.«

»Was denn?« – »Was ist gemein, Frau Freitag?« Jetzt hab ich sie. Alle hören mir aufmerksam zu.

»Na hier«, ich halte meinen Finger auf den Kasten mit der Gruppe D. »Das ist doch voll ungerecht, Deutschland spielt erst gegen Australien und am gleichen Tag müssen die auch noch gegen Serbien antreten.«

»Das ist doch nicht am gleichen Tag, Frau Freitag.«

»Doch hier guck doch mal, Abdul. Hier: erst Australien, und hier, gleich darunter: gegen Serbien. Da haben die doch gar keine Zeit, sich auszuruhen.«

»Aber das ist nicht gleich danach. Gucken Sie!« Abdul zeigt mit dem Finger auf die winzigen Daten über den Ländernamen. »Hier, gegen Australien am 13. Juni und gegen Serbien am 18. Juni.«

»Ach, echt? Ja, stimmt, darüber steht ja das Datum. Hab ich gar nicht gesehen. Das ist aber auch kompliziert, das muss man erst mal verstehen.«

»Tja«, sagt Abdul stolz, »da muss man eben ganz genau hingucken!«

Ich hole den Vertretungsplan von letzter Woche aus der Tasche: »Ach ja, Abdul? Genau hingucken? Dann erklär mir mal, weshalb du letzte Woche dreimal nicht bei Französisch warst. Hier steht doch, dass der Unterricht nicht ausgefallen ist.«

Abduls Mund verkrampft sich. »Ach, Französisch, ich dachte ... also, hab ich gar nicht gesehen.«

»Ja, Abdul, wie du so schön sagtest: Da muss man eben mal ganz genau hingucken.«

# 8.

# Endspurt

# Nie machen wir was Schönes!

Jetzt kommen sie wieder gehäuft, die drei H-Wörter: Hurensohn, Hitzefrei und Heidepark.

In der zweiten Stunde spricht mich eine mir unbekannte Schülerin an: »Frau Freitag, Sie fahren Wandertag Heidepark mit Ihre Klasse?«

»Auf Keinen! Wie kommst du denn darauf?«

»Ihre Klasse, alle sagen, Sie fahren Heidepark.«

Der Heidepark Soltau ist ein riesiger Vergnügungspark in der Nähe von Hamburg. Der Wunsch, dieses Spaßparadies einmal im Leben zu besuchen, wird genetisch von Schülergeneration zu Schülergeneration weitergegeben. Das so vererbte Bedürfnis äußert sich dann in Intervallen, sobald das Wetter besser wird.

In der fünften Stunde steht Samira vor der Tür. Sie macht ein besorgtes Gesicht. Oh Gott, denke ich, jetzt ist sie schon wieder aus dem Unterricht geflogen.

»Was ist denn, Samira? Komm mal rein.«

Sie schleicht zu mir und fragt: »Frau Freitag, stimmt es, dass wir nicht Heidepark fahren?« Für sie scheint die bloße Vorstellung, unsere Klasse könnte in den nächsten Wochen NICHT in den Heidepark fahren, dass Ende ihrer Existenz zu bedeuten.

»Nein, Samira, wir fahren nicht in den Heidepark.« Ich sehe ihre kleine Welt in sich zusammenbrechen. Sie dreht sich um und zieht beleidigt ab.

In der Pause laufe ich über den Gang in Richtung Lehrerzimmer. Plötzlich höre ich ein vorwurfsvolles »Frau Freitag!« hinter mir. Ich drehe mich um und blicke in die entsetzten Gesichter von Ayla und Marcella: »Frau Freitag, was heißt das, wir fahren nicht Heidepark?«

»Ich verstehe die Frage nicht. Wer hat denn jemals gesagt, dass wir fahren?«

»Na, die anderen fahren doch auch. Alle fahren. Warum wir nicht?«

»Also, Ayla, es fährt nur die 9c.«

»Aber warum fahren wir nicht?«

»So was muss man doch organisieren. Habt ihr da was gebucht?«

Ayla und Marcella sehen mich überrascht an. »Nö.«

»Seht ihr, und ich habe auch keinen Bus organisiert. Und warum sollten wir überhaupt fahren? Ich höre von allen Lehrern immer nur, wie anstrengend ihr seid, ihr kommt immer zu spät. Und wenn ihr nicht zu spät kommt, dann schwänzt ihr.«

»Frau Freitag, ich schwöre Ihnen, wenn wir Heidepark fahren, niemand wird zu spät kommen.«

»Ach, Marcella, darum geht es doch gar nicht. Nur irgendwie habt ihr so eine Belohnung gar nicht verdient. Mit euren schlechten Noten und so. Vielleicht fahren wir nächstes Jahr.«

»Nächstes Jahr geht nicht«, sagt Ayla.

»Wieso?«

»Frau Freitag, nächstes Jahr machen wir doch Klassenfahrt.«

»Klassenfahrt? Wer macht Klassenfahrt? Wir machen doch keine Klassenfahrt!«, sage ich.

Jetzt können sie nicht mehr. Mit einem »Was, keine Klassenfahrt?« drehen sie sich eingeschnappt um und gehen auf den Hof. Im Lehrerzimmer erzähle ich den Kollegen von meiner verpeilten Klasse. »Heidepark, Klassenfahrt – aber sonst geht es denen noch gut, oder was?«

Schon am Nachmittag sitze ich allerdings im Reisebüro: »Und

könnte man da vielleicht auch mit dem Zug hinfahren? Ja genau, Soltau, da mit dem Heidepark und so ...«

Am nächsten Morgen will ich nur kurz in den Unterricht einer Kollegin gehen, um meiner Klasse etwas Organisatorisches anzusagen. Aus kurz wird schon mal nichts. Und zu der Ansage komme ich auch nicht. Bereits als ich die Tür aufmache, werde ich von allen Seiten bombardiert: »Wieso gehen wir nicht HEIDEPARK?« – »Ja, ALLE gehen, nur wir WIEDER nicht!« Ronnie scheint innerlich zu explodieren, weil er die Ungerechtigkeit, an der allein ICH schuld bin, nicht länger erträgt: »Nie machen wir was SCHÖNES!«

Ich versuche, ruhig zu bleiben: »Wir reden morgen über den Heidepark. Ich will kurz mal was ansagen.«

»Jaja, morgen. Wahrscheinlich fliegen wir auch nicht nach Italien«, schreit Sabine von hinten. Nach Italien fliegen – wann war davon jemals die Rede? »Überhaupt versprechen Sie IMMER Sachen, und dann machen wir das NIIIEEE.«

Langsam reicht es mir. »Ja, ich bin ganz schrecklich. Wechselt doch alle die Schule.« Undankbares Pack! Ohne Verabschiedung stürze ich aus der Klasse.

Draußen rauche ich und lasse mich von den Kollegen beruhigen: »Das hat nichts mit dir zu tun. Du musst das von dir ablösen.« Leicht gesagt, dieser scheiß Heidepark klebt!

Als ich nach Hause gehen will, sehe ich einige Schüler meiner Klasse auf der Straße. Ronnie schmollt noch immer: »Aber warum gehen wir nicht Heidepark?«

»Ronnie, woher soll ich denn wissen, dass ihr da hin wollt? Ihr hättet mir das mal sagen müssen!«

Er bleibt stehen und sieht mich völlig entgeistert an: »DAS HABEN WIR IHNEN DOCH IN DER 7. KLASSE GESAGT UND DA HABEN SIE GESAGT, WIR MACHEN DAS IN DER NEUNTEN!«

»In der Siebten, tja, Ronnie, tut mir leid, dass ich mir das nicht gemerkt habe. Weißt du, so wichtig ist mir persönlich der Heidepark wohl nicht. Ihr hättet mich einfach mal daran erinnern müssen.«

Von hinten nähert sich die entspannte Esra. »Frau Freitag, wir sind zwar laut und nervig, aber wir können gut organisieren, das wissen Sie. Wir planen das jetzt einfach alleine. Ich gehe nachher ins Reisebüro und frage, was das kostet, und morgen in Deutsch frage ich, wer mitkommen möchte.«

»Super! Macht das! Wenn ihr wirklich fahrt, dann komme ich gerne mit.«

Ich versuche begeistert zu klingen, aber ich befürchte fast, dass meine Klasse das hinkriegt und uns einen Trip in diesen Park des Grauens organisiert. Vor meinem inneren Auge visualisiere und antizipiere ich bereits, wie das werden könnte:

Wir müssen ganz früh zum Bus. Um sechs Uhr soll der abfahren. Ich habe mir neue Sandalen angezogen und schon zwei fette Blasen an den Füßen, als ich an der Schule ankomme.

Um zehn vor sechs sind nur Samira, Sabine und ein schlechtgelaunter Ronnie da.

»Die anderen kommen gleich, die treffen sich vorher«, sagt Samira. Warum müssen die sich eigentlich vor jedem Treffen immer erst treffen? Um sechs Uhr fehlen immer noch fünf Schüler. Der Busfahrer hat aufgeraucht und will jetzt losfahren. Yeah, denke ich, endlich bekommen sie mal die Konsequenzen zu spüren, wenn sie perfekt geschminkt und mit aufwendig ondulierten Haaren den Rücklichtern des Busses nachwinken. Ich steige ein: »Herr Busfahrer, wir können dann los.«

»Nein«, brüllt Samira. »Esra, Marcella, Abdul, Antonia und Ayla fehlen noch. Ich ruf die mal auf dem Handy an.« Sie telefoniert und flirtet dann mit dem Busfahrer. Sie dreht und wendet sich auf der Stelle, legt den Kopf schief und redet und redet. Scheiße, der Busfahrer lächelt und steckt sich noch eine Zigarette an.

Kurz vor 6.30 Uhr fährt der Bus los – mit allen Schülern. Ich bin jetzt schon bedient. Es sollen 35 Grad werden. Niemand außer mir hat eine Mütze dabei. Nicht mal Mehmet und Abdul, die in jeder Unterrichtsstunde eine tragen. Es werden alle Arten von Süßigkeiten durch den Bus gereicht. Abdul hat Boxen für seinen MP3-Player dabei. Schlechte, billige Boxen. Die Musik scheppert. Die Kinder versuchen die Musik zu übertönen und schreien durch den Bus. Der Fahrer ermahnt sie mehrfach, sich hinzusetzen. Mir ist alles unglaublich peinlich, und ich bereue es, Lehrerin geworden zu sein. Ich könnte jetzt gemütlich die Kaiser's-Filiale putzen, öffnen und einen netten Tag an der Kasse verbringen.

Chips. Alle haben Chips dabei. Überall liegen Chips. Ich werde bald wahnsinnig. In der ersten Pause fragt mich der Busfahrer, ob wir eine Sonderschulklasse sind. Ich sage: »Nein, wir sind Gymnasiumschule.«

Nach gefühlten hundert Stunden im stickigen Bus erreichen wir den Heidepark. Mittlerweile sind es bereits 32 Grad. Die Kinder sind ganz rot im Gesicht. Niemand hat was zu Trinken mit. Ich gehe zu einem Kiosk und kaufe siebenundzwanzig Flaschen Wasser. Die kosten ein Vermögen. Mit mütterlichen Gefühlen überreiche ich jedem Schüler eine Flasche: »Hier, ihr müsst was trinken!«

»Wie? Wasser? Warum nicht Cola?«, ranzt Ronnie mich an. Mehmet gießt Abdul seine Flasche über den Kopf. Der wird sauer. Ich auch: »Ihr sollt das TRINKEN, nicht damit rumsauen!«

»Was trinken? Ich trinke doch kein Wasser!«

»Das war voll teuer«, sage ich schon etwas kraftloser.

»Jaja, Frau Freitag, Geiz is geil.«

Genau so wird die Anreise. Mein Gehirn weigert sich, sich den weiteren Verlauf unseres Ausflugs vorzustellen. Eine psychische Präventivmaßnahme, damit ich nicht verrückt werde. Jetzt kann ich nur hoffen, dass die Busfahrt und der Eintritt hundert Euro kosten und die ganze Sache damit gestorben ist.

## Ich hasse den Heidepark

Oh, welch Überraschung: Auch zwei Tage später sind weder Esra noch meine anderen Schüler im Reisebüro gewesen. Kein Grund für meine Klasse, nicht sofort wieder loszuzetern: »Sie haben es aber versprochen!«

»NIE machen Sie, IMMER sagen Sie nur. NIE … IMMER … NIE … IMMER!«

Ronnie hat sich in die ganze Heideparksache so reingesteigert, dass er heute gleich zu Hause geblieben ist. Der Rest der Klasse hasst mich. Ich bin die Böse, die ihnen den einzig schönen Tag in ihrem ganzen Leben ruiniert. Einigen kommt das Heidedrama wahrscheinlich ziemlich gelegen, denn wenn man sich über die fiese Frau Freitag aufregen kann, muss man sich ja nicht damit auseinandersetzen, dass man wahrscheinlich sitzenbleibt.

Während ich die Inhalte der nächsten Klassenarbeit ansage, unterhalten sich Esra und Sabine darüber, dass man doch in Soltau noch eine Nachtwanderung machen sollte, damit wir am nächsten Tag gleich wieder in den Heidepark gehen können. Die haben irgendwie jeglichen Bezug zur Realität verloren.

»Sabine«, sage ich, »stell dir mal vor, du möchtest zu Weihnachten unbedingt ein Fahrrad geschenkt bekommen. Du sagst es aber niemandem. Und dann bekommst du an Heiligabend KEIN Fahrrad. Ist es da gerecht, deine Eltern dafür verantwortlich zu machen?«

314

Sabine guckt mich an: »Ich will kein Fahrrad. Ich will in den Heidepark.«

»Ja, schon, aber genau das macht ihr gerade mit mir. Ich bin doch nicht dafür verantwortlich, dass ihr mir nicht gesagt habt, dass ihr da hin wollt. Und sorry, dass ich es mir nicht drei Jahre lang gemerkt habe. Ihr habt euch auch nicht unbedingt so verhalten, dass man permanent denkt, was könnte ich denn mit der tollen Klasse Schönes unternehmen.«

»Aber ich schwöre, wir würden uns gut benehmen im Heidepark.« Es nützt alles nichts, sie wollen es nicht einsehen. Muss ich wohl bis zu den Ferien die Böse sein, und sie sind die armen, betrogenen Kinder.

Mittags gucke ich dann doch, ob es irgendwo ein bescheuertes Busunternehmen gibt, das achtundzwanzig Leute nach Soltau transportiert. Das Leben als Schülerschleimer ist echt anstrengend.

Am nächsten Tag bekomme ich allerdings einen Anflug von Panik: Ich kann doch nicht mit meiner Klasse alleine fahren. Schon aus rechtlichen Gründen nicht, wegen der Aufsicht, und dann ist da noch die Busfahrt und überhaupt. Am Vorabend habe ich noch ein Busunternehmen im Internet gefunden, das mir ein Angebot zuschicken will. Ich habe schon mal überschlagen: Wir müssen mindestens vierzig Leute sein, sonst wird das Ganze zu teuer. Ich muss jetzt auch noch einen Lehrer finden, der den Wert eines Heideparkbesuchs erkennt – für sich und für die Glückseligkeit seiner Klasse. Heidepark, oh, Heidepark – das artet alles langsam in Stress aus. Die Schüler haben das H-Wort am heutigen Tag überhaupt noch nicht erwähnt. Dafür spreche ich über nichts anderes:

»Frau Hinrich, fährst du Heidepark mit mir? Am Wandertag? Alles bezahlt.«

»Heidepark? Bist du noch zu retten, auf keinen Fall!«

»Herr Werner, komm, lass uns Heidepark gehen, dann hast du das hinter dir.«

»Heidepark. Bin ich lebensmüde? Wir gehen schön in eine Ausstellung, und das war's dann.«

»Anita, was ist mit dir, kommst du mit deiner Klasse, mir und meiner Klasse mit nach Soltau? Du weißt schon – Heidepark.«

»Frau Freitag, das tut mir ja nun leid, hättest du mich mal gestern gefragt, jetzt fahre ich mit Willy und seiner Klasse. Wir fahren aber erst einen Tag nach dem Wandertag, am Wandertag selbst, da haben wir einen anderen Termin. Ich wollte ja eigentlich gar nicht fahren, aber meine Klasse sagt, dass ALLE fahren.«

»Ach, ist ja interessant, meine Klasse sagte mir gestern schon, dass ihr auf jeden Fall fahrt …«

Ausgetrickst.

Okay, letzte Chance, da kommt Frau Kriechbaum, die hat noch keine Klassenfahrt oder sonst was »Schönes« mit ihrer Klasse gemacht. »Gisela, ich sag nur ein Wort: Heidepark.« Sie guckt mich ruhig an. Sie rennt nicht schreiend weg. Ein sehr gutes Zeichen. »Hmmm.« Sie überlegt. »Komm mit! Für uns ist alles umsonst. Und du musst keinen zusätzlichen Wandertag organisieren. Und ich rufe überall an und plane alles!«

»Tja, ja, könnte ich eigentlich machen. Ich muss mal meine Klasse fragen, ob sie das wollen.« Zwei Stunden später unterrichte ich eine Schülerin ihrer Klasse, die mich freudig anstrahlt: »Frau Freitag – HEIDEPARK?« Super, die kommen mit. Bin ich erleichtert.

Jetzt brauche ich nur noch einen Bus. Ich checke meine E-Mails im Lehrerzimmer. Kein Angebot. Plötzlich kommt Kollegin Anita: »Du, Frau Freitag, wir fahren jetzt doch am Wandertag in den Heidepark, kannst du mir mal die Nummer des Busunternehmens geben?«

»Oh Mann, Anita, jetzt sind wir vier Klassen. Deine, Willys, meine ... und ich habe gerade noch Frau Kriechbaum überredet. Mit drei Klassen hätten wir einen großen Bus nehmen können. Auch wegen Öko und so. Aber mit über hundert Leuten, ich weiß nicht. Jetzt brauchen wir bestimmt zwei Busse.«

Noch immer kein Angebot. Ich rufe wie wild bei anderen Busunternehmen an: »Sorry, keine Busse an diesem Tag.« – »An dem Tag? Nein, alles ausgebucht.« So geht das eine Stunde lang. Ich telefoniere mich von Busvermietung zu Busvermietung, ohne Erfolg. Sollte alles daran scheitern, dass wir keinen Bus bekommen? Ich bin mittlerweile so heiß auf diesen scheiß Heidepark, dass ich glatt dorthin laufen würde. Auf meine E-Mail-Anfragen hat sich auch noch niemand gemeldet. Dabei hatten die doch geschrieben, dass sie mir ein Angebot schicken.

Aber ich gebe nicht auf. Wir müssen in den Heidepark! Und ich werde das organisieren! Und wenn es das Letzte ist, was ich in meinem Leben mache. Mandela hat auch nicht aufgegeben. Meine Klasse muss diesen Tag erleben. Ich will sie strahlen sehen. Ich will Sprechchöre, die meinen Namen chanten. Ich will Vuvuzelas im Bus!

So schlimm wird die Anreise schon nicht werden. Ein bisschen Warten und ein paar Chips, und wer von uns hätte sich denn als Kind über Wasser gefreut. Ich muss meinen Schülern diesen Spaß ermöglichen. Die haben doch sonst nichts in ihrem armseligen Leben. Die müssen bei ihren Eltern wohnen. Immer sind da Erwachsene, die ihnen sagen, was sie tun und vor allem was sie lassen sollen. Sie dürfen nicht trinken und rauchen und müssen den Müll runterbringen, ihre einzige Freude ist Schminken und Chatten. Na ja, zumindest die einzige Freude

317

der Mädchen: »Findest du ihn echt süß?« – »*Vallah*, ich schwöre, er ist übertrieben süß. I love ihn.«

Aber ER beachtet SIE gar nicht, obwohl SIE ihn übertrieben liebt. Damit verbringt SIE dann ihre Zeit. SIE leidet und leidet, und ER weiß noch nicht mal davon. SIE schreibt auf ein Karoblatt I LOVE YOU in jede Zeile. Als SIE fast fertig ist, reißt IHR diese blöde Frau Freitag das Blatt weg und verlangt von IHR, die Klassenarbeit zu schreiben, für die SIE sowieso nicht gelernt hat. Das Blatt zerknittert. Scheiß Frau Freitag. Scheiß Arbeit. Scheiß Schule. Scheiß Leben. Würde es IHN nicht geben, SIE wäre lieber tot. SIE ist jetzt Emo, nicht mal das hat ER bemerkt. Und die Eltern stressen auch nur noch. Wegen Ausbildung und so. SIE will aber keine AUSBILDUNG und so. IHR ist alles egal. SIE will nur IHN. SIE bekommt sowieso keine Ausbildung. Dann braucht SIE doch auch keinen Schulabschluss. Ihre Eltern haben auch keinen. Warum soll SIE dann einen machen? SIE will doch heiraten und Kinder bekommen. Dazu braucht man doch keinen Abschluss.

Wenn diese hässliche Frau Freitag wenigstens in den Heidepark fahren würde. Dann könnte SIE versuchen, im Bus in seiner Nähe zu sitzen. SIE könnte Süßigkeiten mitnehmen. ER liebt Chips. Und dann könnten sie zusammen mit diesem Turmdings fahren. Da wo man so schnell runterfällt, und SIE könnte seine Hand halten und flüstern: »Ich hab Angst.« Und ER würde sagen: »Ich nicht. Ich find's mies geil.« Sie hätten ein gemeinsames Erlebnis, und SIE könnte ihren Kindern später erzählen: »Und auf der dritten Achterbahnfahrt im Heidepark Soltau hat euer Vater sich in mich verliebt. War mit Looping.«

Frau Dienstag sagt zu der ganzen Thematik nur: »Heidepark? Iiihhh, mach nicht!« Aber ich muss! Wie soll SIE IHM denn sonst näherkommen? In Mathe geht das nicht. »Ich hab Angst vor Dezimal.« – »Komm, ich halte deine Hand!« Das

318

klappt nie. Und kann irgendein Busunternehmen verantworten, dass wir nicht fahren? Sind die denn alle gegen die Liebe?

Diese Heideparkplanung ist eine Gefühlsachterbahn mit Dreifachlooping. Erst will ich auf keinen Fall fahren, dann unbedingt und jetzt, nachdem ich mich übermüdet, heiser und schlecht gelaunt durch mehrere Stunden mit meiner Klasse gemeckert habe, müsste sich mir schon ein Busunternehmen aufdrängen, damit ich überhaupt nur in Richtung Soltau denke.

In der Pause checke ich meine E-Mails und – Bingo – wie könnte es anders sein, wenn man keinen Bus mehr haben will: »Sehr geehrte Frau Freitag, hier unser Angebot: Insgesamt können 56 Personen mitfahren, zum Preis von …« Für die genannte Summe könnte ich auf die Malediven fliegen. Soll ich vielleicht einfach das Geld von den Kindern einsammeln und mir davon einen schönen Urlaub gönnen? Verdient hätte ich es.

Komatös liege ich auf der Couch. Heidepark ja – Heidepark nein, das ist hier die Frage. Ich könnte meiner Klasse einfach gar nichts sagen, und wir machen einen ganz normalen Wandertag. Langweilig für mich, aber irgendwie trotzdem aufregend für die Kinder – schließlich beschränkt sich ihr Bewegungsradius überwiegend auf Zuhause-Schule-Zuhause. Ich habe ihnen auch nicht gesagt, dass ich heimlich nach einem Bus gesucht habe. So erfahren bin ich mittlerweile in meinem Beruf. Du kannst eine gute Nachricht ruhig erst sehr spät übermitteln. Aber du darfst nie sagen: Ja, wir fahren, wenn auch nur ein noch so winziger Zweifel daran besteht.

Hätte sich kein Unternehmen gemeldet, hätte ich das unter höherer Gewalt verbuchen können. Aber jetzt, mit diesem Angebot … Was soll ich nur tun? Momentan möchte ich so dermaßen gar nicht in den Heidepark, und ich will rein gar nichts mit meiner nervigen Klasse zu tun haben. Aber der Klasse von

Frau Kriechbaum kann ich es ja eigentlich nicht antun, nicht zu fahren. Der Freund weiß auch keinen richtigen Rat – nur: »Schlaf mal drüber.«

Okay, ich habe darüber geschlafen und einen Brief aufgesetzt: »Ich bin damit einverstanden, dass mein Kind _____ mit in den Heidepark Soltau fahren darf.« Und so weiter.

Den Brief habe ich 27-mal kopiert und mich dabei gefragt: Warum mache ich das? Ich muss das doch gar nicht tun. Obwohl ich keine Antwort finde, stapfe ich am Ende der Stunde in den Geschichtsunterricht meiner Klasse und höre mir ihre chaotische Diskussion an. Alle schreien durcheinander, einige spielen mit dem Handy, andere unterhalten sich. Die nette Geschichtslehrerin Frau Frenssen versucht, für Ruhe zu sorgen. Meine bekloppte Klasse bleibt einfach laut.

»Marcella, jetzt sei doch mal leise!«, zische ich.

Sofort blökt sie in ihrer typisch nervigen Art los: »Frau Freitag, wenn Sie was gegen uns haben, dann sagen Sie es doch!«

»Ich habe gar nichts gegen EUCH, ich will nur, dass DU leise bist.« Noch in diesem Moment denke ich: Lass die Zettel einfach in deiner Tasche. Frag sie nur nach den Entschuldigungen für die letzten Tage und dann geh einfach. Du brauchst das H-Wort gar nicht zu erwähnen.

Eine Minute später stehe ich vor meiner Klasse und erkläre, wann ich das Geld haben muss und die Einverständniserklärung der Eltern, dass wir nur fahren können, wenn ALLE bezahlen und mindestens zweiundzwanzig Leute mitkommen und außerdem aus der Kriechbaum-Klasse auch mindestens zweiundzwanzig Schüler bezahlen müssen, dass jeder noch zwei Euro mehr zahlen muss, wenn wir pro Klasse nur zwanzig Schüler zusammenbekommen, aber unter zwanzig geht nicht – und so weiter.

Und – sind sie begeistert? Na ja, zumindest aufgeregt sind sie und reißen mir die Zettel aus der Hand. Beim Rausgehen diskutieren sie darüber, wann sie aufstehen müssen und was sie mitbringen. Einige verabschieden sich sogar von mir. Ja, ich denke, für ihre Verhältnisse sind sie begeistert.

Aber wie viel Begeisterung braucht ein Schüler, um sich daran zu erinnern, seine Eltern einen Zettel unterschreiben zu lassen und ihnen 40 Euro aus den Rippen zu leiern? Ich habe keine Ahnung, was mich erwartet. Von »Hier sind 50 Euro – behalten Sie den Rest« bis »Ach, Heidepark ist doch schwul, ich will da doch nicht hin« rechne ich mit allem.

Ansonsten bin ich gut gerüstet für diesen Donnerstag – da werden nämlich alle Klassenstufen, die das Glück haben, von mir unterrichtet zu werden, die Flaggen der WM-Teilnehmer ausmalen. Dank der innovativen Frau Dienstag retten wir uns nun schon über diverse WMs und EMs mit dem gleichen Arbeitsblatt. Ich bin mal wieder der Klassenstreber und übertrieben pünktlich. Zehn Minuten vor dem Klingeln schlendert Ronnie rein. Grinsend. Gar nicht schlecht gelaunt, wie in den letzten Monaten. Der wird doch nicht etwa Geld dabei haben?

»Was ist mit dir, Ronnie, jetzt sag nicht, dass du die 40 Euro mit hast.«

»Hier«, sagt er stolz und knallt mir zwei Zwanziger aufs Pult. Kramt in seiner Hosentasche und legt die Einverständniserklärung dazu. Ich bin platt und lege gleich eine Liste an: Name / Geld / Brief.

Ordentlich schreibe ich: Ronnie / 40 Euro / Brief: ja.

Dann kommt Samira: »Hier, Frau Freitag, das Geld und der Brief.« Dann Marcella: Geld, Brief und sogar Jobcenter-Zettel. Die Jobcenter-Zettel brauchen die Schüler, um nachzuweisen, dass ihre Familien Hartz IV beziehen und sie deshalb vom

Schulbuchkauf befreit sind. Diesen Bescheinigungen rennt der Klassenlehrer normalerweise wochenlang hinterher. Die Zettel haben gar nichts mit dem Heidepark zu tun – ich habe sie als reine Erpressungsmaßnahme mitgefordert.

Ich komme aus dem Schreiben gar nicht mehr raus. Gegen 8.20 Uhr trudeln die restlichen Schüler meiner Klasse ein. Sie drängen sich um mich und halten mir Einverständniserklärungen und 50-Euro-Scheine unter die Nase. Ich mache Peter zu meinem Assistenten. Er kontrolliert die Briefe der Eltern. Neben mir steht Ayla und überwacht, ob ich auch alles richtig aufschreibe: »Wie viele haben wir jetzt, Frau Freitag?«

»Im Moment sind es dreizehn. Wir brauchen zweiundzwanzig. Wenn wir nur zwanzig sind, dann muss jeder noch zwei Euro zahlen. Aber unter zwanzig geht nicht! Und dann muss ja noch die Klasse von Frau Kriechbaum bezahlen.«

Mehmet hat schon sehr früh bezahlt und wollte dann noch schnell zu Frau Frenssen, was wegen der Note regeln. Jetzt fällt mir auf, dass er gar nicht mehr wiederkommt. Er kommt auch nicht zu den nächsten beiden Stunden. Aber bezahlt hat er. Um 8.05 Uhr.

Abdul kommt. Alle schreien: »Abdul, los, gib Frau Freitag das Geld!«

»Ich hab kein Geld.«

Alle denken, Abdul scherzt, und er wird von allen Seiten bedrängt. »Ich habe mich gestern mit meinem Vater gestritten. Ich kann das Geld erst am Montag mitbringen.«

Ich sage: »Montag ist zu spät. Ich brauche es heute. Du kannst das doch erst mal von deinem Taschengeld bezahlen. Du hast doch Geld. Ihr bekommt doch an den Feiertagen immer so viel Kohle. Leih dir das doch heute zusammen.«

»Nein, ich hab kein Geld. Ich hab mein Geld in Gold angelegt.« Dieser Abdul, jedes Jahr drei oder vier Ausfälle, aber in Gold investieren.

Am Ende der Stunde habe ich von achtzehn Schülern Geld und Briefe bekommen und sogar überproportional viele Jobcenter-Zettel.

Ich bin sehr stolz auf meine Klasse und auch auf mich. Wenn ich mich für deren Danebenheit verantwortlich fühle, dann kann ich jetzt auch mal stolz sein. Aber achtzehn ist nicht zwanzig und schon gar nicht zweiundzwanzig.

Ich gehe ins Lehrerzimmer und erzähle stolz, dass meine Klasse zum ersten Mal zuverlässig war. Dann hänge ich mich ans Telefon und storniere die Busreservierung.

Einen Tag später haben noch drei weitere Schüler bezahlt. Abdul ist schwer krank, lässt aber ausrichten, dass er ganz bestimmt am Montag bezahlt. Tja. Ich hätte also zweiundzwanzig zahlende Schüler gehabt, aber jetzt habe ich keinen Bus mehr. Fiese Frau Freitag! Meine kleine Rache für all die Scheiße, die sich meine Klasse das ganze Jahr, ach, was sag ich, die letzten drei Jahre geleistet hat. Und wenn jetzt einer von denen, wie zu erwarten ist, seine Schulbücher nicht bis Ende nächster Woche abgibt, dann habe ich ja von jedem noch 40 Euro. Ich schreibe auch gerne eine Quittung und werde das Restgeld ordentlich an die Eltern überweisen. Ja, so kennt man Frau Freitag gar nicht. Frau Freitag kann auch hart und gemein sein. Aber nennen wir's doch einfach KONSEQUENT!

Okay, hier also die ganze Geschichte: Ich habe den Bus storniert, aber erst, als ich erfahren habe, dass es in der Klasse von Frau Kriechbaum nur zehn interessierte Schüler gab, von denen keiner Geld mithatte. Ich hätte dem Busunternehmen am Donnerstag fest zusagen müssen, aber ich will doch nicht auf tausend Euro sitzen bleiben. Das war mir einfach zu heikel.

Aber ich bin nicht völlig herzlos, denn ich spekuliere noch auf Plan B. Die Kollegen Anita und Willy haben ja auch einen Bus gechartert, und wer weiß, vielleicht können wir uns einfach bei denen dranhängen. Ich gehe also gleich zu Anita: »Duhuuu, sag mal, wann sollen deine Schüler eigentlich bezahlen?« Anita ist voll gestresst, weil bei uns so ganz nebenbei noch die Notenabgabe ansteht. Sie schaut auf und sagt: »Äh, heute.«

»Und wie viele haben schon gezahlt?«

»Keiner.«

Bei Willy das Gleiche. Er meint, dass seine gesamte Klasse mitkomme und ganz bestimmt alle noch bezahlen. Es wäre nicht verwunderlich, wenn in ihren Klassen jeweils nur die Hälfte bezahlen würde. Und dann komme ich und fülle die leeren Sitzplätze mit meinen zahlenden Schülern. So weit der herrliche Plan.

Einen Tag später dann die herbe Ernüchterung. Bei Anita haben schon sechzehn Schüler bezahlt, bei Willy achtzehn. Mist, jetzt passt meine Klasse nicht mehr mit in den Bus. Ich bettele: »Willy, guck mal, wir MÜSSEN auch Heidepark gehen. Könntest du versuchen einen größeren Bus zu bekommen?«

Während Willy telefoniert, sitze ich neben dem Telefon und bete. Nach der zweiten großen Pause erfahre ich endlich, dass es einen größeren Bus für uns gibt – größer, aber trotzdem nur mit 72 Plätzen. Ich werde also wahrscheinlich gar nicht alle Schüler mitnehmen können, die bezahlt haben. Ich muss eine Schindler-Liste erstellen. Als Erster würde Abdul rausfliegen, der hat bisher immer noch nicht bezahlt und kann die 40 Euro dann ja in Gold anlegen.

Außerdem würde ich Mehmet streichen, weil ich ihn seit der Geldübergabe nicht mehr gesehen habe. Nein, ich habe ihn gesehen, am Freitag. Vor der Schule. Rauchend.

»Sag mal, Mehmet, was soll denn die Scheiße jetzt?« Ich war echt sauer, und wenn ich sauer bin, dann habe ich manchmal ein leichtes Tourette-Syndrom. »Du hast gesagt, du gehst mal kurz zur Geschichtslehrerin, und dann tauchst du gar nicht mehr auf. Den ganzen Tag nicht!« Mehmet stammelte, überlegte. Man sah Dampfwolken aus seinem Kopf aufsteigen.

»Ich war, ich war …« Er guckte zu seinem Freund Mustafa, der mit einem Zettel neben ihm stand. »Ich war OSZ.«

»Ach ja? Wo denn?«

»Na, OSZ.« Als gäbe es nur ein Oberstufenzentrum in ganz Deutschland. »Wo war das denn genau?« Mehmet nahm den Zettel von Mustafa und suchte nach einer Adresse. Ich hatte die Faxen dicke: »Ach, lass, Mehmet, verarschen kann ich mich alleine.«

Der kommt jedenfalls nicht mit. Dann werde ich noch die Schüler bestrafen, die nicht am Donnerstag, sondern erst später bezahlt haben, ganz nach dem Motto: »Was soll sein, morgen ist doch auch noch ein Tag!« Ich werde denen schon noch die deutschen Tugenden beibringen!

Um zwei Uhr nachts wache ich auf und überlege, ob ich überhaupt fahren soll. Ich hätte die einmalige Chance, alle vermissten Bücher bezahlt zu bekommen, denn ich habe ja fast von jedem Schüler 40 Euro. Jedes Jahr heißt es: »Ich schwöre, ich hab mein Buch hier bei Sie gelassen. Ich zahl das nicht!« – »Ich hab keins bekommen!« – »Frau Freitag, Sie haben es geklaut!«. Dass sie dann nur eine Kopie von ihrem Zeugnis erhalten, juckt die Schüler wenig. Wenn ich ihnen 20 Euro abziehe und sie nicht mit in den Heidepark dürfen, weil sie mir wahrscheinlich nicht noch mal 20 Euro mitbringen können, das würde sie alle ziemlich jucken.

Am Montag knüpfe ich die Buchabgabe als Bedingung an die Mitfahrt in den Heidepark. Als Lehrer hat man selten eine so

325

wirksame Möglichkeit der Erpressung, das muss man richtig auskosten. Die zwei Euro zusätzlich werde ich auch noch einsammeln. Was man hat, hat man. Falls wir das Geld dann doch nicht brauchen, kann ich es im Bus zurückgeben.

In meiner nächsten Klasse werde ich gleich am Anfang Geld für eine Klassenfahrt einsammeln und davon dann in den folgenden Jahren die verschollenen Schulbücher bezahlen. Oder ich gebe die nur gegen Pfand raus. Ich glaube, so was nennt man fächerübergreifendes Lernen. Und ich find's ganz großartig.

Emotionslos haben mir alle Kinder noch mal zwei Euro und die Hälfte der ausgegebenen Schulbücher mitgebracht. Morgen verlange ich den kleinen Finger der linken Hand. Finanziell steht die Sache. Selbst Abdul hat noch Cash gebracht. Eigentlich hätte er mir auch einen Klumpen Gold geben können.

Jetzt allerdings macht das Busunternehmen Zicken. Die wollen UNBEDINGT die genaue Anzahl der mitkommenden Personen wissen. Die kann ich ihnen aber nicht geben, da die anderen Klassen mit dem Bezahlen nicht so vorbildlich sind wie meine. Und dann der Hammer: Der Bus, den ich ursprünglich gebucht hatte, der wollte einen Pauschalpreis. Wenn man dann zwei Klassen mit je zweiundzwanzig Schülern beisammen gehabt hätte, dann wären pro Klasse zwei Lehrer kostenlos kutschiert worden. Die Halsabschneider von unserem jetzigen Busunternehmen verlangen aber plötzlich einen Festpreis pro Person. Ich frage die Tante am Telefon zur Sicherheit noch einmal: »Okay, ich verstehe, die Schüler zahlen also pro Sitzplatz. Und ab wie vielen Schülern fährt der Lehrer umsonst mit?«

»Äh, die Lehrer müssen auch bezahlen.«

»Echt? Wie viel denn?«

»Ähh, hihi«, sie kichert leise und peinlich berührt, »äh, den gleichen Preis.«

»Ist das Ihr ERNST? Ich setze mich stundenlang in einen Bus und soll dafür auch noch BEZAHLEN?«

»Ja, äh, ja.«

In versöhnlichem Ton sage ich: »Okay, jetzt mal angenommen, ich liefere Ihnen noch eine Klasse, dann haben Sie noch mal über zwanzig zahlende Schüler mehr. Da MUSS sich doch was machen lassen! Das andere Busunternehmen wollte nur einen Pauschalpreis. Wie viel kostet denn Ihr Bus?«

»Äh, äh, hihi, ich frag noch mal nach, vielleicht kann ja, äh, äh …«

Die Tante spinnt doch wohl. Ich zahle doch nicht dafür, dass ich um fünf Uhr aufstehen muss, mich dann in einen Bus mit siebzig lärmenden Jugendlichen setze und an einen Ort fahre, an den ich gar nicht will. Ich gebe doch den Autofahrern, die mir beim Fahrradfahren die Vorfahrt nehmen, auch kein Geld. Wo kommen wir denn da hin. Also, die ist auf keinen Fall Lehrerin und noch nicht mal mit einem Lehrer verheiratet.

Dann kommt der Tag der Entscheidung. Das denken zumindest die Schüler. In der ersten Stunde sage ich ihnen, dass ich erst in der fünften Stunde genau sagen kann, ob wir nun HP gehen oder nicht. Nur so kann ich sicher sein, dass sie nicht schon früher nach Hause abhauen. Inzwischen weiß ich jedoch bereits, dass wir einen Doppeldeckerbus bekommen haben, in den alle Schüler passen, und alles schon gebucht ist. Wir erhalten allerdings nur drei Freiplätze für die Lehrer. Jede der drei Klassen wird aber natürlich von jeweils zwei Lehrern begleitet, neben mir fahren Anita, Willi und zur Unterstützung drei Junglehrer mit. Wir müssen demnach also die Hälfte selbst zahlen. Unverschämt.

Irgendwas in mir möchte aber die endgültige Zusage noch hinauszögern, weil ich echt keinen Bock auf diesen Höllentrip

327

habe. Meine Schüler sind ganz aufgeregt, als ich ihnen sage, dass ich das Busunternehmen gegen Mittag anrufen werde und sich dann entscheidet, ob alles klappt. Sie können sich gar nicht vorstellen, dass ich nicht in den Heidepark möchte und fragen ganz aufgeregt: »Frau Freitag, was glauben Sie? Meinen Sie, wir fahren? Oder nicht?«

»Keine Ahnung, kann ich echt nicht sagen. Aber einige haben ihre Bücher noch nicht abgegeben. Ich lese noch mal die Namen vor.«

In der vierten Stunde dann der Schock! Ich putze mit einigen Schülern meiner Klasse fröhlich meinen Raum. Alle machen mit und wir sind bester Dinge, als sie mir plötzlich erzählen, dass Abdul geplant hat, Alkohol zu besorgen, damit sie sich VOR der Busfahrt noch besaufen können. Ich bin sprachlos: »WAS?« Ich erfahre unglaubliche Details und die Namen der Partizipierenden. Alle Anwesenden distanzieren sich natürlich. Auch Abdul versucht, sich von sich selbst zu distanzieren: »Hab ich doch gar nicht gesagt!« Chancenlos – die anderen brüllen ihn sofort nieder. Nach der Stunde bin ich meinen ehrlichen Schülern zwar dankbar, habe aber absolut keine Lust mehr auf die Fahrt. Ich sehe schon jetzt mehrere besoffene Schüler im Rotes-Kreuz-Zelt, Elterngespräche am Handy, missmutige Kollegen, die meinetwegen warten müssen, Untergang und Verdammnis, den Tod einzelner Schülerinnen, Disziplinarverfahren, Arbeitslosigkeit, Wohnungsverlust, Messietum und ein ewiges Mietnomadendasein.

Kurz vor der fünften Stunde bündele ich meine letzten Kraftreserven und trete vor meine gespannte Klasse. Ich verkünde, dass wir fahren und zische hinterher, dass ich beim kleinsten Vergehen in Richtung Zigaretten und Alkohol sofort die Eltern anrufe und die Kinder kostenpflichtig von den Vätern abholen lasse, dass sie dann eine fette Jahrgangsausschusssitzung mit

328

Eltern und allen Lehrern der Klasse – also so eine Art Gerichtsverhandlung – erwartet und sie sich jegliches Vergnügen im nächsten Schuljahr von der Backe putzen können. Die verdächtigen Kandidaten spreche ich vor allen anderen noch mal ganz persönlich an und male ihnen jeweils ihre düstere Zukunft aus, sollten sie sich nicht an meine Gebote halten. Dann schließe ich mit einer etwas milderen Moral: »Wer sich im Heidepark nicht ohne Alkohol amüsiert, der schafft das auch nicht mit.« Innerlich grummle ich: »Es wird Taschenkontrollen geben, Atemproben und ich werde jedes Getränk vorkosten ...«

## Wir waren Heidepark!

Es ist endlich vollbracht. I did it. Ich bin Heidepark-entjungfert. Und wie war's, Frau Freitag? Na ja, ich sag mal, jeden Tag brauche ich das nicht. Und ich wurde nicht enttäuscht, war alles dabei:

- Taschenkontrolle
- Grölende Schüler im Bus: »Wieso, wir müssen doch Party machen!«
- Hitzschlag: »Ich habe nichts gefrühstückt und auch nichts zu essen oder zu trinken dabei.«
- Kotzende Kinder: »Esra hat sich einmal dort und einmal da hinten übergeben.« – »*Vallah*, Emre hat beim Looping gekotzt. Das hätten Sie sehen müssen!« – Emre: »Frau Freitag, mir ist schlecht von der Achterbahn. Haben Sie Tüte?«
- Klitschnasse Schüler: »Wir waren alle in dem See bei der Freiheitsstatue und dann war da so was Grünes im Wasser und Samira ist voll ausgerutscht. Wir haben uns weggeschmissen!«

- Belehrungsresistenter Abdul mit verdächtiger Plastiktüte. »Abdul, komm her. Gib mir mal die Tüte.« Zwei halbvolle Colaflaschen und Kaffeebecher. »Mach mal auf, hier gieß mir mal was ein. Iiih, was ist das – Weinbrand?« Kollege Willy: »Und hier ist Wodka drin …« Endlose Inquisition und Abduls Versuche, seinen Kopf zu retten: »Ich habe die Tüte nur gehalten, für diesen einen Jungen. Nein, Namen kenne ich nicht. Aussehen? Vergessen. Getrunken hab ich nicht. Ich bin doch Moslem, ich bete fünf Mal am Tag. Wenn ich trinke, dann darf ich vierzig Tage nicht mehr beten.«
Abdul nennt Namen. Nach einer Stunde sieht es so aus, als hätten alle Schüler getrunken und gekifft. Die Beschuldigten werden befragt. Jeder ist empört und nennt wieder neue Namen. Fehlt nur noch, dass sie sagen, dass sie den Alkohol von mir haben und ihnen der Schulleiter das Gras zugesteckt hat. Abdul soll uns den Jungen zeigen. Der ist plötzlich weg: »Irgendwie ist der gar nicht im Bus.«
Ich schleppe den ganzen Nachmittag zwei gepanschte Colaflaschen in einer abgeranzten Rewe-Tüte durch den Park: Beweismittel. Kurz vor der Ankunft zu Hause bestelle ich Abduls Mutter für den nächsten Tag in die Schule. Dann geht die Beweisaufnahme weiter. Abdul muss bluten. Sorry, Dummheit muss bestraft werden. Vor allem, weil er auf der Rückfahrt entgegenkommende LKW-Fahrer auf der Autobahn mit einem Laserpointer geblendet hat.
- Nette Busfahrer gab es auch: »Möchten Sie nicht mindestens zehn Schüler hier auf dem Rastplatz lassen?« – »Ich möchte ja nicht mit Ihnen tauschen.« Da hatten wir mal was gemein. Frage des Busfahrers an Emre: »Ver-

stehst du Deutsch? Bist du der deutschen Sprache mächtig?« Emres Mutter ist »Bio-Deutsche« und wir sind eine 9. Klasse einer deutschen Schule.

- »Frau Freitag, haben Sie nicht gemerkt, dass Emre im Klo gekifft hat?«
- Klassendifferenzen: »Frau Freitag, also mit deiner Klasse geht das gar nicht, die sind oben so laut.« (Wir hatten voll Doppeldeckerbus. Samira und ihre Bande oben in der ersten Reihe: »Voll gemütlich hier.« – »Ja, *vallah*, voll schööön.«)
- Dubioses Vertrauen: »Mir fehlen 50 Euro. Ich hatte ihm meine Tasche gegeben, da war das Geld noch drin. Dann war es weg. Aber er sagt, er hat es nicht genommen. Und ich glaube ihm.« Tja …

Aber es gab auch:

»Die Holzbahn ist bombastisch!« – »Frau Freitag, hier ist sooo Hammer!« – »Das war der schönste Wandertag jemals.« – »Hier ist sooo schööön!« – »Wir sind alles dreimal gefahren!« – »Hat sooo Spaß gemacht!« – »Morgen bin ich krank. Wenn ich die Augen zumache – ich denke, ich bin Holzachterbahn.« – »Perfekter Tag!« – »Und jetzt noch der Sonnenuntergang, voll schön …«

Und Frau Freitag? Die hat sich fast in die Hosen gemacht, als sie mit der Wasserbahn fahren musste. Um Mitternacht bin ich wieder auf meiner Couch, glücklich, alles überlebt zu haben. Der Freund gibt mir Wasser und sagt: »Das hast du super gemacht. So was erleben die sonst nie.«

# Abduls Verhör

Am nächsten Vormittag kommt Abdul mit seiner Mutter und zu meiner Freude auch wieder mit der Übersetzer-Tanten-Kusine in die Schule. Schuldbewusst sitzt er zwischen den beiden Frauen.

»Also, Abdul, nun erzähl mal.«

»Frau Freitag, ich will jetzt alles sagen.«

»Aha, gut. Machen wir Kronzeugenregelung. Dann schieß mal los!«

Abdul packt aus. Wer hat getrunken, wer hat gekifft. Wer hatte was mit. Er unterscheidet penibel zwischen »Das habe ich gesehen, das habe ich gehört und das hat der mir direkt erzählt.« Abdul nennt Namen, die ich nicht kenne. Ich denke: Ha, die sind alle aus den PERFEKTEN anderen Klassen, super. Und da geht es nicht nur um Gras und Alk, sondern auch um Speed, und plötzlich kommen auch noch die Hells Angels ins Spiel.

Ich bin ganz gerührt davon, wie Abdul versucht, sich aus der Scheiße zu ziehen. Dabei finde ich alles gar nicht mehr so schlimm. Ein bisschen Alkohol bei einem Schulausflug gehört in dem Alter doch dazu. Sonst wären das doch keine Jugendlichen. Abduls Mutter betont immer wieder, wie religiös ihre Familie ist und dass es bei ihnen genauso schlimm ist, Alkohol zu tragen, wie Alkohol zu trinken. Mitten im Satz stockt sie und ich greife über den Tisch nach ihrem Arm: »Bitte, bitte, nicht weinen, Mama Abdul, ist alles nicht so schlimm. Abdul ist ein guter Junge. Wird alles wieder gut. Bitte, nicht weinen!«

Am Ende des Gesprächs verspricht mir Abdul wieder mal, dass er nächstes Jahr ein anderer Mensch wird. Ich ziehe demonstrativ einen dicken Strich durch meine Notizen und sage, dass sich für mich jetzt alles erledigt hat. Abduls Mama küsst mich zum Abschied und wir gehen glücklich auseinander. Ich bin hochzufrieden. Beim nächsten Gemecker der anderen Lehrer über meine Klasse ziehe ich die Gras- und Speed-Trümpfe.

## **Fertig**

Zensuren eintragen: fertig.
Zeugnisse machen: fertig.
H-Park: fertig.
Klassenzimmer aufräumen: fertig.
Unterrichten: fertig.
So tun, als unterrichte man: fertig.
Unfreundlich und gestresst sein: fertig
Suchen und sortieren: fertig
Schuljahr: fertig.

Ab jetzt dümpele ich durch die letzten Schultage und warte auf die Ferien. Und dann wird gefeiert! Kann ich mir irgendetwas Schöneres vorstellen als diesen herrlichen Beruf? Kaum.

# Danksagung

Ohne den Deutschlehrer, der sagte »Wenn du nicht bald an-
fängst zu schreiben, dann wird das zur Lebenslüge«, hätte ich
gar nichts aufgeschrieben. Ohne meinen Bruder hätte ich mein
Geschreibe wahrscheinlich nie jemandem gezeigt. Ohne Ulrike
Sterblich hätte ich Thomas Hölzl nicht kennengelernt und
wüsste immer noch nicht, was ein Exposé ist. Ohne Ulrike
Seidemann wäre alles ein einziges Wirrwarr. Ohne Fräulein
Krise hätte ich nicht eine Entscheidung getroffen. Ohne meinen
Freund wäre ich schon längst verhungert und zwar in jeglicher
Hinsicht. Und ohne meine Klasse wäre mein Leben echt sehr
viel langweiliger. Euch allen gilt mein aufrichtigster Dank.

# gofeminin.de

## Und jetzt ab ins Netz!

Entdecken Sie gofeminin.de
– das führende Online-
Portal für Frauen

Alles, was Frauen lieben

Unterhalten und Austauschen – große
Community mit Foren, Blogs und Chats

Spielen und Entdecken – Games, Selbsttests
und Styling-Tools

Lesen und Stöbern – alles rund um die Themen
Beauty, Mode, Partnerschaft und Schwangerschaft

Die Zukunft ist weiblich          www.gofeminin.de